教育普及,真是痴人说梦。其实这种教育决不能普及,也不应该普及。前面是万丈悬崖,同志们务须把马勒住,另找生路。生路是什么?就是建设适合乡村实际生活的活教育!”①

二、欲改革乡村教育必先培养乡村教师

中国的乡村教育走错了路,那么正确的道路在哪里?应该如何走?陶行知经过对南京至上海铁路沿线农村深入的调查研究,得出明确的答案:中国乡村教育发展的正确道路,在于对中国乡村教育进行根本的改造,使其成为“适合乡村实际生活的活教育”。如何在“走错了路”的乡村教育基础上,建设和创造出一种适合乡村实际生活的活教育、新教育呢?

首先,要有开辟精神、试验精神及科学的态度。陶行知认为,一个人如欲立志从事教育改革,创造新教育运动,必须具备两种精神:“一是开辟精神,二是试验精神。有开辟精神,然后愿到那人不肯到的地方去服务,然后我们足迹所到之处,就是教育所到之处。有试验的精神,然后对于教育问题,才有彻底解决;对于教育原理,才有充量的发现。”②开辟精神与改革意识紧密相连,而试验精神则是创新、发明的基础。有了这两种精神,加上科学的态度,就不会盲目地模仿外国教育制度,做“拉车夫”。有了这两种精神,就不会再抱着旧传统教育不放,就不会再犯“依赖天工”、“沿袭陈法”、“率任己意”、“偶尔尝试”的错误。因此,陶行知要求从事乡村教育改造的同志,必先具备上述两种精神,以实际乡村生活作为“探险的指南针”。不再墨守旧法或抄袭舶来货,去重演削足适履的把戏。那么,适合乡村生活实际需要的“活教育”,一定会“不期然而然的要产生。”

其次,确定指导思想。抛弃“洋八股”、“旧八股”指导下的旧乡村教育,建设一个适合乡村生活的新教育,必须先确立新的教育指导思想。陶行知为乡村教育改革运动而制订的指导思想,就是:“要乡村学校做改造乡村生活的中心,乡村教师做改造乡村生活的灵魂。”而乡村学校倘若要成为改造乡村生活的中心,就必须先建立在乡村实际生活的基础上。而乡村教师要成为改造乡村生活的灵魂,就必须先具备“农夫的身手,科学的头脑、改造社会的精神。”陶行知认为,从书本到书本,不以实际生活做中心,正是旧教育、旧学校的特点,他把这种教育称之为“死教育”。他说:“没有生活做中心的教育是死教育。没有生活做中心的学校要采取优良小学的办法,训练学生,以广流传。”因此,陶行知先办乡村中心小学,然后再办乡村师范,培养乡村教师。为了贯彻这一思想,陶行知还主张乡村师范应聘请成功的乡村小学校长,教员兼任指导员和教学工作,以训练出合格的乡村教师。另

① 陶行知全集(二).长沙:湖南教育出版社,1986:1.

② 陶行知全集(一).长沙:湖南教育出版社,1986:173.

外，陶行知还主张乡村师范应办在城乡接壤的小镇上，一方面可以了解农村生活实际，有实地教学的机会，另一方面可以避免"乡下招来的师范生，经过几年城市化，也不愿回乡服务"的情况发生。陶行知创办的试验乡村师范学校——晓庄师范就是根据上述精神创办的，后来成为中国乡村教育改革运动的中心，合格乡村教师的培养基地。

第三，在教学方法上要彻底改变只准教师讲，不准学生问，只有思想，没有行动，只动脑不动手的注入式教育，代之于教学做合一。

第四，在教学内容上，要用活的环境，不用死的书本。换言之，凡是有利于发展学生"活本领"的知识，即培养学生征服自然改造社会生活的"活本领"，都是学校的教学内容。用陶行知的话来说："要什么，学什么；学什么，教什么，教什么，就拿什么来训练教师。"①一切课程都是生活，一切生活都是课程。具体地说，除教授读写算的基础知识外，还应有选种、调肥、预防虫害等科学农业、园艺、手工、卫生等内容。

教育内部改革方案确立后，陶行知又谋求制订教育同外部关系的改革方案。陶行知认为，"中国乡村教育之所以没有实效，是因为教育与农业都是各干各的，不相闻问。教育没有农业，便成为空洞的教育，分利的教育，消耗的教育，农业没有教育，就失了促进的媒介。"此外，教育还要与银行联络，以推翻重利，与科学机关充分联络，以破除迷信；与卫生联络，以预防疾病；与道路工程机关联络，以改良路政。教育与外界联络的范围越广，改造乡村生活的力量就越大。

陶行知认为，要实施这个整体方案，须分三个时期：第一时期是试验期，在这一时期里，主要是设立各种试验乡村学校，试验关于乡村教育种种方法和材料。第二时期是：训练期，根据试验所得结果，训练许多合于乡村生活的教师和其他有效的人才。第三时期是播种期，依据受过训练人才的多寡从事推广，使乡村教育可以布满全国。② 由上可见，陶行知的乡村改革整体方案，是完全否定旧传统教育的前提下，对学校、教师、教学方法、教学内容，教育与外部诸因素关系重新全面考察的基础上提出来的，全新的、创造性的改革方案，陶行知把它称之为"教育革命"。

第五，提出教育改革必须遵循的原则。陶行知经过对乡村教育的考察和全面思考，总结出十八条乡村教育改革必须遵循的原则，陶行知把它称作《我们的信条》，这也可以说是从事乡村教育改造者的决心书和誓词，必须终身奉行，始终如一地贯彻执行。其主要内容是：深信教育是国家的万年根本大计；深信生活即教育、社会即学校、教学做合一的生活教育原理；深信乡村学校应当做改造乡村生活

---

① 陶行知全集(二).长沙：湖南教育出版社，1986：702.

② 陶行知全集(一).长沙：湖南教育出版社，1986：616.

的中心，乡村教师应当做改造乡村生活的灵魂；深信乡村教师要用最少的经费办理最好的教育；深信乡村教师应成为农民和学生的真心朋友；深信乡村教师对乡村教育改造都有鞠躬尽瘁，死而后已的决心，必能为我们民族创造一个伟大的新生命。①

第六，最终目标。陶行知通过对乡村教育的根本改造，最终要使农民自立、自治、自卫。使“乡村变为西天乐园，村民都变为快乐的活神仙”。“叫中国一个个的乡村都有充分的新生命，合起来造成中华民国的伟大的新生命。”②如果从世界范围而言，乡村教育根本改造的最终目标则分三步走：第一步要谋中国三万万四千万农民之解放；第二步要帮助东南亚各国农民之解放；第三步要帮助全世界农民之解放。可见，陶行知走的是一条教育救国，教育强国，以教育解放全人类的道路，这注定了他教育改革最终失败的命运。

三、欲培养乡村教师必先办乡村师范

陶行知的乡村教育改革实践，是从设立试验乡村师范学校，即晓庄师范，培养乡教师开始的。乡村教育改革的第一步工作，即创办适合乡村生活需要的乡村中心学校，主要是通过特约基本符合上述要求的乡村小学，加以改进而完成了。1926 底，陶行知在《新教育评论》上先发表试验乡村师范学校的章程，申明办学宗旨是：“在根据中心学校办法，招收中等以上各级学校的末年级生加以特殊训练，俾能实施乡村教育并改造乡村生活。”教学工作“以中心学校生活为训练中心。”课程设置分五大类三十三门，每门课都冠之教学做三字。实行学分制，先修满学分者先毕业。其具体内容是；第一大类，中心学校活动教学做，共 30 学分。包括国语、公民、历史地理、算术、自然、园艺农事、体育游戏、艺术、童子军等科，第二大类，学校行政教学做，共 3 学分。包括整理校舍、布置校景、设备、卫生、教务、经济等科；第三大类，分任院务教学做，共 6 学分。包括文牍，会计、庶务、烹饪、洒扫整理、缮写、招待等科；第四大类，征服天然环境教学做，共 16 学分。包括：科学的农业、基本手工，卫生等科；第五大类，改造社会环境教学做，共 5 学分。包括村自治、平民教育、合作组织、乡村生活调查、农民娱乐等科。总之，农村生活所需要的本领，一个活的乡村教师必备的知识，都列入学校教学做的课程中。招生条件规定，考生必须具有初中三年级以上程度，立志从事乡村教育改革并有农事经验者。“书呆子”，“文凭迷”则概不接受。考试项目也完全不同于其他师范学校，共五门：农场操作一日，智慧测验，作文一篇，常识测验，还有三分钟演说。晓庄师范要培养具有农夫身手的乡村教师，因此，很重视劳动教育。陶行知写过一首《自立歌》：

---

① 陶行知全集(一). 长沙：湖南教育出版社，1986：651.

② 陶行知全集(一). 长沙：湖南教育出版社，1986：651.

“滴自己的汗，吃自己的饭，自己的事自己干。靠人、靠天、靠祖上，不算是好汉！”①这歌是晓庄师生最爱唱的歌。晓庄有一个试验农场，是师生学习农事劳动的基地。每个学生分配菜地一分，普通农作物地五分，荒山地一亩，各人包干耕种，收获的农作物交农场收购，作为学生膳宿费用。晓庄农场还饲养家畜，有：牛、羊、驴、鸡、鸭、鹅、猪、狗、鱼等动物，由师生轮流喂养，以培养学生对农村副业的兴趣。为进一步推动劳动教育，晓庄还办有勤工俭学会。该会除包做学校土木工程外，还从事编织、缝纫、烹饪、印刷、工业化学、商店、小吃部、浴室等业务。收入除一部上交学校外，余作学生收入。每年“五一”劳动节，晓庄师生都必须参加修路，造林等公益义务劳动，以纪念劳动节。“不会种菜、不算学生”、“不会烧饭，不得毕业”就是晓庄师范提倡劳动教育时提出的口号。

要培养学生具有科学的头脑，就必须学习自然科学和社会科学知识。与传统教育不同的是，晓庄师范主张“在劳力上劳心”，反对死读书。“人生两个宝，双手与大脑。用脑不用手，快要被打倒。用手不用脑，饭也吃不饱。手脑都会用，才算是开天辟地的大好佬。”②这首诗，就是陶行知为宣传其“手脑并用”的教育主张而写的。晓庄学生读的书分两种：一是学校规定的必读书，二是学生根据自己兴趣爱好而选择阅读的书。无论读什么书；都贯彻陶行知“做什么事，用什么书”的思想。学校每月公布一次必读书目，学生阅读时做好读书笔记，接受每月一次的检查考核。如晓庄第一年五月份的必读书是《设计组织小学课程论》、《明日之学校》、《医学常识》。六月份必读书，有《高中心理学》、《乡村教育经验谈》。七月份必读书有《治蝇要览》、《臭虫与蚊虫》、《实用农业教授书》、《中等农学通论》、《科学大纲》等。所读的书与学校工作的重点，农村的季节变化紧密相关。

为了培养学生具有改造社会的精神，全心全意为农民服务，使学校与社会融合为一。晓庄师范采取了以下措施：① 会朋友去。晓庄师范规定学生每周一次，每次半天，专访一个乡村，与这个村的村民拉家常、交朋友。了解他们的困难、问题、需要，并尽量给予帮助。为以后改造社会积累经验。② 创办民众学校，由师范生到附近乡村开办民众夜校，教农民读书、识字。每个学生都必须轮流到不同的民众学校中担任义务教员，以帮助农民识字，学文化，提高国民意识。③ 开设中心茶园。农民业余生活贫乏，多有赌博陋习。对此，晓庄师范开办了几处中心茶园，备有围棋、象棋、胡琴、笛子、图书杂志等文化娱乐品，由农民自己管理茶水。晓庄师生则轮流到茶馆说书，讲故事，教唱歌、宣传卫生常识，时事新闻等，受到农民的热烈欢迎。中心茶园在联系群众，传播文化，开导思想，移风易俗，改造社会方面发挥了很好的作用。④ 开办乡村医院。晓庄师范办有乡村医院，义务为乡民服

① 陶行知全集(四).长沙：湖南教育出版社，1986：50.

② 陶行知全集(四).长沙：湖南教育出版社，1986：173.

务。除义务治病外，乡村医院还发动学生开展乡村卫生运动，宣传卫生常识，预防传染病的发生。⑤ 举办联村运动会。联村运动会由晓庄师生和周围农民共同参加，比赛项目有武术、爬山、挑柴、挑粪、举石担、玩石锁、跑步、跳远等，此外，还有别开生面的耕牛比赛。联村运动会增强了学校与社会的联系，同时又推动了农村体育事业发展。⑥ 组织联村自卫团。晓庄师生和周围村民，共同组成联村自卫团，主要任务是“团以保生”，维持地方治安，为百姓除害。通过联村自卫团，把学校与农村的关系打成一片。

晓庄师范创办不久，以其全新的教育思想，教学方法引起了国内外教育界的重视。各地纷纷组团前来参观学习，有志从事乡村教育的同志，都以能入晓庄师范学习为荣。晓庄师范无疑成了全国乡村教育改革运动的中心，乡村教育改革人才的培养基地。新中国成立后曾在新中国文化教育事业中担任领导工作的戴伯韬、刘季平、方与严、张宗麟、董纯才，张劲夫、张健等人，都曾就读于陶行知创办的晓庄师范学校。

四、晓庄师范的办学特色

陶行知认为，真正的乡村师范应该是这样的：由乡村实际生活产生乡村中心学校，由乡村中心学校产生乡村师范。乡村师范之主旨在造就有农夫的身手、科学的头脑、改造社会精神的教师。这种教师必能用最少的金钱，办最好的学校，培养最有生活力的农民。其目的是使“乡村学校成为改造乡村生活之中心，乡村教师成为改造乡村生活的灵魂。”最终，“叫乡村变成西天乐园，村民变成快活神仙”，“合起来造成中华民族的伟大新生命”。那么，如何才能创立真正的乡村师范呢？陶行知认为，必须进行调查研究，建立“试验乡村师范学校以实验之”，然后将实验得来的成功经验，推广到全国各地。这样，中国现代教育史上第一所乡村师范学校——晓庄师范，便于1927年3月15日应运而生。她的诞生，是中国乡村教育运动史上的一个里程碑，标志着乡村教育运动的开始，生活教育理论的创立。

晓庄师范一经创办，即以全新的面貌引起整个教育界的轰动和瞩目。有人用“教育中国化，课程生活化，生活民众化，环境科学化”20个字来概括她。也有人把她视作陶行知的“新发明”，中国乡村教育的“灵魂”、“苗圃”，乡村师范的“榜样”。全国各地来晓庄参观学习者络绎不绝。可以说，此后新设的乡村师范，几乎都是仿效“晓庄模式”的。晓庄师范何以如此引人注目？何以获得如此殊荣？答案就在于晓庄师范本身，就在于晓庄师范鲜明的办学特色。

办学目的——建设适合乡村实际生活的活教育。

陶行知对当时的乡村教育有过深刻的批判，他说：“中国的乡村教育走错了路！他教人离开乡下往城里跑，他教人吃饭不种稻，穿衣不种棉，做房子不造林，他教人羡慕繁华，看不起务农；他教人分利不生利：他教农夫的子弟变成书呆子；

他教富的变穷,穷的变得格外穷;他教强的变弱,弱的变得格外弱。”那么,中国乡村教育的生活或者说出路何在?陶行知认为,出路就在于建设适合乡村实际生活的活教育。这种“活教育”,能教农民子弟热爱家乡,建设家乡;能教人生利不分利;能叫荒山成林,瘠地长五谷,能叫农民自治、自卫。具体办法就是教育与农业携手,提高农业产量,充分发挥教育的实效性;教育与银行机关联络,以推翻重利;教育与科学机关联络,以破除迷信;教育与卫生机关联络,以预防疾病;教育与道路工程机关联络,以改良交通道路。如是,农民的“知识日增,道德日高,技术日精,农产日多”,中国的乡村生活就可得到彻底改善,农民就可过上幸福的生活。

培养目标——活的乡村教师。

乡村教育办理不善,不受农民欢迎,原因之一就是缺乏合格的乡村教师。由于乡村条件落后,生活艰苦,待遇微薄,一般师范毕业生多不愿低就。即便来自农村的学生,受了几年都市生活熏染,也不愿回乡服务。因此,乡村教师多为冬烘先生或未受过职业训练之青年。他们的学识才力既不足,又无教育之热情,何以见信于民?因此,陶行知把“活的乡村教师”的培养作为乡村教育改造的必备条件。这些“活的乡村教师”,须立志为乡村教育事业鞠躬尽瘁,死而后已,能与农民共甘同苦;在能力上,他们具有农夫的身手,科学的头脑,改造社会的精神;他们还能以身作则,“用最少的经费办理最好的教育”。因此,能否培养活的乡村教师,就是晓庄师范与其他师范学校的根本区别之一。

教学内容——“生活即教育”。

陶行知认为,乡村师范应学习两个方面的知识。一方面是乡村小学里所教所学的课程;另一方面是作为乡村教师必备必会的职业知识、技能。因此,晓庄师范完全是根据“要什么,学什么;学什么,教什么;教什么,就拿什么来训练教师”的根本原则来设计课程的。陶行知经过分析研究,认为一个人在乡村环境里健康成长并有所作为,必须学会过五种生活,接受五种教育。即健康的生活—健康的教育;劳动的生活—劳动的教育;科学的生活—科学的教育;艺术的生活——艺术的教育;改造社会的生活——改造社会的教育。根据乡村小学里必教的“五种教育”及一个乡村教师必会的职业知识技能的要求,陶行知将所有的课程划分为五大部分。即中心小学活动教学做,中心学校行政教学做,分任院务教学做,征服自然环境教学做,改造社会环境教学做。不但课程设置与传统的师范学校截然不同,而且晓庄师范没有教科书,只有教学的指导书。教和学都是通过“事”,通过活动来完成的。可以说,晓庄师范的全部课程包括全部生活,一切课程都是生活,一切生活都是课程,生活即教育。

办学形式——“社会即学校”。

陶行知在创办晓庄师范时,决心把学校与社会之间的高墙拆去,使整个社会生活场所变成整个教育场所,使小众教育化为大众教育。一旦“社会即学校”变成了现实，那么，教育的材料、教育的方法、教育的工具、教育的环境都可以大大增加，学生就可以学到在学校里学不到的知识本领。“以青天为顶，以大地为底，二十八宿为围墙，人人都是先生，都是学生，都是同学”就是晓庄师范的真实写照。这种以社会为学校的办学形式，是其他师范学校不敢想象的。

教学方法——“教学做合一”。

陶行知认为，现行学校的通病是教学分家，学用脱节。教的是一套，学的是一套，做的又是一套。可以说，先生教的是启发式，学生学的是启发式定义，实际做起来则是“注入式”。因此，陶行知主张以“教学做合一”的生活法训练乡村教师。其具体办法是：“事怎样做，就怎样学，怎样学就怎样教？教的法子根据学的法子，学的法子根据做的法子。”在做上教的是先生，在做上学的是学生，教和学都要通过做才能发生效果。以种稻为例，种稻这件事是在田里做的，便须在田里教田里学。为种稻种得更好而讲解，讲解也是做；为种稻种得更好而看书，看书也是做，这就是“种稻教学做合一”。由此可见，陶行知的“教学做合一”包括两方面内容，一方面是做，另一方面是为做而教而学。所以，晓庄师范的全部教学活动分为“前方”和“后方”两部分。“前方”就是中心小学，每个学员都要在中心小学的教学中学会教学。“后方”就是指师范本部，为了更好地教，在指导员的指导下，学习各种教的知识和技能。“前方”的教和“后方”的学构成了“教学做合一”法。“教学做合一”法在晓庄师范运用后，全国各地的乡村师范纷纷仿效，成为教育界一句时髦的口头禅。著名电影戏剧家洪深在创办电影演员养成所时，也打出了“教学做合一”的招生广告，可见影响之一斑。

此外，晓庄师范还有许多独一无二，开天辟地的创举：如入学者必须有“农事的经验”，志愿做一个乡村教师，经过垦荒、智慧测验、常识测验、作文、演说等五科考试。合格者方可入学。入学第一课就是自己建校园、校舍。学校的教师通称指导员，学生统称学员，除一名校工外，其余工作都由师生分任，学员享有充分的自治权。学校购有200亩田园和一片荒山供师生耕种和造林。建有小学师范院、幼稚师范院各1所，中心小学8所，民众学校3所，中心茶园2所，中心木匠店、乡村医院、联村救火会、石印工厂各1所，作为学员教学做的场所。学员无统一的学习年限，自己认为可以作一个“活的乡村教师”，即可毕业。从事乡村教育半年后，经学校考核，认为确实达到所规定的培养目标，再补发毕业证书。

可见，晓庄师范从教育目的，培养目标，教学内容、办学形式、教学方法以及招考办法，甚至学校机构设置都不同于一般学校，处处显示出它是一所新型的、不同凡响的特色学校。

五、晓庄师范的现实意义

陶行知的乡村教育改革理论是在否定洋化教育，传统教育的前提下，经过调查研究，实验的基础上提出的全新理论，创造性理论。是半殖民地半封建国家争取自由平等的教育理论和方法，是为广大农民提出来，并为农民服务，深受农民欢迎的教育理论方法。半个多世纪过去了，陶行知的乡村教育改革理论对我们当前的农村教育改革仍有现实意义。

第一，提出乡村教育的重要性。把乡村教育出路视作中国教育的出路，把中国教育的出路，视作中华民族的出路，从而使乡村教育提高到立国强国的战略高度，引起人们的高度重视。

第二，提出了一整套符合中国乡村教育发展规律的指导思想，整体方案及原则，指明了中国乡村教育发展的正确方向。

第三，时刻想着农民，全心全意为农民服务。以“捧着一颗心来，不带半根草去”的精神，献身农村教育事业，为后人树立了良好的榜样。

第四，改造学校与社会隔离，生活与教育分家的“死教育”，建设了学校与社会联系，生活与教育结合的“活教育”。农村需要什么，学校就教什么。从而使“教少数人升官发财”，培养“人上人”的升学教育，改造成为广大农民子弟服务，培养农村生活需要人才的大众教育。

第五，改造盲目抄袭外国教育的“洋化教育”和沿袭旧法的“传统教育”，建设切合中国农村实际生活需要，具有中国特色的新教育，“活教育”。改造了教人用脑不用手，用手不用脑的“残废教育”，建设“手脑都会用”，“在劳力上劳心”的健全教育。

第三节　生活教育课程改革与乡村教师

陶行知一生致力于中国教育改造，为中国教育寻找出路。他一面猛烈批判中国传统的“旧八股”和西化的“洋八股”教育，另一方面又在批判的基础上创立生活教育理论。生活教育理论实质上就是一种具有中国特色的、行之有效的教育理论，符合社会与时代发展的趋势。它不但对当时的中国教育有着深刻的影响，而且对教育改革，特别是当前的新课程改革有着重要的现实意义。作为生活教育理论重要组成部分的课程理论，由于受杜威实用主义教育思想的直接影响，表现为“两个重视”：一是重视课程内容的社会生活性、实用性和时代性；二是重视课程对象，即儿童的兴趣和发展需要，重视儿童的活动，强调做中学。我们把陶行知的这种课程思想称之为生活课程理论。生活课程论的主要特点是：① 把书作为一种工具，一种生活的工具、做的工具，主张过什么生活用什么书。② 主张以生活为中心的生活指导书代替以文字为中心的教科书。③ 主张把社会之需要与能力，个人之需要与能力及生活事业本体之需要作为课程设置、教学内容安排的主要依据。

一、传统课程的“三大”弊病

陶行知认为，中国的传统教育是专为少数有钱人家的“少爷”，“小姐”们办的，是个人升官发财的教育，是分利不生利的教育。其根本特征是：教人用脑不用手，理论和实际脱离，读书与生活脱离，说的与做的，学的与用的脱离。这一教育目的和特点，反映到课程上，就是教学内容与课程设置不符合社会实际、不符合生活实际、不符合个人生活的需要，也不符合课程本身发展的需要，更不符个儿童身心发展的需要。在这种错误课程理论指导下编写的教科书，更是谬误百出，害人匪浅。陶行知对当时流行的教科书作系统的研究后，认为有以下三大弊端：

第一，教科书仅仅是以文字为中心的“识字书”、“论文书”。教学内容直接关系到教育目的和培养目标。陶行知认为，中国传统的教育内容是以文字为中心，是以与生活脱离的无用知识为中心，不能真正培养人的生活能力。也可以说，中国的教科书是应试的书，专供书呆子读的书。陶行知把清末兴学以来编写的教科书，同当时流行的教科书逐一比较后，发现一个惊人的事实：“这事实便是三十年来，中国的教科书在枝节上虽有好些进步，但是在根本上是一点儿变化也没有。三十年前中国的教科书是以文字做中心，到现在中国的教科书还是以文字做中心。”①所不同的是，以前一个字一个字地认，现在一句一句地认，以前用文言文，现在用白话文；以前所写的文字是根据忠君、尊孔、尚公、尚武、尚实的宗旨，现在所写的文字是根据三民主义宗旨。教科书的编法和意义毫无改变，都是“认字的书”、“读文的书”。以小学常识与初中自然教科书为例，这些教科书中不教人实验、不教人认识真正的大自然，也不教人创造，学生读完这些“科学的识字书”和“科学的论文书”以后，丝毫也没有驾驭自然界力量，充其量变成一个“自然科学的书呆子”。“三民主义”的教材也一样，“它们教您识民权的字，不教您拿民权，教您读民主的书，不教您干民主的事。”②至多可以培养出三民主义的书呆子。

第二，教科书是“死的书籍”，不是“活的书籍”。陶行知认为，“书籍也有死有活的。怎样是活的书籍？我觉得书籍所记载的，无非是人的思想和经验，那个人的思想、经验要是很高尚的，与人生很有关系的，那就可算是活的书籍。若是那著书的人思想、经验都没有什么价值，与人生没有关系，那就是死的书籍。”③按此标准，考察现行的教科书，几乎都是“死的书籍”。因为现行编教科书的人，并不是教学第一线的教师，也不是日夜同儿童相处，了解儿童身心发展特点及需要的人，也不是深入社会生活、深入大自然的人。因此，编写出来的书大多是没有什么价值，

① 陶行知全集(二).长沙：湖南教育出版社，1986：288－301.

② 陶行知全集(二).长沙：湖南教育出版社，1986：288－301.

③ 陶行知全集(二).长沙：湖南教育出版社，1986：181.

与人生没有关系的“死的书籍”。死的书籍只能培养死的学生，死的国民。因此，这种死的教科书必须废除，代之以“活的东西”、“活的环境”、“活的书籍”去教育学生。

第三，教科书是“吃的书”、“读的书”，不是“用的书”、“生活的书”。陶行知把书分为两种，一种是吃的书，一种是用的书。他认为，中国是吃的书多，用的书少。吃的书中是鸦片的书多，白米饭的书少。中国学校中的教科书更是如此，“只有吃的书，没有用的书，而吃的书中，多是一些缺少滋养料的零食与富有麻醉性的鸦片。在这些书里讨生活的学生们，自然愈吃愈瘦，愈吃愈穷，愈吃愈不像人。”①很显然，陶行知把书比作人的精神食粮，好的书就像白米饭，吃了使人健康、长力气，坏的书就像鸦片，毒害人们的身心健康发展。除了好吃的书外，人们还需要许多“用的书”。没有用的书，人们如何去“做”，如何去生活？因此，陶行知说：“一个学校要想培养双手万能的学生，自然要多备用的书，少备吃的书，而吃的书中尤须肃清一切乌烟瘴气的书。”②陶行知认为中国除“吃的书”外，还有一种“读的书”，并有专门的“读书人”。读的书与吃的书一样，不是用的，生活的书。专门读书的人就是不事生产，体脑分离的“书架子”、“字纸篓”。因此，陶行知主张将读的书，改为用的书，读书人改为用书人。学校里学的都是用的书，人人都是用书人。教科书全部由“用的书”代替。

二、生活课程理论的“五大原则”

在批判旧的课程理论基础上，陶行知提出了以培养学生“生活力”为目的的生活课程理论。陶行知在《教学做合一下之教科书》一文中，曾明确地表述过，生活教育理论对教科书的根本态度。他说：“生活教育指示我们说：过什么生活用什么书。教学做合一指示我们说：做什么事用什么书。这两句话只是一句话的两样说法。我们对于书的根本态度是：书是一种工具，一种生活的工具，一种‘做’的工具。工具是给人用的；书也是给人用的。我们对一本书的见面问是：您有什么用处？”③陶行知认为，凡是对人们健康生活有帮助的书，都可以说是有用的书。这里的“用”与生活中的“用”是有区别的。生活中的用主要是指直接使用某种工具或物件去做具体某件事，用就是做。而用书的用是广义的用，包括思想上的用和行动上的用两个方面。看了一本书，能帮助我们把某件事做得更好是用，能使我们的生活过得丰富多彩也是用。总之，为了用的目的去看书、读书、讲书、听书都可以说是“用书”。因此，陶行知说：“我们用书，有时要读，有时要讲，有时要听，有时

---

① 陶行知全集(二). 长沙：湖南教育出版社，1986：473.

② 陶行知全集(二). 长沙：湖南教育出版社，1986：473.

③ 陶行知全集(二). 长沙：湖南教育出版社，1986：288－301.

要看;但是读、讲、听、看都有一贯的目的,这目的便是它们对于'用'的贡献。"可见,陶行知的生活教育理论,不是不要书,也不是不要读书,而是要为"用"而编书,为"用"而读书。用他在《诗的学校》里的一首诗来表示,就是"用书如用刀,不快便须磨。呆磨不切菜,何以见婆婆"。怎样的书才算是"用"的书?答案是很明确的,只有活的,真的、动的、做的书才是真正有用的书。因此,陶行知提出的生活课程论对书的根本要求是:"我们要活的书,不要死的书;要真的书,不要假的书;要动的书,不要死的书;要用的书,不要读的书。总起来说,我们要以生活力中心的教学做指导,不要以文字为中心的教科书。"①

根据"生活教育理论对教科书的根本态度",陶行知在他发表的教育论文中,曾多次提到编写教科书的要求,归纳起来,有以下五条基本原则:

第一,社会、个人及生活事业本体需要的原则。陶行知认为:"课程为社会需要与个人能力调剂的工具;编制课程要考虑社会的种种需要,将他们分析起来,设为目标,再依据儿童个人心理之时期,能力之高下,分别编成最能活用之课程,使社会需要不致偏废,儿童能力不致虚耗。"②在陶行知看来,学校是为社会培养活的国民的场所,社会需要各种各样的人才,我们就应安排各种各样的教学内容,去满足社会的种种需要。在考虑社会需要的同时,又要考虑到个人的兴趣爱好,能力水平和个人社会生活的具体需要,以不至于扼杀个性的发展。由于生活事业本体,或者说学科发展本身,有着自身的体系、特点和发展规律,因此,在考虑前两者的基础上,还须"依各种生活事业之需要,规定各种学问之分量"。比如社会需要医生,也有力开办医学,某生需要学医也有力学医,但是社会应办几年之医科大学,某生应学几年医道才可以行医,却是由生活事业本体即医学本身所决定的。

第二,以实际生活作中心的原则。陶行知提倡的社会实际生活主要有五种。即康健的生活、劳动的生活、科学的生活、艺术的生活和社会改造的生活。陶行知认为,如果把上述五种生活加以细分,大约有三千种以上的生活力。因此,他说:"我们有三千种生活力要培养,即有三千种教学做指导书要编辑。这些生活力,有些是很小的小孩子便应当有,有些是很成熟的人才可以得;有些是学了就可以变换,有些是要继续不断的干;有些是一个人能做,有些非多人合作不可;有些是现代人共同所需,有些是各有所好,听人选择。专家依性质,学力把它们一一编起来,并编一些建在具体经验上面融会贯通的理论,便造成整个用书的系统,帮助着实现那丰富的现代生活。"③很显然,陶行知所要的课程内容,十分广泛,且又与生活密切联系。课程不应是应试的内容,不应是升学的内容,而是社会生活所需要

① 陶行知全集(二).长沙:湖南教育出版社,1986:288-301.

② 陶行知全集(一).长沙:湖南教育出版社,1986:162.

③ 陶行知全集(二).长沙:湖南教育出版社,1986:288-301.

的内容。

第三,“用处最大最多最急的事物在课程中占有优先权”的原则。陶行知在谈到师范教育改革时,曾提出社会“要什么,学什么;学什么,教什么;教什么,就拿什么来训练教师”的口号,这实际上也是他生活课程思想的具体反映。他常对编辑教科书的同志讲,课程中的教学内容,一定要“所学的,即是所用的。有用处的事物才给学生学,用处最大最多最急的事物在课程中占有优生权。”在编写教材的过程中,应常常反问自己,我们所编的内容是不是学生所需要的,究竟何者为最需要,何者为次要,何者为不需要。课程中是否已将用处最大最多最急的事物尽量容纳了?课程中所有用处最小最少最缓的事物是否已经尽量取消了?“直到把‘学非所用’和‘用非所学’的流弊完全革掉才肯罢休。”

第四,“活”的生动有趣的原则。陶行知认为,教育者应拿活的东西、活的环境、活的书籍去教育学生,因此,要求编写活的教材。活的教材是“有系统的,前后都能连贯起来,不是杂乱无章的”。教材中的插图是活生生的,文字是生动的,内容是有趣的。使人看了一课想看另一课,读了一遍又读第二遍,使学生感到生动有趣有味道。

第五,课程专家、学科专家、中小学中教师以及出版专家共同参与的原则。如何编写符合生活课程理论的生活用书或教学做指导书呢?陶行知认为:“最先须将现代社会的生活或该有的力量,一样一样的列举,归类组成一个整个的生活系统,即组成一个用书系统。”①然而,各学科的专家中,须有几个去接近孩子,或去当几年中小学教员,一面实验,一面编辑教学做指导。再则,日日与儿童接触,从事中小学教学的教员,须有许多位从现在起开始研究某门专门学科,待研究有得,可以编辑几部教学做指导。第四,现在专门从事教科书工作的编辑者,有志编辑教学做指导书,如缺乏某种准备,专科学术或儿童经验,亦宜设法补足,然后动手编辑。第五,专以教科书营利的书局,应该多下点本钱,搜罗各国教科书,成人用书及工具,请上述有儿童经验的专家、有专门研究的中小学教员及专门从事教科书编辑的专家,组成一个生活用书或教学做指导书编辑委员会,共同编辑。最后,教育当局应该给教师以选择教科书的充分自由。同时,对教学做指导书要进行广泛的宣传,使它为中小学教师所喜爱,接受。

三、评价生活课程成败的“三项标准”

生活课程提出了衡量教科书编得好坏的标准。陶行知说,教学做指导书编得对不对,好不好,是否符合生活课程的原则,只要用以下三种标准去衡量一下,判断一下,就可见分晓。

---

① 陶行知全集(二).长沙:湖南教育出版社,1986:288-301.

第一,“看它有没有引导人动作的力量,看它有没有引导人干了一个动作又要干一个动作的力量。”陶行知说,中国学生的手,在旧教育的毒害下已经瘫了,一本好的教学做指导,可以使儿童的一双废手,变成一双开天辟地的手;它还可以打碎“双料少爷”、“双料小姐”双手上的精神手铐,成为一双万能的手。

第二,“看它有没有引导人思想的力量,看它有没有引导人想了又想的力量。”陶行知说,中国文人的头脑做了几千年的“字纸篓”,中国农人女人的头做了几千年的“真空管”。一本好的教学做指导书,就可以请出大家的“头脑出来做双手的司令官”,“头脑出来监工”,从而把事情做好。

第三,“看它有没有引导人产生新价值的力量,看它有没有引导人产生新益求新的新价值的力量。”陶行知说:“中国教育之通病是教用脑的人不用手,不教用手的人用脑,所以一无所能。中国教育革命的对策是使手脑联盟,结果是手与脑的力量都可以大到不可思议。”一本好的教学做指导书,就是促进手脑联盟的桥梁,就是人们生产,建设、试验、创造新价值的力量源泉。

我们正在进行的新课程改革可以说是新中国成立以来基础教育界最重大的改革之一,新课程标准在知识、能力、态度等方面体现了国家对学生在基础教育阶段学习的基本要求。在课程内容的选择上体现了基础性,突出了有利学生的终生发展的理念,反映现代化与时代发展的要求,加强课程的综合化。特别是新课程强调以学生为本、强调与社会、与学生现实生活的联系。这一思想可以说是与上个世纪 30 年代,伟大的人民教育家陶行知先生提出的生活课程理论是一脉相承的。所以说,陶行知的生活课程理论与新课程,新课程改革与陶行知的生活课程理论有着必然的联系。我们研究陶行知的生活课程理论必将有利于推动当前课程改革的进一步发展。

第四节　培养新农村“新陶行知”

80 年前,伟大的人民教育家陶行知向知识青年,发出了“到乡村去”、“把青春献给乡村教育事业”的号召。他创办晓庄师范,从全国招收有志青年,把他们培养成具有“农夫身手、科学头脑、改造社会精神”的新乡村教师——手脑并用的“活教师”。陶先生登高一呼,引来无数热血青年献身中国的农村教育改造,掀起了一场震惊中国,影响世界的乡村教育改造运动。

陶行知是一位坚定的教育救国论者,他认为要改造落后的中国,应先改革中国的教育。他经常对人说:中华民族的根本出路在于中华民族教育的根本出路,而中华民族教育的根本出路又在于中华民族乡村教育的出路。换言之,中华民族的乡村教育出路找到了,那么,整个中华民族的出路就找到了。为什么要从乡村教育入手呢?陶行知认为,中国以农立国,85%的人口在农村,全国 85%的文盲也大多在农村，农村问题解决了，整个中国的问题也就解决了。如何解决中国的农村问题呢？陶行知认为：只有通过农村教育改革，培养农村所需要的人才，建立起适合农村需要和发展的新教育。当时，陶行知还专门举办了“试验乡村师范学校”，以培养具有“农夫身手，科学头脑以及改造社会精神”的高素质农村教师。通过教育的力量，最终达到：“使农民变成快活的神仙，农村变成西天的乐园”。陶行知一生致力农村教育改造，先后创办晓庄师范、山海工学团，其原因、目的也在于此。

那么，在中国传统教育制度下的乡村教育的实际情况又是如何呢？一是农村学校数量很少，人口占大多数，学校却占少数。二是农村教育“完全走错了路”。用陶行知的话来说：“他教人离开乡下向城里跑，他教人吃饭不种稻……他教农夫的子弟变成书呆子。”这种离农的“死教育”当然要彻底改造，彻底抛弃。陶行知要创办的乡村教育完全与此相反，他不培养“书呆子”，不培养“小名士”，不为少数人升官发财服务，而是通过乡村教育改造，使中国的一个个乡村都有充满活力的新生命，“合起来造成中华民国的伟大的新生命。”

但陶行知们也很快懂得：要吸引高素质的教师到农村任教，必先改善农村教师的生存环境，光靠“捧着一颗心来，不带半根草去”的师德教育是远远不够的。由于社会动荡，经济落后，政治环境恶劣，陶行知希望通过高素质的农村教师去改造农村，继而建设新农村的努力必然是失败的。

但 80 年后的今天，我们的经济发展了，农村的社会环境也有了很大的变化。党中央、国务院提出了建设新农村的号召。陶行知要“使农民变成快活的神仙，农民子弟变成快乐的天使，农村变成西天的乐园”的理想完全有条件实现。但这一愿望的实现，需要有千百万个有陶行知精神和理想的新陶行知。时代需要陶行知精神，农村教育需要新陶行知。为了实现陶行知的当年理想，我们所做的就是为了培养新时期为新农村建设服务、愿为农村教育改革奉献的“新陶行知”。

给农村教师一个提升机会，带来农村孩子一片发展未来。这是我们最值得做的一件大事。

从 2005 年开始，我们把农村教师作为我们重点服务的对象，努力提升农村教师的专业素质。我们所要达到的农村教师培训目标是：

(1) 树立正确的人生观、价值观，培养高尚的师德，形成热爱农村、热爱农村教育、热爱农村孩子的思想感情。坚定扎根农村，立志做一名优秀的乡村教师。

(2) 更新教育观念，了解教育、教学理论的动态与新成果，提升学科教学理念；

(3) 学习学科专业知识，提高教师的教材处理能力和教学设计能力，掌握基本的现代教育技术，提升专业发展水平；

(4) 观摩优秀课堂教学实践，反思自己的课堂教学，正确认识自我，发展已有特长，提高教师的课堂教学技能，进一步提高教学艺术，提高课堂教学品味；

(5) 增强教学研究的意识,掌握教学研究的基本思路与方法,撰写教学案例、科研论文,提升教学研究层次。

(6) 在教育教学实践中发挥示范作用、在教改中起带头作用,逐步成长为县、市乃至省级学科带头人。

作为中小学教师培训的专门机构,杭州师范大学继续教育学院本着立足杭州、引领浙江、服务全国、面向国际的宗旨,在实践中逐渐形成鲜明的办学特色,在为杭州、浙江乃至全国的中小学教师培训和服务中,赢得了好评。作为中国第一部《陶行知传》的作者,长期以来,我关注农村教育、关注农村教师专业素质发展。近年来,在我的带领下,承担了全国教育科学规划"十一五"重点课题"农村教师专业素质提升有效培训研究"(DKA080159),在理论研究和实践提升上取得了显著成效。已故中国陶行知研究会会长方明先生曾多次考察杭州师范大学的农村教师培训项目,称它是"中国新农村新陶行知培养基地"。

一、创造机会　给农村教师一个飞翔的翅膀

"给农村教师一个提升机会,带来农村孩子一片发展未来",2006 年 7 月 23 日的下午,在杭师大文一路校区继教院的教室里,一位身份特殊的老师面对着 100 个同样有着特殊身份的学员展开了一次真诚的对话。双方虽然是第一次见面却丝毫不觉得陌生,没有半句寒暄,直奔主题,仿佛多年的知心老友一般地谈笑风生。其间,唯有不断迸发的热烈掌声让人感觉出:这是一次非同寻常的对话。

"这么多年下来,我看到身边的很多人在做希望工程,对失学儿童做各种的赞助,我自己在反思和思考,因为我自己也都做过这样的事,但是我觉得这并不能解决根本问题,有的时候可能解决的只是心理平衡的问题。要把农村,把贫困地区搞好的话,我觉得,教育者的教育是最重要的。影响我的是老师,影响很多孩子的也是老师,所以我如果帮一个孩子就只是一个孩子,帮一百个孩子是一百个孩子。但如果我能够帮一个小学老师的话,那一个老师至少影响着一百个孩子。""我这一辈子,如果有机会的话,我想要帮助一万名小学老师。如果一万个老师能够接受培训的话,在他们的一辈子中,哪怕只教五年,教十年,能够影响一百万个孩子。有了这一百万个孩子,那农村就有希望了,我们的农村教育就有机会改变环境了。"

讲台上那一位衣着低调,言辞朴实的老师,正是当今享誉海内外的网络商务奇才马云先生。而台下的 100 名兴奋而热情的学员,则是来自河南、辽宁、四川、陕西、云南、江苏、江西、甘肃、安徽、浙江等 10 多个省市的农村骨干教师。2006 年,杭师大杰出校友马云先生捐资 100 万元,依托该校继教院启动"杭州师范大学中国新农村教师专业发展计划",以培养一批具有崇高师德、较高专业素质、乐于奉献的新农村"新陶行知"。马云先生希望通过对农村教师的专业培训来提高农

村教育质量，为更多的农村孩子提供希望和帮助。

在为期一年的培训中，100 名学员分 3 次集中学习 40 天。根据“三三制”的课程板块(理论板块、互动板块和实践板块各占培训总课时的 1/3)，继教院确立了一个涵盖情感、认知和技能三方面的全方位、立体式的目标体系。通过培训使学员具有高尚的师德，形成热爱农村、热爱农村教育、热爱农村孩子的思想感情，坚定扎根农村，立志做一名优秀的乡村教师的信念；了解教育、教学理论的动态与新成果，更新教育观念，提升教学理念；通过学习专业知识，提高教材处理能力和教学设计能力，掌握基本的现代教育技术，提升专业发展水平；通过观摩优秀课堂教学实践，反思自己的课堂教学，使农村教师正确认识自我，发展已有特长，提高课堂教学技能、教学艺术、教学品味；增强教学研究意识，掌握教学研究的基本思路与方法，提升教学研究能力；在教育教学实践中发挥示范作用、在教改中起带头作用，逐步成长为县、市乃至省级学科带头人。培训结束后，要求每位参训教师必须制订出个人 5 年专业发展计划，撰写教学论文 2 篇，录制个人经典课堂教学光盘 5 张，制作多媒体教学课件 5 课时；在家乡还须承担公开示范课 2 课时，同时结对 5 位农村教师。

《钱江晚报》曾对“新农村新陶行知”高级研修班的学员作了一次回访，结果表明：一年后，接受培训的老师 15%得到了职务晋升，80%以上回乡后与身边老师结对，指导结对教师上公开课、写论文，一些普通的老师都能在全校乃至全县城做公开讲座，发挥了骨干作用；最重要的是 99%依然坚守在农村教育一线。

杭师大中国新农村教师专业发展计划入选 2007 年杭州市“感动校园·十件实事”的首件实事。

二、“浙派名师”经典课堂教学艺术展：农村教师演绎“童话课堂”

2009 年 4 月 16 日、17 日，“第 21 届浙派名师暨长三角小学英语经典课堂教学艺术展”在杭师大文一路校区举办。在这次展会中，主办方继教院特邀了 2008 年的省领雁工程小学英语班的优秀学员、舟山岱山县高亭中心小学的沈洁上了一堂展示课。沈洁老师执教的课题是 *Let It be Free*，这节课采用主题教学，通过一只关在笼子里的小鸟的和其他小动物的对话，引出本课的主题。故事的构建，一波三折的情节演绎都是在不知不觉中形成的，学生和听课的老师一起情不自禁地融入这个情境中。课后，近千人的会场响起了热烈的掌声。杭师大外国语学院王之江教授做了精彩点评，他用“童话”的享受来概括沈洁老师的课，他说在沈洁老师的课堂上学生学得非常惬意，但是却又是思想的碰撞、心灵的互动。

“浙派名师”是杭州师范大学继续教育学院童富勇院长于 2005 年率先提出并携众专家倾力打造的一个在全国享有一定声誉的知名教师培训品牌，迄今已成功举办了 43 届。这一活动为展示、宣传、示范、推广全国名师精深的教学思想和精湛的教学技艺，引领新课程改革走势，引发思考和争鸣，推动基础教育更快更好地发展起到了积极作用。借助这一展示平台，继教院积极为农村教师提供观摩学习机会，并将活动内容制作成教师培训光盘，送到农村学校。嘉兴市一位农村小学语文教师，参加浙派名师经典教学活动后，在她的博客中写道：每次到杭州听课，我总会感觉疲惫，因为安排得实在是充实！但如果有这样的机会，我又总会感觉幸运，因为时常能获益匪浅！4月20、21日两日，我怀着一颗虔诚的心来到美丽的杭师大观摩"06'浙派名师小学语文经典课堂教学"，领略了走在课改前沿的名师的风采。活动的特色是：先进的教学理念，巧妙的课堂设计，新颖的方法选择，精湛的教学技艺。两天，8位名师的课听下来，虽然很累但累得值得！自2008年开始承办"领雁工程"以来，每年的4月和11月，杭师大继教院都会根据学科归属为领雁学员提供免费现场观摩机会，并保证让学员提前进场，安排最佳位置，以确保获得最佳的观摩学习效果。此外，继教院还积极利用这一平台，为优秀的领雁学员提供锤炼教学能力、展示教学风采的机会，促使他们不忘振兴农村教育的使命，获得职业精神的提升。

三、"田野大课堂"：城市名师与乡村教师牵手的舞台

"没有专家引领，我们走错了方向都不知道"——苍南县新安二小的黄同拿老师在全县300名语文老师面前，上了一堂公开课《桥》。黄同拿已经工作13年，是位小学高级教师。但他以前只在校内当着几十名本校老师的面讲过课。这次能在全县上公开课，他说："对农村教师来说，有时候不是勤奋就能出成绩，我们迫切希望有专家的引领，不然即使我们走错了方向也不知道。"公开课结束后，浙江省语文特级教师倪宗红做了点评，从课程设计思路上、对新课程的理解上，都进行了肯定。

智力支援农村，期待周末下乡制——在双休日的公开课上，倪宗红老师成为备受追捧的明星。因为特级教师到农村为当地老师上示范课，这样的机会太难得。苍南县教师进修学校校长杨立先说，当地一直非常希望能请一些名师特别是特级教师来上课，但是要实现这个想法并不容易。就像这次到温州来公开课，倪宗红老师就牺牲了自己的两个休息日。但是，她高兴地说："只要是支教，我就义不容辞！"

2006年12月16日，钱江晚报和杭州师范大学继续教育学院主办的"田野大课堂"周末教师反哺之旅拉开了帷幕，号召杭州名师情系乡村课堂，给农村的孩子和教师奉献上优质课；号召杭州名师牵手乡村教师，为乡村教育培养更多的具有先进教育理念、高超教育技能的农村新教师，进而培养出更多扎根农村、改变农村命运的人。

"田野大课堂"让农村普通教师零距离地接触名师，改变了传统的名师专家在

台上讲，教师们在台下听课记录这种单一的培训方式。例如，小学语文班有六位学员——廖雪芳、陈剑宏、徐梦华、童永才、黄同拿和林双榕进行了“田野大课堂”的展示活动，与名师同台上课，当面切磋交流，学员无论在教学能力还是课堂驾驭能力方面得到迅速提高。《浙江日报》、《钱江晚报》、《教育信息报》等新闻媒体，对“名师结对”、“田野大课堂”活动进行了全方位、系列化的跟踪报道。《“新陶行知”们的乡村理想》、《“新陶行知”反哺新农村》、《田野大课堂　温暖第一课》、《课间无穷动阳光体育送下乡》等70余篇连续报道，引起了全省中小学教师的高度重视，也引起了教育厅领导的重视。在名师结对中，许多学员对这种有别于传统的新颖培训方式表现出了极大的热情。对于这些农村教师来说，与名师密切联系，加深了了解，建立了感情，增进了友谊，变被动接受培训为主动与名师探讨课改中的重点和难点。农村教师与名师在同上一堂课的同时，使农村的教师发现了自己课堂教学中存在的问题，课堂教学水平有了实质性的提高。

四、“提素工程”：农村教师专业培训“攻坚战”中的“主力部队”

我是山里的小学老师——山里山、湾里湾，下雨十里不撑伞，我们那里真的很偏。现在复式班很少了，但我们算一个，我历年来都一、二年级包班。二姨说我是“博士”，因为我语文、数学、音乐、美术、科学一人包揽。不是说我真有那么牛，是环境所迫。老公说我是“一二一，踏步走”，他是讽刺我：别的老师，辛苦几年就找关系跳出去，有到镇上小学的、还有到县城小学的，只有我，还在这么个学校，一、二年级原地踏步走。山里条件差，我月工资八百多，家里还养了四头猪，十几只鸡鸭。老公春天外出打工，秋冬天回来就砍点树、采点药材卖，挣不了几个钱，还常常累得死去活来。“辛苦不赚钱，赚钱不辛苦”，没办法的。

培训开始，第一节课，班主任说老规矩，学员们都要上台亮相，让大家认识你，顺便说一个自己职业生涯中的细节。我也大了胆子上去说，我说的第一句话是“感谢党感谢政府……”我的话引来了哄堂大笑。回过神来，我想是现在不流行这样说话了——拿杭州话说就是有点“背时”。但我把前因后果一说，课堂里一下子严肃起来，笑的人一个也没有。后来他们就鼓掌，鼓了好一会儿。职业细节，我不知道说什么好，就说这学年我教一年级，学生比我儿子大一二岁，从读书到吃、喝、拉、撒都要管。山里没有幼儿园，我儿子没处托，我也常把他带教室里去，结果学生和儿子常常混起来。我和儿子说话，有时候是“老师跟你讲……”；和学生说话，有时又冷不丁地冒一句：“妈妈跟你说……”。听完了，大家又拼命鼓掌。我们班主任说，我这个例子好，做老师做到这个份上，算是有境界了。

“十一五”以来，浙江把加强农村教师培训工作放在十分重要的位置，将推进城乡教育均衡发展作为工作重点，推出一系列政策和举措，加大投入力度，促进教育资源的合理配置。2005—2007年组织实施了“农村教师素质提升工程”对全省

17万农村中小学教师开展了以“新理念、新课程、新技术和师德”为主要内容的全员培训，使广大农村教师进一步确立了新课程的理念，强化了自主学习的意识和能力，为全面加强和推进农村教师培训工作营造了良好的氛围。

杭州师范大学继续教育学院作为杭州市中小学教师培训中心、杭州市中小学干部培训中心，2005年以来，开展义务教育、高中新课程教师培训1万余人次，农村教师素质提升工程培训3万多人次，培训效果得到受训学员、学校的高度好评。通过受训的1500多名农村教师的问卷调查显示，培训满意率达到90%以上，专业素质培训有效性达到100%。

第五节 “七环培训法”：放飞农村教育的“领头雁”

浙江省农村中小学教师领雁工程是继“农村教师素质提升工程”之后又一项惠及农村教育的民心工程。杭州师范大学继续教育学院自2008年以来共承办省级“领雁工程”培训41个班级，共计培训学员2075人。三年来，杭师大继教院本着“培训即服务，需求要引领”的思路，以“专业化、品牌化、项目制、研训制”为特色，依托杭州市优质的教育资源反哺浙江省农村教育，全力投入“领雁工程”的培训工作，不但圆满完成了每年的项目任务，而且形成了诸多特色。

一、培训调查：用需求微调培训方案

根据《浙江省农村中小学教师“领雁工程”骨干教师省级培训指导方案》的精神，中小学教师“领雁工程”培训旨在提高培训对象在师德修养和课堂教学、教学管理、教育科研、校本培训、自我发展能力、现代教育技术六大方面的能力。然而，来自全省各地、各学科的领雁学员由于区域教育水平的差异，专业素养参差不齐，在上述几方面存在的问题也各不相同。而两个月的培训时间也无法让上述几大方面都得到同样的提升。因此，杭师大继教院在反复研读的基础上，确定了“点面结合、以点为主”的原则，即在每个具体班级培训方案的设计上，既参考省领雁指导方案的总体要求，又重点突出学员在教师专业发展中最急需解决的问题，而不是面面俱到、平均用力。要达到这一要求，做好培训需求调查，准确地把握学员的培训起点和培训需求，自然就成为了杭师大继教院制定具体学科培训方案的依据。

在每一期学员开班前两个月，学院即发出关于该期培训开班筹备工作的内部文件，要求教师结合学科特点设计出培训需求调查问卷，在分管副院长审核通过后，与入学通知书一并发给学员。在开班前一周，召开培训工作预备会议，要求各组班教师通报培训需求问卷反馈情况，并以分析培训需求为依据，论证其培训方案的合理性，与会教师一起分析方案。会后教师将修改后的方案交分管副院长审

批后定稿执行。这种基于培训需求调查基础上的培训方案，使培训既具有理论引领的高度又符合学员的实际培训需要，是确保达到培训效果的前提。

二、创新形式：用多元追求培训突破

培训形式是培训工作的载体，培训活动严格按照省“领雁工程”指导方案的规定，理论培训和实践培训各占一半学时。理论培训采取专题讲座、案例教学、学员论坛、晨会交流、读书报告、论文答辩等多种形式进行，实践培训则有跟岗实习、破冰之旅、外出考察、观摩研讨、技能比武等形式。灵活、多样、新型的培训形式，充分激发了学员的参与热情，切实增强培训工作的实效性。

比如在校长班培训过程中，组班教师组织校长们多次开展学员论坛，探讨学校管理中校长们经常会遇到的困惑，2008 年上半年初中校长班就农村初中学业成绩后三分之一学生德育有效性教育的实施策略、关于提高课堂教学有效性的讨论、如何调动教师的积极性、调动教师积极性的艺术等问题展开了激烈的讨论和交流，并将论坛的过程整理成文字刊出在班级期刊上。又如体育班培训中，组班教师在培训过程中设计了“教学技能比武”模块，将教学技能的学习和竞赛结合在一起，充分体现出学科特点，深受学员好评。

在培训期间，我们除了把专家请进来，还坚持让领雁的学员们走出去。每期培训班都会安排 2 次以上的外出考察活动，让来自农村的学员有机会前往名校感受校园文化，激励他们振兴农村教育事业的斗志。“美善相谐”的大关小学、倡导“五大教育公园”的西湖小学、实践“光谱教育”的卖鱼桥小学，追求“家园式文化”的青蓝小学，领雁学员每到之处都会受到校方热情接待，听课评课、考察交流成为了教学实践的一种灵活多样的方式。杭师大继教院在组织学员参观名校之余，还密切关注教育相关展会、各区县大型教研活动等，积极组织学员参加。如 2009 年上半年第一期领雁校长班学员在参观浙江省首届教育博览会时，意外地与省委书记赵洪祝同志相遇，赵书记与学员进行了亲切的对话，让学员切身感受到了党和政府对农村教师的关怀和温暖，留下了难忘的记忆。

此外，在杭师大继教院官方网站杭州教师教育网上还辟有“领雁工程”专栏，供学员们发表过程报道、培训感悟、学习小结等，三年来积累了大量文章，成为记录学员交流与成长轨迹的宝贵财富。

三、全程跟踪：用过程考核培训成绩

坚持把培训考核贯穿于培训的各个方面和整个过程。组班教师为每位学员建立了研修档案，对每位学员进行培训全程记录，包括学员的考勤、学习态度、课程作业情况、实践能力表达、学习成果的实际运用效果、考察报告等。

在理论培训期间，学员的出勤、规定的作业考核的主要指标。有的组班教师还将学员座谈发言、论坛交流、学习体会与感受的书面材料也作为考核的依据，因为这些都反映了各位学员在培训过程中的努力和付出。而在教学实践培训期间，我们是通过学员人手一册的“学员手册”来实施过程评价。“学员手册”是我们经过市级“领雁工程”培训的尝试，又在2008年省级“领雁工程”培训中试用，一次次修订与改善而形成的。省厅指导方案中对领雁学员教学实践的每一项培训内容及其要求都在“学员手册”中得到呈现。在结束阶段的论文答辩中，我们也坚持论文不过关或答辩不过关者不能结业，必须修改或重写，合格后才能发给结业证书的做法，这个颇为严格的做法也得到了学员的认可与理解。

在培训实施中，我们相信有好的过程就有好的结果，学院委派专人独立、定期展开满意度问卷调查和学员座谈，并及时向院领导和组班教师反馈评价结果，作为后续改进的依据。我们坚持在过程中考核，确保了培训工作的质量，得到了有关领导、学员和指导师的理解支持与肯定认可，学员对培训的综合满意率达到很高水平。详见表0.1。

表0.1 浙江省领雁工程省级骨干培训实施情况调查表

	满意率(%)	不满意(%)
理论教学安排	99.76(满意82.3，比较满意17.36)	0.24
实践教学安排	99.72(满意81.21，比较满意17.51)	1.28
双导师制落实	99.69(满意77.72，比较满意21.97)	0.31
培训整体设计	99.7(满意78.45，比较满意21.25)	0.30
培训内容	99.18(满意81.82，比较满意17.36)	0.82
理论课培训质量	99.95(满意92.71，比较满意7.24)	0.05
实践环节培训质量	98.88(满意85.27，比较满意13.61)	1.12
培训生活后勤服务	95.8(满意67.48，比较满意28.32)	4.20
平均满意率	98.95(满意80.95，比较满意18.0)	1.05

四、优化资源：用“双核”打造培训平台

所谓“双核”，是指“双模块、双导师、双基地”的“双核”培养模式。这是杭师大继教院在省领雁工程中摸索出来，并在杭州市第二轮“名师工程”中定型的一种教师培训模式。“双模块”是指所有的培训内容分为理论和实践两大模块，克服单纯理论讲授，注重理论与实践结合。“双导师”是为指每位学员配备一名理论导师和实践导师，理论导师负责学员的理论培训与教科研指导，实践导师负责学员的课堂教学能力与教研组织能力提升。“双基地”即以杭师大为理论学习基地，以杭州

优质的中小学为实践基地，学员通过备课、磨课、上课(同课异构)、观摩、评课等方式提升专业能力。

杭师大继教院是杭州市中小学干部培训中心和教师培训中心，同时又是浙江省教师教育重点基地。这一地位使杭师大继教院在长期的培训工作中积累了丰富的一线名师资源和优质中小学资源，同时在省内外有广泛的培训合作机制。我们的73个领雁工程实践培训基地，均为杭州市知名中小学，其中几乎囊括了所有一线的特级教师、学科带头人和骨干教师。在培训师资的安排上，各组班教师根据学科特点邀请高校的专家学者为学员做理论引领；一线的教研员、特级教师又能够已自己的教学成长经历现身说法；各实习学校的领导、指导教师则帮助学员在教学常态下提高执教能力。

在3年时间中，受邀来杭师大继教院各个领雁班做专题讲座的海内外大学教授从哈佛大学到杭师大本校，可谓络绎不绝；杭城教育界如雷贯耳的特级教师、名校长也是多次登台开讲；此外还有马云、俞敏洪等社会知名人士也腾出宝贵时间前来讲学。这些学者、专家、名人为领雁学员带来了前沿的资讯、新鲜的理念、可行的方法，在一顿顿的"精神大餐"中，在一次次的"头脑风暴"中，学员的专业素养得到了迅速提升。

"领雁工程"在学时分配上最大的特色不在于专家讲座式的理论学习，而在确保160学时以上的跟岗实习。为了做好跟岗实习，杭师大继教院在每一期都会安排一次会议请相关学校的领导与会，明确教学实践要求，并与学员见面沟通，将培训实践的班级与课务等目标落实到每一个人。做农村骨干教师的教学实践指导师。三年来，无数知名的特级教师和不知名的中小学高级教师在指导学员实践教学方面付出了无数的心血，他们用真心和无私感动着领雁学员。2008年小学英语班的学员姚东林是如此描述他的实践指导老师——拱墅区英语教研员凌霄燕老师的："你本只是你，我本只是我，因为遇见，你成了您，成了我心上的您。"

五、研训一体：用研究提升培训效果

"研训一体"，即"在培训中研究、以研究促培训"，提升培训的有效性和专业性。近年来，杭师大继教院先后实施了"中国新农村教师专业发展计划"、"浙派名师"经典课堂教学艺术展、"浙江省农村教师素质提升工程"、"浙江省农村中小学骨干教师领雁工程"、杭州市第二轮"名师工程"等大型培训项目。在这些项目的实施过程中，童富勇院长携全体教师先后申报立项成功《农村教师专业素质提升有效培训研究》(2008年，教育部规划重点课题，DKA080159)和《特级教师专业特征与成长规律研究：以浙沪京宁350名特级教师为例》(2010年，国家社科基金(教育学)课题，BHA100054)，利用培训过程中积累的资料展开教师培训规律的研究，并初步总结出一套"中小学教师专业素质提升七环培训法"，即专业愿景——

实践教学——名师示范——课堂模仿——同伴互助——展示突破——反思提高，将实践经验转化为理论成果。

六、品牌支撑：用专业铸就培训品质

杭师大继教院一直坚持培训项目化、活动精品化的路线，逐渐形成了在全国有较大影响的精品培训项目，打响了培训品牌。如始于2005年的“浙派名师”经典课堂教学艺术展的影响范围早已超出浙江，在长三角地区有广泛影响，在全国的知名度也正在提高。每次为期10天的展会，可达到6000余人现场观摩的规模，积累的视频光盘成为教师提升教学能力的有效参考。“浙派名师”活动期间，杭师大继教院为领雁学员们提供了免费的观摩机会，并将他们安排在会场的前部，使我们每一位来自农村的领雁教师能够近距离地接触名师，感受经典。同时，为进一步磨砺领雁学员的教育教学技能，杭师大继教院还精心挑选领雁班的优秀学员参加“浙派名师”经典课堂教学艺术展，让他们有机会能够与名师同台献艺。

七、人文关怀：用服务保障培训实施

为了让来自农村学校的领雁学员最大限度地体会到党和政府的关怀，杭师大继教院3年来尽了最大努力提供优质的服务，以确保培训的顺利实施。

比如，按照省厅规定的标准，学员两个月的住宿费标准是2000元/人，按60天计算每天只有33元。为了让学员有一个良好的住宿条件，杭师大继教院不但长期租用校内宾馆，而且在学校周边精心勘察选定了多家性价比较高的宾馆供学员住宿。特别是在2009年第3期培训开班前，由于杭师大继教院所在的杭师大文一校区出现“甲流”疫情，成为“疫区”。为了防止疫情扩散，学校要求杭师大继教院不得在校内举办各种培训班。面对这一紧急情况，多方联系落实了校外办学场所，让学员吃、住、学均在校外宾馆；一方面加强疫情防治，另一方面耐心细致做好学员思想工作，从而保证计划办的领雁班如期开班，按时结业。

又如，两个月的紧张培训中，杭师大继教院经常组织文体活动来调节学员的身心。杭师大继教院不但为为学员配备了羽毛球拍、篮球、乒乓球等体育设施，还专门给每个班级一笔班级活动费。组班教师也会安排几个单位时间去公园或茶馆研讨某一专题，或举办读书报告会。2010年第二期结业时，杭师大继教院还实施了以“结合专业特点，反映培训生活，展示培训成效，总结培训收获”为主题的结业汇报演出，利用省小学音乐班的专业特长，发动所有班级策划才艺展示节目。这一活动得到了各厅领导的高度重视，省教育厅副厅长何杏仁，市教育局副局长肖锋，杭州师范大学校长叶高翔、副校长傅勤等各级领导参加了本次结业典礼。

此外，作为四川省青川县的对口援建省，邀请青川县的中小学骨干教师和校长参加领雁工程，就是教育援川的重要举措。从2008年下半年开始，每一期领雁工程开班前，杭师大继教院都会根据省教育厅的统一安排，接收数量不等的青川学员入学受训。来自四川省青川县的震区学员，不仅收获了知识，更是体验了真情的平凡。组班教师们不但在生活中体贴入微，在学习上也是倍加关心，提供了一批专业书籍和教学光盘供学员学习；在休息日带着学员们游览西湖胜景。在2010年第2期浙江省、杭州市领雁工程培训班结业典礼上，来自青川的13名学员集体朗诵了自己创作的《感谢你，浙江！》，用他们坚定的声音表达了他们对未来的信心，学员代表还向教育厅领导献上了锦旗以表对浙江的感恩之心。

从2008年到2010年，浙江省农村中小学教师领雁工程已走过三个春秋，在这三年里，我们与领雁学员一起学习着、收获着、成长着。在这初冬时节，领雁工程即将画上圆满的句号，而我们培养农村教育"领头雁"的脚步并没有因此停下，相反却是更加的坚定和充满信心。祝愿我省的农村教育领雁高飞、群雁齐飞、雏雁跟飞，为建设城乡统筹的教育事业发挥应有的作用。

八、培养"五心"教师，做个快乐的"新陶行知"

无论是在实施全面全员农村教师素质提升工程，还是在以培养农村中小学骨干教师为主要目的的"领雁工程"，我们都着力把农村教师培养成具有"五心"的"新陶行知"。

一要有颗自信心。要相信自己，相信自己行，相信自己不比别人差，只要自己努力，肯定行！

二要有颗宁静的心。著名特级教师魏书生在应邀为杭师大中国新农村教师专业发展计划高级研修班的题词中写道："守住心灵宁静，建设精神家园；献身农村教育，享受人生快乐！"农村教师不要浮躁，我认为每个人，不论做什么工作，不论在什么地方，在没有选择更好的工作，没有选择更好的地方之前，应珍惜眼前的工作，应当把它作为是你一生中最好的工作、最合适的地方，是自己最好的家园。

三要有颗爱心。爱是教育的出发点，也是教育的归宿。教师只有爱的行动，才会有爱的教育。爱是会传染的，你的爱为传递给学生，学生会传递给其他人，这样整个社会才会充满爱。

四要有颗责任心。作为军人守土有责；作为医生，救死扶伤；作为教师，就要教书育人，培育人才。教师的责任，就是要尽自己的一切努力，让每个学生的潜能得到充分发展，使其成为一个美好社会的建设者和生活者。

五要永远有颗争强好胜的上进心。要不断提高自己的专业水平和师德修养。要创造一种氛围，让农村教师感到被人关注，要经常的参加专业活动、会议，让他们积极参与交流、研讨、竞赛。要组成一个学习共同体，让农村教师有乐趣、做快乐教师、快乐教学，快乐做教师。总之，要让农村教师有幸福感，自豪感，成功感，使他们成为新农村的"新陶行知"。

第一章

农村教师专业素质提升有效培训“七环法”概述

第一节 研究的缘起

一、研究背景及意义

（一）教育是国家发展的基石，农村教育是教育发展的重中之重

《中国现代化报告2010》研究指出，作为世界上人口规模最大的国家，中国现代化的复杂性和艰巨性超过目前发达国家的总和。[①] 我国现代化的突出特点是“两次现代化并存和分布不平衡”，少数地区已进入第二次现代化，接近发达国家水平的底线，多数地区仍处于第一次现代化。大量事实说明，农业现代化仍然是中国现代化建设的瓶颈，农村教育现状是影响我国农村现代化发展的重要因素。

教育是国家发展的基石，教育公平是重要的社会公平，我国始终坚持把教育放在优先发展的战略地位。作为农业大国，农村教育是我国教育事业发展的重中之重。教育作为经济社会发展的基础性、先导性和全局性的事业，必须为新农村建设提供强有力的人才支持、智力支撑和知识贡献。“十一五”期间是农村教育承前启后的重要发展时期，面对建设社会主义新农村的新形势和全面实施素质教育的新要求，农村教育要在新的发展起点上，全面提高教育质量和水平。

（二）教师是教育发展的关键，农村教育问题的关键在农村教师

教育大计，教师为本，提高农村教育质量关键在于建设一支高素质的农村教师队伍。随着农村经济社会发展和农村义务教育经费保障机制的逐步建立，进一步加强农村师资力量成为发展农村教育的当务之急。作为农村现代化建设的知识精英，农村教师是农村的文化传播者，对农民素质提高、农村社会人力资源供给、现代技术开发与普及等都具有重要的关键性作用。农村教师肩负着培养新型农民的重大使命，他们也是农村现代化建设的一种生产力。然而，农村教师队伍

① 金振蓉．回顾历史300年，展望未来100年．光明日报，2010-02-01，(5)．

总体情况却不容乐观。农村教育与农村现代化发展状况处于一种低水平循环状态,改变这种低水平循环是我国农村建设的必然要求。“如果说教育与经济的恶性循环在分散、落后的农业社会中是难以避免的话,那么在传统农业社会向现代工业社会并进一步向知识社会转轨的过程中,变恶性循环为良性循环就成为一种必然要求。”①因此,提升农村教师专业素质,建设一支现代化的农村教师队伍,解决农村教育的症结,促进农村现代化,是摆在我们面前的一项紧迫任务。

(三) 教育公平是重要的社会公平,教育均衡发展的关键在教师

教育的本质是育人,并通过育人来塑造未来。对于个人来说,教育为人的发展提供必要的条件,促进人在身心各方面的全面和谐发展;对于社会来说,教育通过发展后的人来改造社会,推动社会发展。

教育公平不只是教育机会的均等,而应当是教育资源和教育质量的均衡发展。提高教育水平关键在教师,实现城乡教育均衡发展的关键也在教师。目前,农村教师在专业素质、师德修养、工作待遇、社会地位、生活环境以及职业幸福感等方面都存在问题,需要得到更多的关怀。全面提升农村教师的综合素质,缩小城乡教师队伍的差距,是促进义务教育均衡发展的关键。

(四) 提升农村教师专业素质是新课程改革的必然要求

农村教师普遍存在知识结构单一、适应能力较差、研究意识淡薄、自我发展意识欠缺等问题,这些问题已经形成一种恶性循环(如图 1.1 所示)。随着新课程改革的推进,农村教师整体素质与新课改不相适应的问题越来越突出,一些深层矛盾日益暴露。更新农村教师的教育观念、提高其教育教学技能、提升其专业素质是全面落实新课改的现实需求。

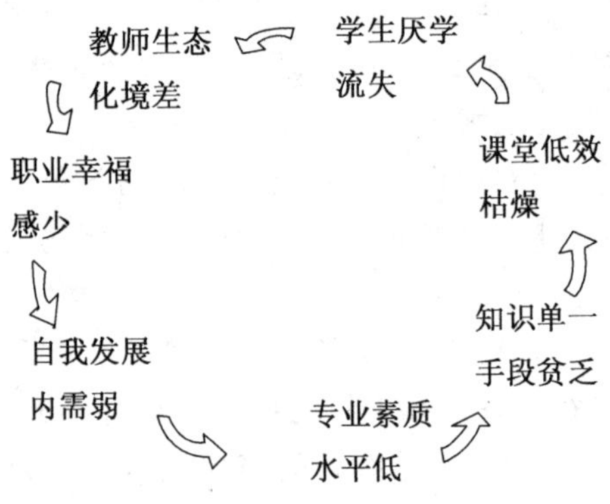

图 1.1　农村教师专业发展恶性循环

① 唐松林.农村中小学教师队伍建设研究.华东师范大学,2004:27.

（五）创新培训模式，增强培训实效，是提高农村教师素质的有效途径

培训是一种特殊的教育活动，它更重视效益，更有其较明显的时效性和功利性。培训的根本目的是提高受训者履行岗位职责的能力，衡量培训效果的标尺，不是检查学了多少，而是要看用了多少。培训的焦点是行为活动的技能，培训不是为了知道得更多，而是为了行为的改变。因此，培训更重要的是其目标的针对性、动作的现实性和效果的实用性。[①] 构建需求导向的教师培训体系、创新教师继续教育模式、切实提高农村教师培训的质量是提高农村教师素质的有效途径。加强城乡教师交流，既有利于提高农村教师整体素质，又可以改善农村教师队伍“有效需求”不足的状况，还可以缓解工学矛盾，为农村教师提供进修学习的机会。

二、研究现状

把教师专业发展放在中国新农村建设的视野下研究，是发展有中国特色的农村教师教育的产物。近几年来，随着新课程改革的实施，农村教师专业发展成为人们关注的焦点，上海和浙江等发达地区率先意识并展开了中国新农村教师专业发展的实验与研究。特别是近两年来，浙江、湖北等省先后启动了促进农村教师素质提升的活动，比如，浙江省实施了惠及全省范围的农村教师素质提升工程、浙江省农村教师“领雁工程”；杭州师范大学实施了由知名企业家出资的旨在培养新时期新农村“新陶行知”的“中国新农村教师专业发展计划”；杭州师范大学与钱江晚报联袂推出“田野大课堂”，开展送教下乡活动；杭州市教育局等主管部门推动“城乡结对”，建构“城乡教育共同体”等活动；杭州师范大学开辟远程教师教育、送名师教学光盘等，这些举措对于提高农村教师素质，促进农村教育改革与发展都起到了积极作用。

在广泛开展农村教师教育改革实验的同时，相关的研究也越来越多。总体上有关教师专业发展的理论与实践研究主要集中在四个方面：一是有关新课程改革与教师专业发展、和谐社会与教师教育的宏观关系研究；二是以教育公平、继续教育与终身学习、教师专业发展阶段、类型、模式和范式等为主题的理论探讨；三是有关教师教育和教师专业发展制度、政策、培养模式的历史研究和比较研究；四是各地区推进农村教师素质提升和专业发展工程的实践探索。

目前国外有关教师素质的相关研究倾向于从教师个体的个性品质及教师教学行为的个性色彩来分析教师的素质结构。国内相关研究则普遍强调教师素质的社会现实性和结构完整性，就社会现实性而言，注重社会对教师的外在要求，就结构完整性而言，一般都力求使教师素质系统化、整体化和面面俱到。关于教师素质结构的研究主要有规范取向、技术取向和智慧取向三种思路。在积累了大量

① 刘晓峰.中小学教师专业发展培训模式研究与实践.上海师范大学硕士学位论文，2007.

研究成果的同时，当前研究尚存在“四多四少”的问题：

(1) 一般性的教师专业化研究多，针对农村教师专业发展的特殊性研究少。许多研究都借用成人教育、继续教育、教师教育、教师专业化研究模式，对农村教师专业发展的特殊性重视不够。对农村教师专业发展、农村教师专业素质的本质特征和特殊结构的深入探讨比较缺乏，尚未形成一套系统的分析新农村教师专业发展、农村教师专业素质提升问题的理论框架。

(2) 有关教师常规培训的研究多，对农村教师有效培训的研究少。现有相关研究比较分散，大多是对常规性教师培训工作的经验总结。在新农村背景下，针对农村教师专业发展的培训模式、农村教师培训的有效性、提升农村教师专业素质的有效培训等专题研究还比较少。

(3) 有关农村教师专业发展的理论研究多，针对农村教师素质提升有效培训实践反思少。现有的理论研究侧重于概念阐释、历史分析和经验总结，缺乏对实践的指导意义，在农村教师专业素质发展的动态特征和有效培训模式的探索上没有重大突破。现有的实践探索侧重于对农村教师专业素质现状调查与对策研究，缺少对农村教师培训实践有效性的反思，缺少对农村教师素质提升有效培训模式的探索。

(4) 从外部需求来探讨教师专业素质的研究多，从农村教师内部需求来探讨有效培训的研究少。现有的研究侧重于从社会发展、教育改革和职业需求等外部因素来研究教师专业发展，比较关注从社会本位的角度研究农村教师培训模式，缺少从教师专业发展内在需求等内部因素来探讨农村教师专业发展模式，较少从个人本位的角度探索提升农村教师专业素质的有效培训模式。

各地正在实施的新农村建设、新农村教育改革与农村教师专业发展工程迫切需要理论指导和实践检验。社会的发展对教育和教师都提出了新的要求，人们对教师职业特性的认识也越来越深刻，对农村教师素质提升有效培训进行深入系统的研究，无论是在理论上还是实践上都是迫切需要的。

第二节　“七环培训法”的理论基础

农村教师专业素质提升“七环培训法”吸取了许多优秀的社会科学理论成果，其中直接相关的理论基础主要有成人学习理论和成人教育理论、教师专业素质构成理论、教师专业发展理论、教师学习理论。

一、成人学习理论和成人教育理论

(一) 成人学习理论

1928 年，美国著名教育心理学家桑代克的著作《成人学习》(*Adult Learning*)

一书出版，标志着成人学习理论研究的开始。20世纪中叶以来，随着成人学习和成人教育运动的兴起，人们对成人学习问题进行了广泛研究，逐渐形成了若干理论流派。其中，比较著名的有以诺尔斯(M. Knowles)为代表的成人教育学理论、以麦克鲁斯基(Y. H. Mcclusky)和诺克斯(A. B. Knox)为代表的成人学习生活情境理论和以麦基罗(J. Mezirow)为代表的成人学习知觉转换理论。[①] 根据这些理论研究成果，人们比较一致地认为，成人学习具有以下几个典型的特点：

(1) 具有独立自主性。儿童学习具有强烈的"依赖性"，成人学习则具有"自主性"。成人具有独立的自我意识，成人一旦形成学习动机并积极参加学习活动，就会以主体的地位参与整个教育过程。自我指导学习(自主学习)是成人学习的重要特性之一。

(2) 具有丰富的经验。成人从实践中积累了大量的经验，这些经验又成了他们丰富的学习资源，成人从事任何工作都会以其自身的经验为知识背景。

(3) 需要适应社会。成人学习的目的主要是为了扮演好自己的社会角色，适应在社会上生存和发展的需要。成人希望所学的知识和技能可以立即应用于解决工作和生活中的问题。

(4) 追求学以致用。作为从业者，成人的学习目标受其职业身份制约，追求"学以致用"。成人学习更具有"问题导向性"，即希望通过学习提高自己解决当前所面临的问题的能力。

(二) 成人教育理论

针对成人学习的特点，研究者提出了相应的成人教育理论。美国著名成人教育专家诺尔斯把成人教育的理论称作"帮助成人学习的艺术和科学"。[②] 成人教育要遵守五条原则，即自主性、实践性、适应性、反思性、参与性：

(1) 自主性原则。成人教育要充分尊重成人学习的自主性，关注成人如何控制自己的学习过程，包括成人如何制定学习目标、收集学习资源、选择学习方法和评价学习效果。成人教育应该是一种内烁过程，是学习者满足和力求达到自己目的的过程。

(2) 实践性原则。成人教育要重视成人已有的实践经验，将这些经验作为成人学习的重要资源。成人教学应该充分利用成人的经验，这些经验都是有价值的学习资源。利用成人经验开展教学的方式包括互动游戏、模拟现场、案例研究、心理剧、角色扮演和教学实习等。

(3) 适应性原则。成人教育课程的选择要与成人的人生发展阶段任务相适应。处在不同发展阶段的成人会面临不同的任务，有不同的需要。成人学习的主

---

① 娄宏毅，宋尚桂. 成人教育学. 济南：齐鲁书社，2002：131.

② 转引自张建平. 基于专业发展的中小学教师培训粗略研究. 曲阜师大硕士学位论文，2005.

要目的也是为了解决现实生活中所遇到的问题，更好地完成各阶段的任务，因此其学习兴趣必然在与其生活和职业相关的知识技能上。成人教育必须研究成人在不同阶段面临的任务和需要，并以此作为设置或调整课程内容的重要依据。

(4) 反思性原则。成人已经具有批判思维能力，成人会有选择地接受主流观点、行动、推理和意识形态；成人最终认可主流文化价值观的霸权内容与理解世界的“本质”所产生的表现，是如何支持没有代表性的少数人权力和自我利益的过程。[①] 因此，成人教育要关注成人提出问题、建立假设的过程。

(5) 参与性原则。在成人教育中，要多组织小组合作学习，通过同伴互助的方式，鼓励学员广泛参与合作。在教育过程中，师生合作、共同参与，创造良好的学习气氛，共同计划教学，共同阐明学习目标、共同设计教学方案、共同评价学习效果。

成人教育一般具有两个鲜明的特点：其一，成人教育要具有实用性和针对性。成人教育的内容应该紧密联系经济与社会发展的需要，应该与成人的学习与工作、生活需要高度吻合，要求教育内容具有实用性、针对性。成人教育的教学内容设置必须有利于成人学习，有利于其能力的形成和发展，提高业务水平。其二，成人教育具有速效性。时间对成人来说尤为宝贵，为了避免工学矛盾，成人教育必须讲究时间效益。因此，成人教育往往具有周期短、投资少、见效快的特点。

不论是教师教育、教师培训还是教师学习，都不能脱离一个基本的前提，即教师是成人，而参加在职培训的教师更是有一定理论和实践知识的成人，他们的学习必然不同于儿童，因此农村教师专业素质提升七环培训法必须遵循成人认知、成人学习的基本规律，“七环”的构成、组织与实施都离不开成人教育和学习的理论。

二、教师专业素质构成理论

第斯多惠曾经指出：“一个好教师应该具有裴斯泰洛齐的热情，莱布尼茨的学识，苏格拉底的智慧，耶稣的博爱。”[②]他认为教师的作用关乎整个人类的发展，但是教师要完成这个任务必须首先要完善自己，他对教师提出了以下四点要求：① 教师应学会自我教育，自我教育是教师终身的任务，而自我教育的内容包括：优秀的品质、学科知识、文化修养和教育学、心理学等基础理论知识。② 教师必须有坚强的意志和充沛的精力。③ 教师必须学会吸引学生的注意力，因此，第斯多惠认为，教学要达到引人入胜的效果，教师首先要生动活泼，更要注意讲课的形式、风格和教学方法；教师要保持良好的精神状态，以便调动学生的情绪；但这一

---

① 朱益明. 教师培训的教育学研究. 华东师范大学，2004，教育经济与管理博士论文，63－64.

② [德]第斯多惠. 德国教师培养指南. 袁一安译. 北京：人民教育出版社，1990：180.

切都来源于教师热爱教育事业、热爱学生。④ 教师要注重对学生语言能力的培养。

第斯多惠认为教师必须要具备的专业素质有：教育学、心理学等教育专业知识；学科专业知识；敬业、爱生、爱岗、坚强等优秀专业品质；灵活多样的教学方式、手段、方法等实践方面的专业技能等等。虽然他的这方面理论跟前者的研究成果一样没有规范地列出教师必须具备哪些素质，只是停留在理想化的描述上，但是他的理论给以后关于教师专业素质的研究奠定了坚实的基础。

近年来，关于教师专业素质的构成，国内外教师教育学术界做了广泛的研究，教育部师范司组织编写的《教师专业化的理论与实践》一书中将十多年来典型的研究成果概括如表 1.1 所示。

表 1.1　研究者关于教师专业素质构成的代表性观点①

研究者	教师专业素质结构
叶澜	1. 专业理念；2. 知识结构；3. 能力结构
艾伦	1. 学科知识；2. 行为技能；3. 人格技能
林瑞钦	1. 所教学科的知识；2. 教育专业知能；3. 教育专业精神
饶见维	1. 通用知能；2. 学科知能；3. 教育专业知能；4. 教育专业精神
姚志章	1. 认知系统；2. 情意系统；3. 操作系统
唐松林	1. 认知结构；2. 专业精神；3. 教育能力

从不同学者提出的这些教师专业素质构成要素中可以总结出，专业知识、专业技能和专业情意的发展水平是构成教师专业素质的主要部分。

（一）专业知识

教师专业知识是指教师作为一名专业人员，必须具备从事专业工作所要求的基本知识，这种基本知识主要来源于前人的社会实践经验和教师自身在教育实践中积累的经验。在关于教师专业知识的研究中，影响最大的首推美国卡内基促进教学基金会主席舒尔曼（L. S. Shulman）教授提出的“教师专业知识的分析框架”。

舒尔曼（L. S. Shulman）教授认为，教师必须把自己掌握的知识转化成学生能理解的形式才能使教学产生效果。他认为教师必备的专业知识至少要包括七个方面[②]：① 学科内容知识；② 一般教学法知识；③ 课程知识；④ 学科教学法知识；⑤ 关于学生特点的知识；⑥ 有关教育脉络的知识；⑦ 有关教育目的、价值、哲学与

① 教育部师范教育司. 教师专业化的理论与实践（修订版）. 北京：人民教育出版社，2003：54.

② 教育部师范教育司. 教师专业化的理论与实践（修订版）. 北京：人民教育出版社，2003：55.

历史渊源的知识。其中学科教学知识是区分学科专家与普通教师的重要标志，也是教师职业专业性的重要体现。

现代认知心理学把知识分为陈述性知识、程序性知识和策略性知识三大类：陈述性知识是关于“是什么”的知识，用来说明人们对世界的认识，是描述性的知识；程序性知识是关于“做什么和怎么做”的知识，用于具体情境的方法或步骤，是说明性的知识；策略性知识是解决问题的一般方法，它也属于程序性知识的范畴，策略性知识包括认知策略、调控策略和资源管理策略。

从功能来看，教师的专业知识结构包括本体性知识、条件性知识和实践性知识。其中本体性知识是指教师的学科专业知识；条件性知识是指教育学和心理学知识；实践性知识是指在具体情境中如何应用本体性知识和条件性知识的知识，它是教师在实践中积累的有关教育教学的经验。

从当今各国教师教育课程设置来看，教师的专业知识一般包括普通文化知识、学科专业知识和教育专业知识三大类，这一观点是普遍认可的。

(1) 普通文化知识，对应教师培训的通识类课程。普通文化知识包括人文、历史、社会、哲学等领域的知识，具有陶冶情操、培养人文精神、提高人文素养的价值。从教师个人长远发展来看，从新教师到优秀教师乃至名教师，尤其需要普通文化知识的积淀。从专业性的角度看，教师是专门从事“教书育人”的人。要履行“教书”的职责，教师自身首先要具备广泛的普通文化知识。教师拥有广博的普通文化知识，有助于满足学生多方面的兴趣和需要，有助于教师更好地理解学科知识和教育教学知识，更有助于树立和提高教师的威信。

(2) 学科专业知识，对应教师培训的学科类课程。教师对自己所教学科的了解是胜任学科教学工作的必要条件，学科专业知识就是教师关于本学科的基础性知识，包括：① 本学科的基本概念、基本范畴、基本原理；② 本学科领域的诠释及概念架构等实质性知识；③ 本学科领域里引入新知识的方式及研究者研究的方式等章法性知识；④ 对本学科的信念；⑤ 本学科的发展动态和前沿成果。

(3) 教育教学知识，对应教师培训的教育类课程。教育教学知识属于条件性知识，最能体现教师在“育人”职能上的专业性。这类知识是区分“教书匠”与“教育家”的关键要素。教育教学知识包括关于教学论的知识、关于学生身心发展特点的知识、关于教学组织管理的知识等，其中最主要的是教育学和心理学知识。

(二) 专业技能

“技能”是指运用知识和经验进行活动的方式，教师的专业技能是指教师在教育教学过程中运用一定的专业知识和经验执行教育教学任务的活动方式。

早在20世纪70年代，美国佛罗里达州关于教师专业技能的研究提出1276项教师教学技能。① 我国对这方面的研究中比较典型的是1990年吉林师院开始进行的题为"师魂、师德、师能教育系统工程"的研究与改革，提出了合格的中学教师应具备的"师能"的范畴。而我国曾出台了相关的文件：如1992年9月我国国家教委师范司所印发的《高等师范学校学生的教师职业技能训练基本要求(试行稿)》和1994年颁布的《高等师范学校学生的教师职业技能训练大纲(试行)》；另外对教师专业技能研究方面有一定成果的还有：邵瑞珍、曾庆捷等学者(见表1.2)。

表1.2 国内外关于师能结构的研究

研究者	师能结构
20世纪70年代美国佛罗里达州的教师能力研究	① 量度及评价学生行为的能力；② 进行教学设计的能力；③ 教学演作的能力；④ 负担行政职责的能力；⑤ 沟通能力；⑥ 发展个人技巧；⑦ 使学生自我发展的能力。
吉比尼和威尔玛对实习教师能力的研究	① 计划教学材料、设备和评估；② 教学策略、技巧和方法；③ 和学习者的交流；④ 使学习者专注于学习、对学习者施行强化；⑤ 职业准则
吉林师院的"师魂、师德、师能教育系统工程"研究与改革	① 学科专业知识和能力；② 教育专业知识和能力；③ 一般科学文化知识和能力；④ 教师基本功和职业技能、能力(分为共同和专业两方面)；⑤ 美育、体育、劳动技术教育基本知识和能力。
澳大利亚特尼的研究	① 动力技巧；② 讲授及交流技巧；③ 提问技巧；④ 小组个人辅导技巧；⑤ 培养学生思考技能；⑥ 评估技巧；⑦ 课堂管理与纪律
《高等师范学校学生的教师职业技能训练大纲(试行)》要求	① 教学设计技能；② 应用教学媒体技能；③ 课堂教学技能；④ 组织、指导学科课外活动的技能；⑤ 教学研究技能
邵瑞珍的研究②	① 思维条理性、逻辑性；② 口头表达能力；③ 组织教学能力

综合以上研究成果，我们可以从不同角度可以对它进行分类：

从教师专业技能的广义和狭义角度，可分为教师课堂教学技能和教师教育技能，狭义的教师专业技能主要指教师进行课堂教学实践所需要的基本技术与

---

① 郑肇桢.教师教育.香港：香港中文大学出版社，1987：58-59.

② 邵瑞珍.教育心理学——学与教的原理.上海：上海教育出版社，1983：265.

智慧；广义的教师专业技能是教师在进行所有教育活动中所需要的技术与智慧。

从技能的表现形式方面来看，教师的专业技能可分为“行动技能”与“思维技能”两个方面：前者通常指人们所说的“教学技术”，即一些可以被观察到的、易于评价的操作性技术，比如：讲授及交流技巧、课堂管理与纪律、应用教学媒体技能、组织、指导学科课外活动的技能、沟通能力、负担行政职责的能力、评估技巧等等；而后者却是隐藏于教学行动背后的思维技能，如：“教学决策和推理的技能”，它们常常被人们忽视；另外还有教师教学反思能力、信息的组织与转化能力、教学研究技能等。但不论人们是否能意识到，教学思维技能与行动技能不仅同时存在，还在教学的实际过程中起着共同的决定性作用。

从技能本身的角度来看，可分为教师的专业技巧和专业能力两部分。教师的专业技巧主要就是指教学技巧，即在教学过程中，教师从事教学活动的一般熟练技能。其功能主要是针对学生的，例如：引导学生的学习、控制课堂气氛、引起学生的注意力，保证教学活动顺利进行等。在教学过程中，教师的教学技巧主要可归纳为以下几方面：① 导入的技巧：唤起学生的注意、刺激学生的学习兴趣；② 强化的技巧：适时对学生正确的学习行为给予奖励；③ 变化刺激的技巧：变换感觉的途径，变换交流的模式，变换语言的声调；④ 发问的技巧：训练、改善学生的反应，增强学生的参与程度；⑤ 分组活动的技巧：组织小型的学生小组，指导咨询，鼓励协作；⑥ 教学媒体运用技巧：板书的设计，教具的使用，现代化教学手段的掌握；⑦ 沟通与表达的技巧：书面语言的使用，口头语言的表达，体态语言的运用；⑧ 结束的技巧：总结学习的表现，提出问题的要点，复述学习的重点；⑨ 补救教学的技巧；学生的个别辅导，学生作业的指导。[①]

教师的专业能力主要是指教师为完成一定教育教学活动所必备的本领。包括完成一定教育教学活动的具体方式，以及顺利完成某活动所必需的心理特征。

如果把教学过程看作是教学设计、实施和评价三个阶段的集合体的话，教师的专业能力可以分为：

(1) 教学设计能力：是指教师在具备了专业知识的基础上，能够综合运用这些知识，根据大纲或课程标准的要求设计出适当的年度教学计划和单元教学计划的能力。具体包括：分析教学内容的能力(对课程标准的解读能力、掌握和运用教材的能力)；分析教学对象的能力；制订教学计划的能力；选择教学策略、组织形式和方法的能力等。

(2) 教学实施能力：是指教师在一般教学情况下有效地实施所设计的教学计划，并能根据实际情况控制教学情境的能力。包括：课堂组织管理能力；灵活运用

---

① 教育部师范教育司. 教师专业化的理论与实践(修订版). 北京：人民教育出版社，2003：63.

教学手段、策略的能力;信息传递的能力、;接受信息的能力等。

(3) 教学评价能力:是指教师在教学过程中收集资料,运用各种评价方法了解学生的学习状况,来对教师是否完成了预定的教学目标,学生是否达到了预定的学习目标作出判定,从而根据反馈的信息来补救或改进教学工作的能力。评价可分为:发展性评价和结果性评价两种,两种评价方式应根据具体的情况配合运用。在这一能力方面,教师需要具备:选择合理的评价方式的能力、设计评价标准的能力、选择评价方法和工具实施评价的能力、分析评价结果的能力以及及时进行反馈的能力等。

(三) 专业情意

"专业情意"是指教师对教育、对学生、对自身发展的基本态度,它更强调教师的心理意愿。教师专业情意包括专业理想、专业情操、专业个性、专业自我等四个方面。

(1) 专业理想:是教师从事本专业活动的原动力,教师对成为一名成熟的教育教学专业人士的向往和追求有助于推动教师个人专业发展的进程。

(2) 专业情操:是教师对教育工作理性的价值评价的情感体验。如:对教育工作的成就感;对教育功能的自豪感等。它是构成教师价值观的基础,也是构成教师优秀专业个性的重要因素。

(3) 专业个性:是指教师从事教学工作应具有的人格特征或个性倾向。美国心理学教授约翰·霍兰德(J. Holland)认为不同类型的职业对从业者的个性素质会有特定的要求。他还认为社会型劳动者喜欢从事为人服务和教育他人的工作,其个性适合做教师,因为他们热情慷慨,善于交际,关心他人。

(4) 专业自我:是指教师的自我意识或自我价值。教师首先是一个人,一个有自己独特人格的人,一个高"自我"的教师更倾向于以积极的方式来看待自己,能更客观地看待世界或外部环境,能够认同他人,自信乐观。凯尔克特曼(G. Kelchtermas)教授研究认为专业自我包括自我意向(self-image)、自我尊重(self-esteem)、工作动机(job motivation)、工作满意感(job satisfaction)、任务知觉(task perception)、未来前景(future perspective)六个方面。①

教师专业素质构成理论为农村教师专业素质提升七环培训法提供了重要的理论支撑,有助于全面了解培训需求、合理设计培训内容、组织协调培训过程。

三、教师专业发展阶段理论

目前,国内外研究者们对"教师专业发展阶段"的界定并没有统一的说法。20

① 转引自教育部师范教育司.教师专业化的理论与实践(修订版).北京:人民教育出版社,2003:67.

世纪 60 年代，美国的富勒(F. G. Fuller)编制了著名的“教师关注问卷”，揭开了教师专业发展理论研究的序幕。之后，西方国家日益关注并研究教师成长周期问题。

（一）“关注”阶段论

富勒(F. G. Fuller)是“关注”阶段论研究的代表人物，他通过对教师关注问题的研究提出教师专业成长的四个阶段：① 任教前关注阶段(preteaching concerns)，这个阶段中的“教师”还未成为真正的教师，还只能是主修教育的学生，他们没有教学经验，只关注自己，对所观察到的教师经常持怀疑和批判的态度。② 早期求生存阶段(early concerns about survival)，这个阶段的教师刚刚踏入教坛，他们关注的是自己作为教师的生存问题，如教学与控制、对内容的掌握和如何通过教学视导人员的评价等。在这个阶段中，教师所承受的压力较大。③ 关注教学情境阶段(teaching situation concerns)，在这个阶段中，教师既关注生存问题又关注所有教学要求和限制，并设法从学习向关注教学情景转变。④ 关注学生阶段(concerns about pupils)，教师开始对学生的需要做出反应。

富勒认为教师关注焦点的转变是从关注自我到关注教学任务，最后到关注他们对学生可能产生的影响的过程。

（二）心理发展阶段论

这个理论的代表学者是利思伍德(K. Leithwood)，他把教师专业发展的过程看成是教师心理发展的过程，他们把教师当作一个成年的学习者来看待，在认知理论、概念发展理论及道德判断等理论的基础上把教师的心理发展划分为以下四个阶段：① 简单的世界观，坚持原则，相信权威；② 墨守成规的表现；③ 较强的自我意识，能够意识到某些教学情境下的多种可能性；④ 较有主见，尊重课堂，能够从多角度分析遇到的课堂情境。

（三）社会化发展阶段论

主要的代表学者为莱塞(C. Lecey)、我国台湾学者王秋绒等人，他们把教师作为社会人来考察他们成为一名专业教师的变化过程。他们的研究关注的焦点在于教师个人的需要、能力、意向与学校机构之间的相互作用。莱塞(C. Lecey)把教师的社会化发展过程划分为“蜜月”阶段、“寻找教学资料和教学方法”阶段、“危机”阶段、“设法应付过去或失败”阶段。王秋绒把教师的社会化过程分成师范生阶段(探索适应期、稳定成长期、成熟发展期)、实习教师阶段(蜜月期、危机期、动荡期)、合格教师阶段(新生期、平淡期、厌倦期)。

（四）教师职业生涯周期理论

费斯勒(R. Fessler)和克里斯坦森(J. C. Christensen)等学者从 1980 年起，通过历时八年的文献研究和对 160 多位教师的访谈，建构了“教师职业生涯周期模型”,将教师的职业生涯分为如表1.3所示的八个阶段①。

表1.3 教师职业生涯周期八个阶段的内涵与主要特征

阶段	内涵与主要特征
职前期	在师范院校接受初始培训的时期,这是教师专业角色的准备阶段
职初期	指教师入职后的头几年,是教师在学校系统中的社会化阶段
能力建构期	教师努力提高教学技能和才智的时期。教师容易接受新观念,积极参与各种学习和交流,视工作为挑战,渴望改进自己各方面的技能。
热情与成长期	教师的工作能力已达到较高水平,但专业能力仍在继续进步。
职业挫折期	教师的工作满足感变弱,开始产生职业倦怠。
职业稳定期	进入高原期,有些教师开始停滞不前,也有些教师仍对教育事业充满热情。
职业消退期	教师准备离开岗位,持续时间可能长达几年,也可能只有几周或几个月。
职业离岗期	教师离开教学工作后的一段时间,可能退休,也可能选择其他职业,或转岗从事教育系统的非教学工作。

费斯勒(R. Fessler)和克里斯坦森(J. C. Christensen)的研究说明教师职业生涯周期是一个曲线发展过程,教师会在职业生涯中遭遇挫折,产生职业倦怠,也会由于职业过于稳定而停滞不前。他们还分析了影响教师职业生涯各阶段的因素,指出每个阶段教师发展都会受到包括个人环境因素、组织环境因素、成长需求、激励措施、支持体系五方面的影响。

以上各种教师专业发展阶段理论从不同角度揭示教师职业发展的规律,为我们更好地开展教师教育、教师培训提供了有效的依据,对于“七环培训法”在实施过程中如何根据不同发展阶段农村教师的需求,量身定做适宜的“专业发展愿景”、设计符合需求的“培训内容”、安排相匹配的理论与实践导师进行“名师示范”、提供差异性的实践教学机会等,都有重要的指导意义。

四、教师学习理论

柯克然-史密斯(M. Cochran-Smith)和莱特尔(S. L. Lytle)曾对教师学习及其方式进行了分析,概括了有关教师学习的三种观点:②

第一种观点,认为教师学习是一个掌握和应用已知教学法和学科内容理论知识的过程。根据这种观点,教师主要从理论文献、教育学教科书或培训中给川的

① 费斯勒,克里斯坦森.教师职业生涯周期——教师专业发展指导.董丽敏,高耀明等译.北京:中国轻工业出版社,2005:40-42.

② 张敏.教师学习的理论与实证研究.杭州:浙江大学出版社,2008:10.

最优秀的实践案例中学习。教师的学习主要是一个受外部定向(指导)的、被动的和知识消费(knowledge-consuming)的过程。

第二种观点：教师学习是一种通过经验反思进行的实践知识的建构过程。因此，当教师有机会检验和反思那些内隐于实践中的知识时，教师进行着学习；学习发生在教师对课堂行为的有意识的反思过程中。在这里，教师学习是一种自我调节的、主动的过程。

第三种观点：教师学习是教师教学所需要的知识的生成过程，当教师有意识地把他们自己的课堂和学校作为探究的场所时，学习便发生了。教师学习的过程是一个知识创造的过程。

目前，第一种观点仍然是许多教师专业发展计划的依据，但第二种和第三种观点与当前成人学习的建构主义的观点更为接近。根据这种观点，学习者从经验中学习或从他人那里借用观点来建构学习，并主动地把形成的新知识与原有的认知结构建立起联系。

整合上述三种观点，可以把教师学习定义为：教师学习是教师在自身努力或外部环境的影响下，专业知识和能力的获得与生长变化。教师学习与教师专业发展是一个统一的过程，教师学习是教师专业可持续发展的基础和前提。

张敏对教师学习策略的实证研究发现，教师学习策略是一个“七因素”的结构，即反思实践、专业对话、阅读规划、观摩学习、拜师学艺、记录研思、批判性思维。① 她根据这七个因素建构了教师学习的三维结构模型如图 1.2 所示。张敏关于教师学习策略的三微结构模型对于教师培训过程设计有重要的借鉴意义。

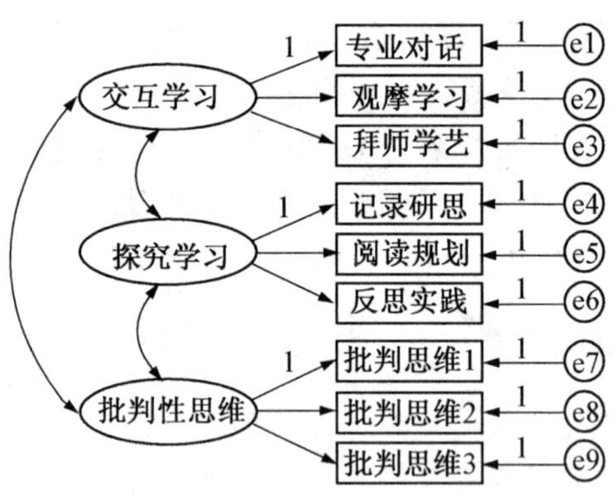

图 1.2　三维结构模型

了解农村教师培训需求，根据成人的学习特点安排培训，充分整合教师学习的策略，是实施农村教师专业素质提升“七环培训法”的前提和依据。

① 张敏.教师学习的理论与实证研究.杭州：浙江大学出版社，2008：108.

第三节 “七环培训法”的内涵与特征

在农村教师培训中，七环培训法吸收了近年来国内外教师培训方法、模式中的精华，每一环都有其专门的内涵与特征，它们之间又是互相支持、互相促进的。

一、专业愿景培训

“愿景”，即所向往的前景，是指一个人为之奋斗并希望达到的图景。它包含着两层内容：一是“愿望”，指有待实现的意愿；二是“景象”，指具体生动的图景。愿景概括了未来目标、使命及核心价值，是哲学中最核心的内容，是最终希望实现的图景。它就像灯塔一样，始终为人们指明前进的方向。① 农村教师“专业愿景”培训，旨在明确教师专业发展的目标，为参训教师打好专业理论基础。农村教师专业愿景培训的内容包括专业情意、专业知识与专业技能这三个有机联系的部分。我们从这三方面对农村教师的专业发展愿景培训进行规划，以提升执教水平与能力为核心，设定专业愿景培训的总目标为：全面提升培训对象的师德修养、课堂教学能力、教育科研能力、校本培训能力、现代教育技术和自我发展能力，把培训对象培养成为具有较高水平的学科教学能力、终身学习和教育创新能力、能发挥示范和辐射作用的农村中小学骨干教师。

在专业情意模块中，我们设计了农村教师职业道德和教师专业发展规划两大专题，着重培养农村教师的使命感。使命感是人对特定社会和时代，社会和国家赋予的使命的一种感知和认同。教师的使命感包括个人的、职业的、集体的和国家的。在培训中培养教师使命感，有助于激发教师的学习动机和学习热情，同时也有助于促进学习型团队的形成。培训初期，学员通过学习孔子、陶行知等教育家的农村教育思想，聆听魏书生关于农村教育和农村教师的师德报告，对农村教师的使命有了更深刻的认识。接着，通过辅导学员设计“教师专业发展规划”，使他们更加明确自己的使命是什么？应该通过怎样的努力，以怎样的实际行动去实现自己的使命？平时农村教师们都忙碌在日常教学和管理的琐事中，无暇顾及教师的使命感、专业发展的愿景等问题。我们在培训的第一环——专业愿景培训中为参训教师提供了一个可以停下来反思的机会，对农村教师使命感的深入思考和感知，增强了培训学习的目的性、针对性和计划性。有助于农村教师在这种使命感的指导下，完成自己的使命，实现人生的价值。

相对于城市，农村社会信息比较闭塞，农村教师很难及时了解专业知识发展前沿，在步入学习型社会的同时，农村教师知识结构相对陈旧，教育教学理念和方

---

① 徐耀强.共同愿景：引领企业前行的灯塔.中国电力企业管理，2008，(3)：60－62.

法相对滞后，因此迫切需要专门的培训以促进其在专业知识和能力结构上的更新换代。

专业知识模块的培训内容主要包括教育教学理论前沿和学科理论知识革新，旨在更新农村教师的知识结构。专业知识培训专题的设计兼顾教师专业知识结构的"广博"与"专精"，一方面要拓宽农村教师对教育教学理论的知识面，补充他们在教育学、心理学、教育哲学、教育社会学、班级管理学等师范类通识课程前沿理论的缺乏。另一方面要加深农村教师在本学科教学知识方面的专业性，特别是学科教学论在新课程背景下的革新、在信息技术环境下的灵活应用。

专业能力模块的培训注重操作性、实用性，致力于促进农村教师在教育教学方法和技术水平上的提升，以及在教育科研能力方面的提高。因此，在专业愿景培训环节，针对农村教师专业能力方面的提升，我们开设了新课程教材教法研究、有效教学法、课堂观察技术、课堂管理技术、信息技术与学科教学整合、教育科研量化与质的研究方法、科研论文写作规范等专题，结合一线名师的教学案例，传授给学员比较方便、实用的教学技能和科研方法。

二、实践教学培训

如果说理论知识是教师从业资格的基础，那么教师专业实践则是所有知识指向的终极目的。① 教师在日常教学实践中积累的经验，以及由此形成的实践性知识，是促进教师专业素养提升的知识基础，而教师的教学实践本身则是教师专业素质提升的归宿。所谓教师的实践性知识，是指"教师真正信奉的，并在其教育教学实践中实际应用和表现出来的对教育教学的认识"②，包括"教师的教育信念、教师的自我认知、教师的人际经验、教师的情境知识、教师的策略性知识和教师的批判性反思知识"③。它们直接来源于教师自身的工作经验和教师个人对理论的理解运用，间接来源于教师与同行之间的交流合作。

我国广大农村教师仍然是实践工作者，对他们提出诸如"学者型教师"、"专家型教师"和"研究型教师"等过高的发展目标既不切合实际，也容易打击其积极性，使其失去专业发展的动力。事实上，大多数农村教师是凭着教学实践能力立足于职业生存线的，突出实践性培训仍然是当务之急。④ 我们在培训过程中设计了"实践教学"培训环节，目的就在于以课堂教学为农村教师专业素质提升的主阵地，使教师培训回归教育教学实践。

---

① 刘捷．专业化：挑战21世纪的教师．北京：教育科学出版社，2002：243.

② 陈向明．实践性知识：教师专业发展的知识基础．北京大学教育评论，2003(1)：104－112.

③ 陈向明．实践性知识：教师专业发展的知识基础．北京大学教育评论，2003(1)：104－112.

④ 曲中林．实践性知识·实践性课程·实践性课堂——教师培训的一种常态．当代教育科学，2006(19)：29－31.

实践教学培训是走向教学实践的教师培训，它主要包括三个方面的涵义：基于教学实践、在教学实践中和为了教学实践。其中，“基于教学实践”是教师培训的出发点，“在教学实践中”是教师培训的切入点，“为了教学实践”是教师培训的归宿。在“实践教学”培训环节，我们为每位学员都配备了一位专门的实践指导老师。实践指导师一般都由该学科的特级教师、教坛新秀、高级职称教师担任，负责在实践教学培训期间对农村教师进行手把手的传帮带活动。实践教学过程中，既有教研活动也有教学活动，重点在于农村教师备课、磨课、说课、上课、评课、反思等常规教学能力水平上的提升。

“实践教学培训”环节有四种培训形式：

第一种，实践基地课堂教学培训。在实践基地学校，学员要以“拜师学艺”的方式，在指导老师的帮助下围绕课堂教学完成包括“听课”、上“诊断课”、“提高课”在内的几项任务。

第二种，课堂教学艺术观摩培训。受“工学矛盾”影响，农村教师鲜有机会现场观摩感受名师课堂教学艺术，很难了解课堂教学改革的风向。培训机构可组织课堂展示活动，使学员在现场观摩研讨中，亲眼目睹名师教学的风采，开阔眼界、了解课改前沿。杭州师范大学继续教育学院举办的“浙派暨长三角名师经典课堂教学艺术展示”活动，就为参训的农村教师搭建了一个现场观摩学习名师课堂教学艺术的平台。

第三种，课堂教学案例研究培训。这种形式与第二种形式的区别在于，前者是亲临现场观摩，后者是观看视频录像。培训者根据课堂教学研究的主题，选择性地播放一些优秀教师执教的典型课堂、特色课堂、精彩课例的录像或片段，组织全班学员一起观看，在观看过程中和观看后与学员一起进行研讨和评议，学员从不同角度自由发表意见，对课堂教学中的问题剖析更透彻、认识更深刻。

第四种，“微格教学”模拟实践培训。参训学员以小组为单位，集体研讨备课，学员分别在微格教室模拟上课情境，同组其他学员与指导老师观摩听课，评课议课，集体反思，探究研讨，分析问题，提出优化教学的建议。

三、名师示范培训

美国心理学家加涅(R. M. Gagné)在研究“学习的条件”时发现，“榜样”是学习的重要外部条件，“榜样”能够直接、积极地影响学习者的态度。他提出：“态度是一种内部状态，它改变个人对物、对人、对事的行动选择。它们是用各种不同的方法学会的。最靠得住的一种方法是‘模范人物’，这要求事先存在或预先学会尊重一个真实的人或想象的人。”①名师示范培训，正是利用名师作为

---

① 罗伯特·M.加涅.学习的条件.北京：人民教育出版社，1985：55.

"模范人物"即"榜样"的身份，对农村教师的教学态度和教学行为产生直接的、积极的影响。

在教师个人专业发展中，大都需要经历一个对其他教师教学行为的观察、体认、尝试、习得、转变，最后初步形成个人教学风格的过程。如果在教师专业成长过程中，能够经历专家型教师通过教学示范的带领和指导，则有助于促进农村教师教学专业的发展。本研究立足于杭州师范大学继续教育学院和杭州市中小学教师培训中心，以名师示范培训为研究对象，从名师示范培训模式、理论基础和特征揭示名师培训在教师专业发展中可能起到的作用及其局限性。

名师示范培训以名师作为培训主体，以真实的课堂教学展示为依托，通过名师课后的反思进行补充和专业引领，体现出情境性、示范性、引领性和反思性四种典型的特征。

"名师示范"培训环节包括"主题设计"、"情境创设"和"教学示范"三个关键要素，它具有三个方面优势：一是将教学理论与教学情境结合起来，有利于解决教师在教学中可能会遇到的实际问题；二是通过观察名师的教学行为、教学设计和教学方法，有助于提高参训教师对教学难点的突破和教学重点的把握能力；三是与名师的近距离接触和交流，有利于增强农村教师专业发展的动力。本研究从杭州师范大学继续教育学院一直以来开展的名师示范培训活动中提炼出"浙派名师"课堂教学艺术展示、"田野大课堂"名师送教下乡与基于网络的"名师播客"和"名师论坛"三种典型培训形式。

四、课堂模仿培训

农村教师培训中，有了自上而下的"名师示范"，还需要配合以自下而上的"课堂模仿"，这就自然而然地进入了第三个环节——"课堂模仿培训"。

模仿是学习的结果，也是学习的手段，它的基本特点是对行动的有效刺激可以引起同别人相似的一个反应，即"模仿者看见别人做出了某一行动，这种观察便成为促使他照样去做的基本因素"①。模仿作为推动学习的手段，其主要价值在于通过与"榜样"的对比，能使学员更明显地看出自己的成功与失败，更明确地看出哪些方面需要改变。"课堂模仿"指参训学员通过观察优秀教师的课堂教学，研究其外在的教学行为和技能，思索其内在的教育理念和思想，模仿学习其成功的经验，革新自己的教育理念，改进自己的教学行为活动。

在"课堂模仿培训"环节，参训学员要积极观察、主动模仿名师的课堂教学行为。为了有目的地模仿"示范者"的课堂教学行为，学员必须做到以下几点：

---

① 周谦.学习心理学.北京：科学出版社，1992：80.

(1) 仔细观察"示范者"的相关行为或行为成分；

(2) 回忆和比较自己的教学行为，寻找差距；

(3) 模仿和演练示范者的规范行为，不断地接受指导并矫正自己的行为；

(4) 争取达到所观察的行为可能达到的目标。

模仿在学习中也有明显的局限性：首先，模仿会受时间因素的影响。有些技能不能通过模仿习得，但经过一段时间自然会掌握。正如六岁的小女孩虽然不会模仿母亲怎样修饰头发，而到了十八岁她就会了。专业艺术家能模仿别人的风格，而新手或非专业者就做不到。其次，即"单纯通过模仿不可能产生适合于新情境的反应模式，除非已经学会了其中必要的成分"①。最后，强调模仿会提高教学行为的一致性，而挫伤教学改革的锐气，阻碍教师创造力的发展。

虽然课堂模仿培训是一种跟进性的行为，但是它也是一种从渐进走向根本性变革的教育创新过程。它所追求的目标，不只是让学员惟妙惟肖地模仿示范者的动作行为，而是要求学员发现"有效教学行为"与"课堂教学情境"之间的规律性联系，并最终把这种规律运用到自己的教学实践中，影响自己的教学行为。

五、同伴互助培训

让教师组成小型的同伴互助小组将有助于改善教学实践。同伴互助培训，通过建立教师小组合作教研机制，谋求共同提高教学水平，改善教学效果。

作为一种专业发展手段，同伴互助是在两个或两个以上教师间发生的、以专业发展为指向、通过多种手段开展的，旨在实现教师持续主动地自我提升、相互合作并共同进步的教学研究活动。② 教师同伴互助以解决教育教学实践问题、改进教学为直接目的，以促进教师专业素养提高为旨趣，由两个或三个及以上教师自愿参与为原则，以平等的对话方式展开的活动，其目的在于促进教师的专业成长。③ 在同伴互助过程中，教师分享知识，交流经验，反馈意见，为提高技能、解决问题而互相支持、相互帮助。

同伴互助实质上就是打破教师个人单干的局面，让教师们一起备课说课，互相听课评课，互相交流意见和看法，一起分析问题，一起制定行动方案，共同执行方案，共同解决问题，提高整体教育教学质量。④

同伴互助的形式一般有以下四种：

(1) 分工与合作。同一教研小组的教师，根据不同的兴趣、特长、性别、年龄等

---

① J. M. 索里，C. W. 特尔福德. 教育心理学. 北京：人民教育出版社，1982：246.

② 徐曼. 教师同伴互助的问题及对策研究. 教育论坛. 2009(2)：35－35.

③ 夏惠贤，杨超. 美国中小学教师的同伴互助及对我国教研组活动的启示. 教育科学. 2008(4)：90－96.

④ 王春华. 从个人到同伴互助：教育行动研究范式的转换. 当代教育科学，2005(16)：49－51.

因素，安排不同教师承担具体工作与任务，做到分工合理、职责明确，在教研活动中教师们相互配合、协作完成小组任务。

（2）协商与互助。教师们通过商讨达成对具体教学问题解决方法的一致意见，在解决问题的过程中，互相关心，各尽所能帮助其他成员完成任务。

（3）座谈与讨论。教研小组的教师经常性地以会谈的方式，交流意见和看法，讨论并生成行动方案。

（4）集体备课、听课与评课，这是同伴互助最主要的方式。为完成教研任务，教师集体备课，形成完善合理的方案，在一名教师上课时，小组其他教师听课观摩，课后及时评课，帮助授课教师提高教学能力。

六、展示突破培训

"展示突破"环节，通过为参训的农村教师提供上公开展示课的机会和搭建名师指导的平台，旨在让学员创造性地"展示"自己在培训过程中获得的成果，并在专家指导下和同伴帮助下"突破"其在教师专业素质方面的瓶颈，获得超越性地发展。

农村教师把握并利用教学展示的机会，充分发挥并展示自己课堂教学的能力与技艺，既能突破自己原有的教学水平，又能在教师的队伍中脱颖而出，为个人专业进一步发展创造美好的前景。从一般教师成长为优秀教师的过程及经历来看，这样的"展示突破"至少应有两次：一次大约在新手教师或一般教师成长为"教坛新秀"期间；另一次大约在"教坛新秀"成长为"教学名师"期间。这两次是教师专业化成长与发展的关键性阶段，均离不开或可借助于课堂教学"展示"这一途径或形式，在自己的课堂教学中有所"突破"，在自己的教师生涯中有所蜕变，而跳跃式地使自己有两次突破自我、更上层楼的提高与跃升。

"展示突破"形式往往对农村中小学优秀教师的成长与发展很有成效。这种形式或途径之所以有显效，有赖于它有着充分的理论依据，或者说有扎实的理论基础。它在哲学、心理学、教育学和教师成长学等方面有较强的理论支撑。

七、反思提高培训

早在 1989 年，美国学者波斯纳（G. J. Posner）曾提出一个教师成长的简要公式：经验＋反思＝成长[①]，说明经验与反思是教师专业素质提升的两个支柱。要实现教师专业素质提升的培训目标，除了教师在培训学习和教学实践中积累的经

---

① G. J. Posner. Field Experience: Methods of Reflective Teaching. (2nd ed). New York: Longma, 1989: 22.

验外，另一个关键因素就是教学反思。相关研究和实践表明，反思性教学是现阶段培养优秀教师，加速教师专业化的有效形式①。

杜威(J. Dewey)在研究人类的思维机制时指出，反思是思维中较好的方式，它是“对某个问题进行反复的、严肃的、持续不断的深思”②。教师不是技术操作工人，改进教学行为不但要更新思想观念，更要教师对自己的教学活动自我觉察、解析和修正，要形成教育理论与实践的互动，而这种互动的桥梁就是“反思”。③ 确切地说，教师是反思性专业工作者。教师的反思，就是用批判的眼光，多角度观察、分析、反省自己的教育教学思想、观念和行为，并做出理性判断和选择的过程。

从时机看，反思有三种类型：一是在实践过程中反思；二是在实践后反思；三是为了实践而反思，“具有前瞻性，以实践为基础，以经验为师，由实际产生理论，作为指引未来的行动”④。这三种反思随着教师生涯发展而不同，初任教师经常在实践中反思和为了实践而反思，资深教师则比较明显地为了实践而反思，三种反思交织螺旋而上，逐渐引导教师的成长和进步。

从反思的深度看，教师的反思从低到高一般有三种水平：第一种是技术性反思，只关注教育理论知识在教学实践中的使用情况，而不考虑其他因素。第二种是背景性反思，关注蕴藏在教学行为后面的理论和制度假设，是对教育理论和实践的反思。第三，批判性反思，关注教学目标、实践和活动的道德、伦理问题。

反思会使人的行为变得更有意识。在培训中的“反思”，就是学员对自己的教学目的、行为、条件、效果等进行全面反省和思考，以便有意识地调整自己的教育观念、教学目标、教学行为，进而“提高”教学效果的活动。

“反思提高”培训环节，学员对照“专业愿景”培训中所确立的信念和使命感，结合自己在理论、实践、科研培训等方面所习得的经验，对自己的具体情况进行反思，力求进一步提高自身专业素质。在这个环节，“反思”是手段，“提高”则是目的。

第四节 “七环法培训”的运行模式和相互关系

农村教师专业素质提升七环培训法在实施过程中，形成了其完整、系统的运行模式，这套运行模式始于“培训需求调查”，经过“培训方案设计”、“培训方案组织实施”、“培训效果评估”，终于“培训经验反思总结”。在运行过程中，七环之间存在着循环关系和互动、推进关系。

---

① 刘捷.专业化：挑战21世纪的教师.北京：教育科学出版社，2002：262.

② [美]约翰·杜威.我们怎样思维、经验与教育.姜文闵，译.北京：人民教育出版社，1991：1.

③ 张建平.基于专业发展的中小学教师培训策略研究.曲阜师范大学硕士学位论文，2005：25.

④ 杨慧文.变革中的教师教育范式：海峡两岸之比较研究.华东师范大学博士学位论文，2003：45.

一、"七环培训法"的运行模式

我们从对浙江省领雁工程培训的实践中总结出，农村教师专业素质提升有效培训"七环法"的运行至少要包括五个关键步骤（如图 1.3 所示）。

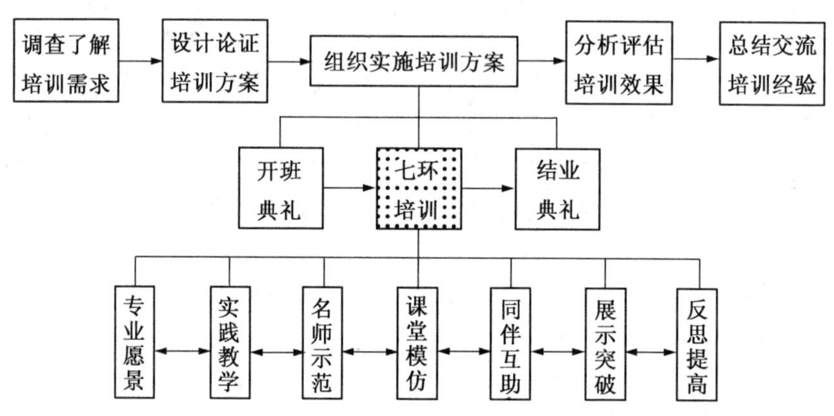

图 1.3　农村教师专业素质提升"七环培训法"的运行模式

（一）调查了解培训需求

随着教师专业发展的范式从"外铄"转向"内发"，教师专业化已从"社会对教师专业素质的要求"转向"通过教师自身素质的提高"获得社会的认可。① 教师是专业发展的主体，教师拥有专业发展的自主权，教师对自身专业素质提升的需求应该成为有效教师培训的重要依据。"教师需要培训什么"是农村教师专业素质提升有效培训"七环法"的出发点。

在确定了培训对象的规模和范围后，首先要通过问卷和访谈方式，对培训对象的培训需求进行全面科学的调查分析，了解培训对象专业素质的基本情况，以他们对培训内容、方式、方法和培训者的需求。我们在实施领雁工程项目培训之时，第一个关键步骤就是做好培训需求调查。培训需求调查涉及三部分内容：第一部分重点了解"学员的基本情况"，包括他们的性别、年龄、教龄、职称职务、学历、教科研情况；第二部分调查"学员对培训的需求"，包括学员对培训内容、培训方式和培训者的要求，这是制订培训计划和课程的重要依据；第三部分，设计开放性问题，调查了解学员工作中面临的困境和可以交流分享的经验。在回收问卷后，对数据进行统计处理，分析培训对象的特征、已有的教学经验和专业素质基础、对培训内容的需求、面临的问题和困惑，对培训需求的全面了解和分析，为制定培训方案打下了基础。

---

① 周燕.从"外铄"走向"内发"：教师专业发展的范式转换.中国教师，2007(2)：54－56.

（二）设计论证培训方案

基于对培训需求的调查分析，学科专家和组班教师综合考虑各种内外部因素，精心设计培训方案，并论证方案的科学性、可行性，在统整各方意见后，制定详细、可行的实施方案，这是农村教师专业素质提升有效培训“七环法”的第二个关键步骤。

培训方案的设计包括确定培训目标、安排培训内容、设置培训课程、遴选培训师资、制定考核要求等方面。其中培训课程的设置是重点，培训课程安排应该具体到每个阶段培训的时间、地点、主题、内容、方式、主讲人等信息，有较强的操作性。

方案只是对整个培训活动的初步设想，其科学性、合理性和可行性有待论证，也有待培训活动中和活动后的评估检验。因此，培训机构必须组织专家组召开论证会，对培训项目的实施方案进行严密的论证。专家组成员主要包括项目负责人、学科专家、培训专家，必要时还应该有学员代表的参与。不同背景的专家从不同角度提出质疑和改进建议，有助于全面周详地审视培训方案，在充分考虑各方面意见之后，对原方案进行修改完善，直到制定出合理、可行的执行方案。

（三）组织实施培训方案

这是七环培训模式运行的关键和核心。一般地，教师培训项目培训方案的实施过程始于“开班典礼”，历经“七环培训”，终于“结业典礼”。在这一阶段，培训机构向学员贯彻实施“专业愿景”、“实践教学”、“名师示范”、“课堂模仿”、“同伴互助”、“展示突破”和“反思提高”等七环培训，全方位提升农村教师的专业素质。“七环法”作为整个培训工作的实质性内容在方案实施过程中发挥其效能，它是决定培训有效或成功与否的关键。

为确保培训的效果，必须对培训过程进行全面的监控和必要的及时调整。在组织实施培训方案的过程中，培训管理人员要对培训情况进行中期检查，如召开学员代表座谈会，了解学员对培训工作的意见和建议；发放教学效果反馈调查表，了解学员对培训课程的满意度。在汇总和了解学员反馈意见后，培训组织者可以给学员合理的解释或调整修订培训方案，以便后期的培训工作可以顺利完成。

（四）分析评估培训效果

培训工作进行到这一步，学员基本已经返回原单位，培训项目从形式上也已经结束。但对于培训机构来说，培训工作并未完结，培训者和管理人员还要从对学员的培训反馈调查中分析了解培训效果。一方面，通过在临近结业前向学员现场发放的匿名调查问卷，从培训内容的设置、培训师资的配备到培训方法的选用，从理论学习到实践教学，从行政工作、教学工作到后勤服务等全方位地了解学员对整个培训过程的评价反馈意见。另一方面，在培训学员返校（回到原执教单位）后的半年至两年期间，通过电话回访、电子邮件问卷调查等形式，跟踪调查培训效果，了解学员在培训结束后专业素质提升情况和发挥辐射影响作用的情况。

（五）总结交流培训经验

最后一步，也是培训工作必不可少的关键步骤，是总结交流培训经验。培训机构要召开培训者教研会议，分析讨论项目方案的总体实施情况和培训效果，总结培训工作的成果、特点、亮点、先进经验，反思培训中存在的问题和教训，为今后的培训工作提供参考。

二、“七环培训法”中各环节的相互关系

在“七环培训法”中，各个环节相互依赖，缺一不可，共同支撑“农村教师专业素质提升”的培训使命。

（一）循环关系

如图 1.4 所示，从循环作用的关系上看，在培训过程中，七个环节循环往复、互相影响、互相促进，共同作用在参训的农村教师身上，形成一股合力，促进农村教师专业素质的提升。

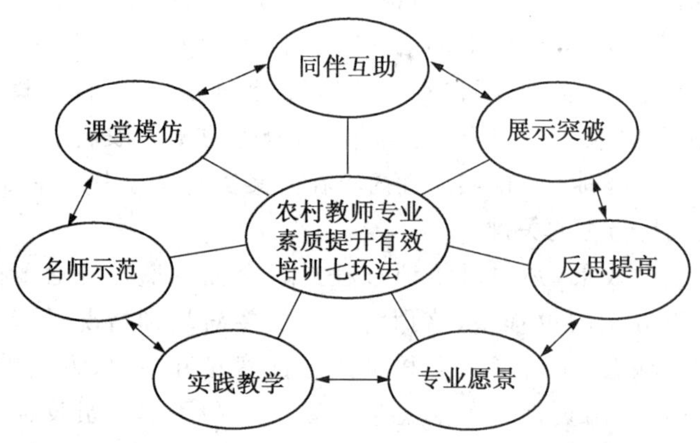

图 1.4　农村教师专业素质提升培训之“七环法”的循环结构

（二）互动、推进关系

如图 1.5 所示，从纵向的推进结构上看，七个环节由低到高，层层推进的，随着七个环节的依次推进，对农村教师专业素质提升的要求也不断提高。总体上看，围绕农村教师“专业素质提升”的目标，七环法的实施，让学员先后经历了“奠基——建构——超越”三个阶段性、层次性的提升。在纵向推进的三个层次中又存在“专业愿景——实践教学”、“名师示范——课堂模仿”、“展示突破——反思提

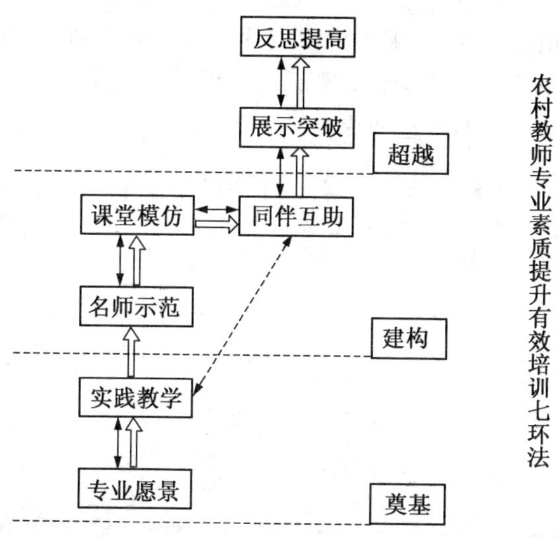

图 1.5 农村教师专业素质提升培训之“七环法”的互动、推进结构

高”这三对两两作用的“互动关系”。

在“奠基”阶段,“实践教学培训”和“专业愿景培训”共同为“农村教师专业素质提升”发挥打基础的作用。“专业愿景培训”作为基础性的环节,致力于培养农村教师的使命感,确立农村教师专业发展目标,为后面各环节的开展奠定态度、知识和能力方面的基础。专业愿景培训所描绘的专业发展蓝图将依托后面的其他几个环节来实现,而其他各环节都要回归并反观专业愿景,及时调整培训的目标和方向。

“实践教学培训”和“专业愿景培训”分别是提升农村教师实践性知识的两个方面,二者相辅相成。专业愿景培训环节侧重于为农村教师提供改进其教学实践所需的知识、技能和价值观,“实践教学培训”环节则创造机会让农村教师在参训过程中体验和感受新理念所展示的真实教学过程。

在“建构”阶段,“名师示范培训”和“课堂模仿培训”是相互呼应的两个环节,分别代表农村教师对典范教学的“观感”与“行动”。基于操作性原则的教师培训,一方面借助名师示范,为参训的农村教师树立鲜明的“好课”榜样,分析“好课”的优质元素,探究好课背后的思想理念支撑,给学员脑海留下深刻的感性印象和回味无穷的思索。另一方面,课堂模仿环节,学员亲历亲为,把“好课的”元素整合、内化在自己的课堂上,在课堂教学中实践“好课”。

“同伴互助”主要贯穿于“实践教学”、“课堂模仿”和“展示突破”过程中,特别是在学员以小组为单位集体备课和磨课过程中,通过发挥集体的智慧,形成知识互补、视角互补的教研氛围,更全面地改进教学设计,提高教学效果。

在“超越”阶段，农村教师专业素质提升培训的主要任务是提供展示平台，帮助学员突破自我、超越自我，以求更大程度地提升专业素质。“展示突破”和“反思提高”是互相促进的两个环节，学员展示自己的教学风采，突破专业发展的瓶颈，而后反思不足，谋求更大的改进和提高。

【小结】 农村教师素质提升有效培训“七环法”是在长期的农村教师培训工作实践中不断摸索、反复推敲、总结提炼出来的研究成果，实践证明它是目前农村教师培训的有效模式，值得进一步推广运用。

第二章

国外农村教师培训现状与政策研究

第二次世界大战后，城市化成为英、美及澳洲等国人口变化和社会发展的主要特征，像世界众多国家一样，这些国家的农村地区比起城市地区来说，贫困比例高，居住条件差，吸收国家统筹计划资金的机会少，教育水平最低，事实上，农村地区被剥夺了他们所应享受的国家财富和公共服务。20世纪80—90年代以来，随着经济发展的升速，国际上农村教育发展与城市地区相比很不平衡，正面临着困境，政府教育部门、高等院校以及当地教师培训机构正在试图予以解决。

第一节 国外农村教师培训现状探究

最近几年来，农村教育在美国基础教育体系中占有重要的位置。但据美国联邦教育部的调查显示，农村学生的受教育状况远远落后于城市和市郊的同龄人，许多农村学校的学生没有获得应有的教育。其重要原因之一就是教师问题，具体而言，主要表现为以下几个方面：①

(1) 高素质教师相对缺乏。美国学校管理人员联合会(AASA)和阿帕拉契亚教育实验室(AEL)合作进行的全国范围农村学区负责人的网上调查报告显示，很多中学教师(占所调查学区的9%)被学区领导评定为不符合高素质教师要求，他们仅仅是有小学教师资格证书或一个教育专业学位，小学更是难以吸引和挽留高素质教师。

(2) 教师流动率高，队伍不稳定。美国农村地区教师流动率接近15%，科罗拉多州农村学校的教师流动率达到23%，超过全国教师平均流动率10%的2倍还多。② 阿拉斯加州在2005年的《阿拉斯加教师供需报告》中指出，五个大城市学区

① 李祖祥. 美国农村教师职后教育的新动向. 外国教育研究，2010(1).

② Jimerson Lorna. The Competitive Disadvantage: Teacher Compensation in Rural America. *Rural School and Community Trust*, 2003, (5): 26-28.

的教师的流动率为每年10%，而农村学校平均教师流动率则为24%。① 教师流动不仅影响学校教师构成情况和学校组织的稳定，大范围的教师流动还影响整个教师群体的地域构成和教师资格水平。

(3) 农村的教师面临诸多挑战。首先，教师和行政人员在相互隔绝的地区工作，每一位教师经常不只教一个科目或一个年级，课业任务繁重，常常超负荷工作。其次，教师面临巨大的课程挑战，因为组织安排课程的任务经常是由教师来完成的。教科书生产商和其他课程书籍开发商大多忽略了农村学校的需要，因为涉及的数量很少、利润有限。政府与慈善机构在资助农村课程或教科书的发展方面也投入有限。这导致农村教师可使用的教学材料贫乏或过时。再次，经济原因和职业原因也困扰着农村地区的教师，例如，工资低、学校预算不足、教学设备短缺、在职培训机会少等。这些条件影响并限制了农村学校教师的教学工作，使得他们大部分的时间和精力并没有用于教学本身。

(4) 综合大学教育学院、文理学院教育系等高等教育机构没有单独的系或机构为农村地区培养教师。大部分甚至没有设立针对农村学校教师的专门课程；然而，更让人失望的是很多人从来没有意识到农村学校的特殊需要。没有这种意识，大学或学院的资源就不可能很好地组织起来解决农村教育面临的问题。现在，即使是坐落在农村地区的大学似乎也忽视了这个研究的重要领域。

比较美国相对严重的教育不平衡状态，英国、澳大利亚的教育同样存在不公平状况，但在农村教育改革的方式上、在对教育传统的继承和发展方面研究更早、做得较系统些。

第二节 美国、英国和澳大利亚农村教师培训政策、特点与策略

一、国外农村教师培训政策

2001年1月23日，美国经历了多年不太重视基础教育投入而产生教育质量下降的状况之下，新任总统C. W. 布什向国会提交了《不让一个孩子掉队》教育改革计划，这是布什上台后的第一份法案，呼吁一种革命性的变革。

近些年来，美国在农村教师的发展等方面给予制度上的重视。如，针对农村教师的特殊情况，美国联邦教育部于2004年3月对《不让一个孩子掉队》法案中对

① Eric Larson, Alexandra Hill, Diane Hirshberg. Teacher Supply and Demand in Alaska—A 2005 Snapshot. http://www.iser.uaa.alaska.edu/*Education and Social Issues*/ Hand-out April20.pdf, 2006-04-20/2008-12-30

教师的要求作了以下一些调整：

(1) 农村教师达标最后期限推迟了一年，即延迟到2006—2007学年结束时，但各项标准保持不变；

(2) 对科学教师的知识有一些放宽，只要求它们在一般的科学领域高度合格，不再要求在化学、生物或所教的每门学科都达到本科专业的知识水平；

(3) 要求各州制定一个标准，使目前在职的教师不一定通过参加考试或获得新的学位来证明自己在所教学科的知识方面达到了要求，教师还可以通过专业进修或发表文章等其他途径证明自己在学科知识方面达到了要求。①

二、国外农村教师培训特点与策略

美国以及教育传统资深的英国和澳大利亚，在教育改革上都采取了一系列的举措，尤其在农村教师教育和培训方面作了深入研究和探索，其特点可归纳如下几点：

(一) 制度保障 寻求平衡

1. 美国农村教师教育改革的"中间地带"和培训模式

著名农村教育杂志顾问帕企夏(Patricia J. Kannapel)于2000年正式提出"基于课程标准教育改革与农村教育改进相融合"的观点，建议深入研究农村教育特点，在追求教育公平和教育质量之间、在标准化的教育改革和农村学校教育改进之间找到一种平衡点或"中间地带"(middle ground)，这是美国教育部对农村教育的愿景。

标准化的教育改革和农村学校教育改进之间肯定有不同之处但同时也是可以相互兼容的。国家标准化的要求可以给地方自由裁量权，另一方面来说，农村的学校改进主要聚焦在教会农村孩子在本土社区条件下必要的知识和技能，这样使他们既能有效参与当地农村生活也能胜任国家的社会工作。这一举措的宗旨是在保存农村社会群体及其生活方式。

以下介绍美国的D&E农村教师培训模式。

为了保证农村基础教育的质量和规范，2003年，美国教育家西弗吉尼亚大学的米契姆和维尔斯(K. Mitchem & D. Wells)等三位教授提出使用教师评价以保证农村教师教育质量的发展体系研究，做了D&E(design and evaluation)教师培训模式的研究项目(Mitchem & Wells,2001)。②

D&E教师培训模式提出了五大步骤：

① 王娟涓. NCLB法案对美国农村学校提出的挑战[J]. 外国中小学教育，2004，(5)：24－28.

② K. Mitchem, D. Wells, J. Wells. Using Evaluation to Ensure Quality Professional Development in Rural Schools. *Journal of Research in Rural Education*, Fall, 2003, 18(2): 96－103.

(1) 决定理想教学结果、目标和教育影响力;

(2) 评估教学环境;

(3) 开发教学内容和过程;

(4) 评价教育影响力;

(5) 评价教学结果。

在农村学校的社区,教师缺乏专业发展的技术和水平,D&E 这一系统教师培训模式可以有效提高农村教师专业发展的适应力、灵活度和可行性,是较强的农村教师培训和评估的方法或途径,它可以支持项目开发、提供和评估所涉及的人员包括各投资方、管理部门、教师、辅助性专业人员,如果合适还可以包括家长和社区有关人士的参与。

美国著名教师教育专家贾思琪(Gusky,2002)曾提出必须重视评价在教师专业发展设计的中心位置,他认为这样可提高教师专业培训成功的可能性。

D&E 模式还可以应用于对不同层级教师,如新任教师、初教高级、能力型、熟练型和专家型教师专业发展的设计规划和评估,适用面很广,尤其适用对农村地区对教师发展的培训和管理工作,对世界各国农村教师教育培训都是一个很好的学习范例。

2. 英国农村教师教育改革的“灰色地带”——第三条道路

英国是一个具有“自治”传统的国家。教师在历史上一直享有比任何其他国家更大的自治权。教师具有决定其自己在课堂中的任务的权利和义务,能够发展、协商、运用和控制他们自己知识的方式。这种传统产生了英国惯以采用的“校本模式”,同时也加强了教师在职教育中对教师实践和现场的关照。

但是这一专业自治传统在 20 世纪 70 年代开始的教育大讨论中遭到了来自政府和其他利益集团的压力,政府将教育水准下降的原因归咎于教师拥有太多的自由。80 年代后政府开始通过问责制对教师专业进行控制,1988 年国家课程的颁布把教师从长期的自由的专业自治纳入到了精细化的中央集权式的轨道。这种指令性的规定引起了不少教师的不满。他们认为,国家课程的集权化规定弱化了教师的专业自治,使得教师教育由“自主塑造领域”(professional re-contextualization field)转向“官方规定设计领域”(official re-contextualization field)。

1988 年,课程打破过去自我教育、自我评鉴和批判反省的原则,加强对内容和原则的强力控制。这样做的结果恰如基洛克斯(Giroux,1988)所讲:“教学被视为一种应用科学,教师只是有效教学法则和原则的执行者,只要被动地接受教师效能的研究得来的专业知识,在决定教学内容和方法上不扮演重要角色。”

近年来,英国政府已经开始意识到教师对国家集权的不适应,开始把教育也如政治经济一样纳入到“新公共管理”的框架下,以促使教师在职教育从“规定导向模式”(rule-directed models)向“目标和成果导向模式”(goal and outcomedirected models)的转变。一方面,政府在教师在职教育的改革中积极推行权力的下移(decentralization or empowerment)和校本教育改革(school-based education reform),通过校本研究、校本培训、校本课程和校本管理为教师和学校增权;另一方面,强调绩效、质量、标准和权威,加强对教师在职教育的评估和监督。

"第三条道路"的主要设计者吉登斯称这种管理是一种在课程制与市场两极之间的"灰色地带",他希望国家的政治经济管理能在灰色地带之间找到一种治理网络。是否真能如他所愿,我们拭目以待。但是,不管怎样说,英国教师在职教育正在沿着这条道路艰难前行。英国教师在职教育正试图在"专业自主"与"官方设计"之间找到一个平衡的支点和适切的"灰色地带"。(杜静,2004:150)①

英国教师在职教育从其诞生至今已经走过了三百多年的发展历程。就发展的总体趋势而言,从自由的"内生模式"逐渐走向规范化、法制化的轨道,英国教师在职教育经过长期的改革和发展,已经跻身于世界教师在职教育的前列。

3. 澳大利亚农村教育的可持续发展战略

2004年,澳大利亚 Charles Sturt 大学的格林和雷德(B. Green,J. Reid,2004:262)两位教授率先提出了澳大利亚的农村教育可持续发展战略的政策依据和做法,他们援引 Yarrow(1999:11)的观点,指出:对农村和偏远山村的学校教育必须投入更多的有力政策、研究和社区层面上的关心,促使大学、教育部门、社区成员和组织部门之间的有效伙伴关系很重要。他们还引用 Ramsey(2000:53)的观点,提出:需要为农村和偏远地区的教育建立"卓越中心(centers of excellence)",发展大学和各地区教育部门和群体组织有效而有创新的合作共同体,以保证满足教师教育真正为农村和偏远地区的教师群体的专业发展的需要。②

2007年,澳大利亚 Western Sydney 和 Charles Sturt 大学的教育专家索亚等六位专家(W. Sawyer,M. Singh M,C. Woodrow,T. Downes,C. Johnston & D. Whitton,2007:228-229),在他们《亚太平洋教师教育学术期刊》题为"美好希望和教师教育政策"(*Robust Hope and Teacher Education Policy*)论文中指出了教育民主的新愿景,即教育的公平和平等(equity and equality)。他们援引杜威(1970:13)的观点:民主作为一种生活方式的核心观念应该是要求每一个成熟的人参与群体共同存在的价值观的形成,这些对于社会福祉和人的个体全面发展都是非常需要的。他们对于民主的观念进行了新的诠释,即民主就是个体和单位政体互为责任的一种契约。关于教育的可持续发展性,他们的观点是:它并不是停滞不前的(stasis),他们援引弗伦(Fullan,2005:22)定义:教育的可持续发展性就

① 杜静,陈时见(指导老师). 英国教师在职教育发展研究. 西南大学博士论文,2007.

② B. Green,Jo-Anne Reid. Teacher Education for Rural-regional Sustainability: Changing Agendas, Challenging Futures,Chasing Chimeras? *Asia-Pacific Journal of Teacher Education*,2004,32(3).

是不断进步、调整和集体共同解决问题。

因此在系统调查和科学研究的基础上，与美国、英国一样，澳大利亚的农村教师教育政策的研究专家和决策者坚持可持续发展的战略，坚决提倡农村教师‘爱岗敬业’的专业精神培养，给予政策扶持和财力投入。他们坚决认为，只有系统培养那些真正喜欢和了解农村教育发展需要的专业人士才能真正意义上提高农村教师的自我效能(self-efficacy)，提高其工作的水平、质量和韧劲，开拓农村教师教育好的生态环境，真正实现农村教师教育平衡地、可持续性地不断发展。

（二）多方参与　寻求规范

美国、英国、澳大利亚等国在农村教师教育方面，特别提倡利用现代技术和鼓励社会各方面部门的广泛参与，在拓展农村教师专业发展的空间方面取得了突出的成就，同时各国都在提高与加强教师教育质量与规范上花工夫，这方面的典型案例如下：

1. 专为农村学校教师服务的专业发展学校(PDS)

美国教师教育嬗变百多年的历程中，产生于20世纪80年代末期的美国教师专业发展学校(professional development school，简称PDS)备受推崇。PDS并非重建一个学校，而是选择一些中小学作为基地，在大学与中小学间建立平等合作的关系，形成以实践为基础进行探索的学习化团体，将教师教育和专业发展置于第一线教育情境中，以发现教学实践的现实问题，并利用大学深厚的理论底蕴提供理论资源，在双方合作研究、共同实践基础上，对问题进行研究并加以解决。为中小学生、教师候选人、PDS的合作者以及在职教师提供综合化的学习和发展机会。①

基于农村的PDS主要根据农村学校的特点，提出了一些切实可行的方法策略。一般来说，基于农村的PDS教师教育强调以下几点：

(1) 重视农村在职教师的专业发展。联络员经常向教师提出问题，与教师分享教育研究的成果和优秀教师的经验，参与解决学校中出现的情境性问题，为学校和教师提出应当加以探讨的问题或要点等。

(2) 加强面向农村中小学校实际的合作研究。在PDS里，理论联系实际是通过成立学习小组、探讨各校有关的教育问题的方式进行的，学习小组的教师阅读有关学校教育理论研究与课堂实践效果、差生有效学习经验以及关于加强家长参与学校教育活动的文献等。在这个过程中，教师要学会运用理论与教育文献探索实际问题。

(3) 加强教育实习，时间14～15周。在农村PDS里，十分重视师范生的教育

---

① Linda Darling-Hammond. *Professional Development Schools: Schools for Developing a Profession*. NY: Teachers College Press, 2005: 50.

专业技能训练，切实促进农村新教师的专业成长。

2. 美国农村教师培训的 ERZ 计划

ERZ 计划是美国密苏里州 2001 年来推行的密苏里州教育更新区（the Missouri Educational Renewal Zones，简称 ERZ）。该计划以高等教育机构为中心，联合全州的教师和技术支持组织，希望建立解决农村教师供给、培训方面问题的长效机制，充分利用现代技术促进农村教师专业发展，通过各方的广泛参与，更新农村教师教育，以提高农村教育教学质量。

ERZ 计划的设计理念是农村学校应该有自己的教育特点，其最大的优势恰恰在于它们规模小、位于农村；计划的核心在于重构和更新招聘、培训、留住农村教师的政策与措施。ERZ 计划的参与者主要有农村学校和社区联合会、高等教育机构、农村负责小组以及其他参与机构与技术中心。农村学校和社区联合会是成立于 1995 年的农村教育组织，它是该计划的评估者、倡导者、组织者，主要协助计划参与各方获取外部资金援助，促成各方的合作，促进农村教师教育和招聘过程系统的变革，利用现代技术使农村小规模学校克服自身局限，发挥位于农村、规模小的独特优势。① 高等教育机构包括密苏里州州立大学（the Northwest Missouri State University，简称 NWMSU）、中部卫理公学院（Central Methodist College，简称 CMC）、东南部密苏里州州立大学（Southeast Missouri State University，简称 SEMO）和一个技术学院即林恩州立技术学院（Linn State Technical College，简称 LSCT）。

这些院校规模不大，注重技术在教育中的运用，在学院规划和教师培训中优先考虑中小学，特别注重农村教师的教育和培训。农村负责小组是由 6 位至少有 3 年教育实践经验、在困难的工作环境下取得了突出教育成就的中小学教育教学管理者组成的，该小组是此计划的实施者和评估者。参加此计划的其他机构有基础教育部（DESE）、高等教育协调委员会（CBHE）、密苏里州远距离学习协会（Missouri Distance Learning Association，简称 MODLA）、成功链（success link）等。

美国联邦教育部 2004 年夏季也召开了“教师研究与实践”会议，并发起实施“教师成长计划”。该计划的主要内容是利用远程教育技术促进教师职业的专业发展模式，联邦教育部与教育财团合作为提供了大量支持，越来越多的州为教师通过网络学习更新专业知识提供机会。教师们可以登录全美 23 个数字研究室进行课程培训，包括课程的描述、向导、影像、评估、课外活动及反馈表等。远程教育在时间和空间上为教师提供了方便，对于农村教师而言，它更是一个接受继续教

① 王建梁，廖英丽. 高校参与农村教师培训的范例——美国密苏里州教育更新区计划述评. 外国教育研究，2007，(1)：12－16.

育的好途径。

3. 英国和澳大利亚农村教师的校本培训和远程教育

早在20世纪90年代,英国提出了通过大学远程教育模式发展农村教育质量。英国苏格兰地区开放大学的乔治教授(Judith W. George,1996)在农村教育研究上公开发表了"苏格兰农村教育质量发展的行动研究"一文,指出可通过大学的远程教育模式帮助农村教师解决农村学校课程、师资和教学质量提高等问题。这一行动研究项目对于解决位于偏远农村、与世隔离的教师、学生们获得专业发展和学业提高有着很高的价值。①

远程开放大学的建立可解决农村教师学术共同体(academic community)的建设,其质量评估和保障制度要求老师对其角色进行态度认同和问责。必须在行动中反思自己的教学研究(Schon,1993),以前的英国老师还是不能如此系统、严格地做行动研究和专业发展。在如此系统而严格的教育问责制度之下,英国的农村教师被敦促思考如何提高教学自我满足感(self-sufficiency);如何使自己的行动研究融合于自己的日常教学之中。这一计划就是一套农村教师行动研究项目,探讨教师如何把自己的教研活动与相关教学的方方面面相结合。

同样澳大利亚也在做一系列如校本培训和远程教育为没事的农村教师培训计划,旨在中央和地方都能通力有机地合作服务农村教师的在职培训、专业发展和终身教育,使各种方面的教育学习进行有机整合(integration)。为中小学开发专门的课程和教学资源一直是大学服务基础教育的重要手段。现今计算机和网络已经越来越普及,全球教育机构开发了许多针对中小学的全球教育网站,为世界各地的农村教师的专业发展提供了良好有效的培训资源。

4. 澳大利亚、美国农村新任教师支持计划

怀特和雷德教授(S. White,J. Reid,2008)提供了澳大利亚如何培养农村教育新任教师本土地方意识的事例,他们列举一所都市大学的"苹果经验"(apple experience)项目,分析如何支持毕业的新任教师欣然胜任农村的教育岗位。在澳大利亚维多利亚地区,对每位快毕业的四年级学生赴农村做教育实习将补助900澳元。② 对于立志农村教育的教师,大学和国家农村教育支持机构将携手合作提供农村教师专业发展的途径和帮助策略。(Bill Green & Jo-Anne Reid: 2004)③ 对比澳大利亚农村教师专业发展的实践,2001年,在美国中西部,大部分学区也都

---

① Judith W. George. Action Research for Quality Development in Rural Education in Scotland. *Journal of Research in Rural Education*, Fall, 1996, 12(2): 76-82.

② S. White, J. Reid. Placing teachers? Sustaining rural schooling through place-consciousness in teacher education. *Journal of Research in Rural Education*, 23(7), 2008.

③ B. Green, J. Reid. Teacher Education for Rural-regional Sustainability: Changing Agendas, Challenging Futures, Chasing Chimeras? *Asia-Pacific Journal of Teacher Education*, 2004, 32(3).

提供了新任教师支持计划，如密歇根州 92.8%的农村学区、印第安纳州 83.7%的农村学区、俄亥俄州 92.1%的农村学区都采用这项计划。① 农村学校对新任教师的帮助包括简化教案、提供精心安排的进修项目、定期安排听课、加强新任教师与学校其他工作人员的交流。教师间的积极合作不仅能改进教学，发展教师专业能力，也有助于农村教师克服孤独感，获得专业成就感。

5. 澳大利亚保留农村学校优质师资的 R(T)EP 项目

2004 年，澳大利亚旨在培养、吸引和保留优质农村学校师资在新南威尔士等地区的 R(T)EP(The Rural Teacher Education Project)项目确实遇到了很大的工作挑战，因为由于社会、经济和教育投资等各方面的原因，教师的专业素质问题非常严重，因为根本留不住优良的教学师资。(B. Green，J. Reid，263)项目聚集了新南威尔士仅有的最大的教育培训部门和两所农村本地的大学共同合作完成。

R(T)EP 主要探讨如何在农村偏远地区使教师在系统化结构条件下形成有成果的合作伙伴关系，从而促进教师终身专业教育与发展，重建农村教师学习共同体建设。R(T)EP 在研究方法上采用了质性和量化的资料分析手段，研究农村教师的专业初始和继续教育的培训模式，探讨农村教师的可持续发展的问题。

在教育公平的原则指导下，早在 1919 年，麦秸教授(Mackie)就曾驳斥澳大利亚的教育体制，他说道："澳大利亚农村的年轻教师们正各自孤军奋战，他们比任何别的社会群体工作中的教师更加需要更好的、而不是更为贫乏的教师培训。"Hyams(1979：77)观察分析后也表示："农村学校的教师培训应该是全员培训，而不是一个个抽调上来后培训完事。"

鉴于农村地区教育的复杂性，如：农村的社会空间、距离和隔离的概念、干旱和饮用水的问题和各地区的命运不同，格林和雷德教授(B. Green，J. Reid，2004：269)关于 R(T)EP 项目的研究理念是：教学质量与农村地区教育可持续发展联合作为农村教师教育的指导原则(quality teaching and rural-regional sustainability as organizing principles)，大致就是教育行业的各方面投资人共同承担责任，不仅仅专门由大学和教育官员，而且还应该由教师协会、家长群体和社区协会等共同担负。

R(T)EP 项目的工作焦点是围绕教学生涯规划的教师教育，促使教师明白什么是高素质的老师以及什么是不断改进和提高的高质量教学。这是一个比较大胆的计划，需要一些具体项目提供这方面培训的机会，同时也需要教育行动和决策部门向着这个追求教育质量和管理规范的目标协调好步子共同努力。

综观以上发达国家如美国、英国和澳大利亚国家的农村教师培训的做法或案

---

① Debra Hare，James Heap，Lenaya Raack. *Effective Teacher Recruitment and Retention Strategies in the Midwest: Who Is Making Use of Them*. 2001.

例，我们不难看出，这方面的理念基本一致，即政府要重视投入和科学研究，注重规范和质量要求，牵头促成多方参与，尤其要求大学、教育主管部门和农村地区教师培训机构的多头协调与合作，重视着力培养教师在农村地区执教的自我职业幸福感和专业精神，以真正达到农村和偏远地区教师的专业可持续发展。

第三节　借鉴与反思

萨德勒(M. Sadler，1964)指出："以一种正确的精神和严谨的治学态度研究国外教育制度的作用，其实际价值就在于，它将促使我们更好地研究和理解我们自己的教育制度。"

在我国，教育事业是国家的事业，国家应该投资教育，也应该投资教师教育，特别是教师的在职教育，这是理所当然的事情。因此，教师在职教育常常在一种"设计模式"的运作下进行。国家提出"学历达标"的需要，教师便想方设法进行学历补偿教育；政府进行基础教育课程改革，各种围绕新课改的培训便蔚然兴起。由于，一是国家拨款，二是缺乏监督和竞争，三是教师和学校没有直接的内在需求，因此，我国教师在职教育虽然开展得红红火火，但是教育的实效性往往不能尽如人意，造成"一些地方教师培训管理体制混乱，多头管理，低水平重复培训，乱办班、乱收费，真正需要管理的事情没有管，这种状况已经严重影响到教师培训的正常进行，也影响政府声誉"①。

为此，我们政府部门有必要与时俱进，大力改革和转换运行机制，由过去单纯政府行为转变为政府主导，政府行为、学校行为、教师个人行为三结合，在强调政府责任的同时，充分利用市场机制。打破封闭，排除障碍，鼓励竞争，争取和利用全社会的优质资源培养培训教师。

具体地讲，就是逐步实现由政府"包揽"到市场竞争的转换。我们应该做到：

第一，将农村教师在职教育的实施主体也推向市场。借鉴英国、美国和澳大利亚农村教师在职教育经验，树立"消费者利益至上"的理念，使大学、高等学校、教师培训机构和地方教育当局等处在一个平等竞争的平台之上。教师和学校作为消费的主体选择教育机构，提出教育要求，参与计划制定。

第二，建立质量评估和机构认证制度。通过农村教师在职教育的质量评估，划拨教育经费，确立机构的认可地位，使农村教师在职教育的质量与培训机构密切相连。

第三，推行绩效与薪金相结合的评价方式。打破传统的教师用人制度，把农村教师的薪金与农村教师的绩效结合起来，使农村教师的专业素质提高由国家要

---

① 杜静，陈时见(指导老师). 英国教师在职教育发展研究. 西南大学博士论文，2007.

求与设计转向个人的专业需求。

第四，重视农村中小学教师在职教育的作用。

各地农村学校应该把教师的培养当成提高教学质量的重要途径和自己的份内工作，不仅积极组织形式多样的校本培训，而且还为新任农村教师建立入职档案、配备指导教师、实施监督评价。我国由于诸多原因，中小学校教师在职教育(更不用说农村教师在职教育)的重要作用一直尚未得到充分的重视，教师任职学校的积极性和主动性受到影响。有些学校把教师教育看作是教师职业的准备以及培训机构的职责，甚至因为担心教师的在职学习会影响日常教学，不愿派出和组织教师进修。因此，需要制定相关政策明确中小学校在教师教育中的义务和责任，使农村中小学校把教师专业的发展作为学校的主要任务之一。

第四节 借鉴与发展

在农村教育乃至农村教师培训中，尽管美国、英国和澳大利亚的州或联邦政府或农村地区的个人，发挥着不可忽视的作用，但高等学校却无疑占据着越来越重要的地位，其主要职责表现在以下五个方面：①

(1) 对农村和农村教育的需要进行调查和研究。

(2) 向农村学校提供特别培训，主要是为建立专业化的农村职前、职中和职后培训体系提供所需资源。全国的州立大学和学院都在制定专门的农村教师培训计划，以帮助教师更好地在农村学校工作；扩大并加强农村学校教师和行政人员的在职培训。此外，高等学校还应向农村学校及学校所在地提供必要的技术援助。

(3) 加强与农村学校的合作，转变教师教育的方式，从提供教师资格认证到与农村学校建立长期的合作关系，为教师的在职发展计划提供帮助，帮助农村学校做好人力资源的规划与管理。

(4) 创建能有效满足教师培训需求的校外中心，为农村教师培训争取更大的空间资源。

(5) 成立课程专家组，帮助农村学校组织课程。

借鉴国外农村教师职后教育经验，将对发展我国高等师范继续教育农村教师培训项目和发挥高等院校在农村中小学教师培训中的作用起着不可低估的重要作用。我国农村教育与美国、英国和澳大利亚农村有着类似的问题，即质量比城市差，教师数量不足，高水平的教师缺乏。借鉴国外农村教师职后教育的经验，有助于推进和完善我国农村教师职后教育，促进他们的专业发展，进而提高农村教

---

① 李国丽. 二十世纪美国农村学校教师培训浅探. 外国教育研究，2007(1)：17-19.

育质量。

借鉴发达国家教育发展的经验，高等院校尤其高师院校在农村教育问题的研究中承担着非常重要的义务和任务，他们有条件向农村学校提供支持和帮助，包括培训教师及提供相关服务。反思我国近年来对农村在职教师培训的现状和挑战，在农村教育乃至农村教师培训中，高等院校教师培训机构需要发挥越来越大的作用。具体表现在以下几个方面：

(1) 高校更多地关注为职前和在职农村教师的培训项目，挖掘和开发有效资源，寻找校外培训的机会，倡导多种不同形式的培训模式，部分培训安排在大学校园内进行(理论与案例研究)，部分活动安排在师范实践基地学校开展(教学实践)，部分培训活动就在培训学员所在行政地区的学校进行(校本培训)。

(2) 高校教师积极转变角色，关注农村课堂教学与管理中出现的课题，积极申请成为农村教师专业发展项目中演讲团的讲师或“人力资源师”，成为农村教师培训中的联系者、诊断者、指导者，给非传统学生学习和改革计划做设计者、资料收集员和分析师，也有被聘为组织顾问、协调专家、“外部观察者、参与观察者、情况描述者”和学校的挂职教学副校长等职位。

(3) 高校加强其基础教育教师教育学院的力量，与其服务对象进行更多的面对面交流与合作。能够更好地相互了解并建立了相互信任的关系。

为了提高农村教育，近年来，我国内地尤其是江、浙、沪等省、市、地区的教育管理部门、高等院校基础教育学院和教师培训机构，更加积极地开展农村中小学教师及学校行政人员的培训，制定针对性的专门培训计划和项目，如：2006 年起始的“农村教师专业素质提升工程”，还有 2008—2010 历时三年的浙江省各级各地区的农村中小学各学科教师和校长“领雁工程”培训项目。通过多种平台，教育部门、高等院校教育学院始终可以与农村第一线的学校教育者保持密切的联系，认清并致力于研究农村地区教育的需要，直接深入到农村地区进行培训需求调查和培训后的效果培训调查，互相合作，不断提高培训质量，更快融入农村教育一线，更好地为农村教育改革和发展服务。

第三章

农村教师专业素质培训之现状及需求

第一节 调查的实施

一、调查的对象

本研究选取2008—2009年参加农村中小学教师省级培训的1200位学员为调查对象。调查覆盖浙江省各个地市农村初中和小学，涉及的学科有语文、数学、英语、音乐、体育、美术、教育技术等，样本具有广泛的代表性。

二、调查的方法

（一）问卷调查

1. 自行设计调查问卷

在实施调查之前，按照课题研究的要求，结合以往各类培训的经验及利用已做过的各类培训的调查问卷，编制《浙江省农村教师培训需求调查问卷》。

问卷由基本情况和教师培训需求两大部分构成：① 教师基本情况包括教师的年龄、教龄、学历、职称、任教学科、任教年级，当前教师的教学、科研情况以及接受培训情况等信息；② 教师的培训需求包括教师对培训内容的需求、培训方式的需求及对培训者的需求。

问卷项目格式全部为选择题，备选等级有升有降，以消除反应倾向的干扰。问卷的结构和内容见附件1。

2. 发放与回收问卷

在农村教师参加集中培训前，对参训学员发放问卷实施调查。共发放问卷1200份，回收1180份，回收率为98.3%；有效问卷1078份，有效率约为91.4%。有效问卷中男教师355人，占33%；女教师723人，占67%；小学教师718人、初中教师360人，分别占66.6%和33.4%。

（二）访谈调查

对有效问卷中的参加培训的教师召开座谈会，进行深度调查，从座谈中进一步了解更深层次的原因。参加座谈的中小学各学科教师约有 100 余人次。

三、问卷分析

（一）农村教师培训内容需求项目的描述统计

问卷调查结束后，用 SPSS 软件对调查数据进行统计分析。剔除无效问卷 102 份，占问卷总数的 9.5%。对“培训需求”部分项目的选项进行赋值：非常需要=8，比较需要=6，不太需要=4，完全不需要=2，计算其描述统计量（如表 3.1 所示）。

表 3.1 培训需求项目的描述统计（*N*=1078）

培训需求项目	极小值	极大值	均值	标准差
专业发展愿景	4	10	9.04	1.246
教师职业道德	4	10	7.83	1.724
教师人文修养	4	10	8.53	1.438
教师心理调适	4	10	8.85	1.441
现代教育理论	4	10	8.55	1.389
国内外教改动态	4	10	8.69	1.268
学科教学理论	4	10	8.98	1.225
教学理念更新	4	10	9.31	1.091
教学心理学	4	10	8.94	1.242
课堂管理理论	4	10	9.03	1.245
教育评价理论	4	10	8.96	1.181
儿童学习理论	4	10	8.80	1.290
儿童心理发展理论	4	10	8.83	1.313
学科前沿知识	4	10	9.10	1.199
课标解读与教材分析	4	10	9.21	1.165
学科教学方法与技术	4	10	9.57	.913
学科教学评价	4	10	9.18	1.119
教学资源开发利用	4	10	9.08	1.158
优秀课例分析	6	10	9.52	.910
多媒体技术的应用	3	10	8.46	2.012

续 表

培训需求项目	极小值	极大值	均值	标准差
课题申报与实施	4	10	8.91	1.273
教学研究论文的撰写	4	10	9.20	1.193
课堂教学管理策略	4	10	9.13	1.178
学科教学设计	4	10	9.43	1.000
学生心理辅导	4	10	8.97	1.238
学生管理与班主任工作	4	10	8.79	1.339

(二) 培训内容需求的因素分析

1. 因素分析适合性检验

表3.2给出了KMO(Kaiser-Meyer-Olkin)检验和Bartlett球形检验结果。KMO的检验结果为0.916,根据统计学家Kaiser给出的标准,KMO取值大于0.9时非常适合做因子分析。Bartlett球形检验中,卡方值为19745.603,自由度为300,显著性水平为0.000,说明培训需求项目的相关程度比较高。相关系数矩阵通过了Bartlett球形检验,说明问卷具有较好的结构效度,可以进一步做因子分析。

表3.2 培训需求数据主成分分析适合性检验

Kaiser-Meyer-Olkin检验	0.916	
Bartlett球形检验	χ^2	19745.603
	df	300
	Sig.	0.000

2. 培训内容需求项目的因素分析

运用SPSS统计软件对培训内容需求进行因素分析。在因素分析中,使用主成分分析方法,四次方最大正交旋转并提取特征根大于1的因子。在初始因素分析时,提取了7个因子,累计贡献率57.427%。从结果显示上(见表3.3)反映出,各项目在各因素间分布较分散,有的因素只有2个项目构成,即该层面包含的题目内容太少。因此,对项目进行分析、筛选,剔除因素负荷较小的项目,最终保留了23个项目。对23个项目进行主成分分析,共提取特征值5个,累计方差贡献率为61.014%,且因子负荷率都在0.5以上。

表 3.3 培训内容需求因素分析特征值及因子负荷

	方差贡献率	累积贡献率	因素 1	因素 2	因素 3	因素 4	因素 5	负载
专业发展愿景	15.076	15.076	0.776					0.706
教师职业道德			0.701					0.693
教师人文修养			0.682					0.608
教师心理调适	14.001	29.077		0.697				0.597
学科教学心理				0.602				0.666
儿童心理发展				0.583				0.642
学生心理辅导				0.561				0.567
现代教育理论				0.542				0.521
教育评价理论				0.527				0.550
儿童学习心理				0.506				0.681
学科教学评价	11.932	41.009			0.800			0.533
课标与教材解读					0.779			0.583
教学方法与技能					0.727			0.640
学科教学设计					0.589			0.732
教学理念更新					0.571			0.558
课题申报与实施	10.304	51.313				0.712		0.774
教研论文写作						0.696		0.727
教学资源的开发						0.631		0.601
学科前沿知识	9.701	61.014					0.642	0.581
多媒体技术应用							0.694	0.559
国内外教改动态							0.579	0.575
学生管理与班主任工作							0.536	0.502
特征值			3.552	3.210	2.856	2.534	2.261	

因素 1 在专业发展愿景、教师职业道德、教师人文修养 3 个项目上有较高的负荷，这些项目与教师职业的基本素养有关，因此，命名为教师职业素养因素。

因素 2 在教师心理调适、学科教学心理、儿童心理发展、学生心理辅导、现代教育理论、教育评价理论、儿童学习心理等 7 个项目上有较高的负荷，这些项目可归结为教育、心理学范畴，因此，命名为心理与教育理论。

因素 3 在学科教学评价、课程标准与教材解读、教学方法与技能、学科教学设计、教学理念更新等 5 个项目上有较高的负荷，与教学理论和教学实践有关，因此，命名为学科教学。

因素 4 在课题申报与实施、教研论文写作、教学资源的开发等 3 个项目上有较高的负荷，属教学研究的范畴，因此，命名为教学研究。

因素 5 在学科前沿知识、国内外教改动态、多媒体技术应用、学生管理与班主任工作 4 个项目上有较高的负荷，涉及的面较多，给其命名为综合因素。

（三）培训内容需求的信度分析

对 6 个因素进行内部一致性系数的检验，计算教师职业素养、心理与教育、学科教学、教学研究及综合等因素的 α 系数（见表 3.4）。各分量表的内部一致性系数在 0.600～0.700 之间，项目总体的 α 系数为 0.873，都是可以接受的信度。问卷编制过程中曾多次征求中小学教师及教师教育专家的意见和建议，所以在一定程度上保证了问卷中培训需求的内容效度。

表 3.4 问卷信度指标

	同质性（α 系数）	项目数
教师职业素养因素	0.601	3
心理与教育理论因素	0.674	7
学科教学因素	0.676	5
教学研究因素	0.609	3
综合因素	0.610	4
培训内容需求项目总体同质信度	0.873	22

第二节 调查的结果与分析

一、调查的基本情况

（一）农村教师参加培训的基本信息

调查的基本信息包括被调查对象的年龄、教龄、职称以及学历分布情况。

1. 年龄分布

年龄在 35 岁以下、35～40 岁、40～45 岁、45 岁以上的教师，分别占 73.4%、19.2%、5.9% 和 1.5%。从年龄分布情况看，参加培训对象的年龄在 40 岁以下居多,40岁以上的教师共占7.4%。

2. 教龄分布

教龄为3～5年、5～10年、10～20年、20年以上的教师分别占22.6%、31.2%、39.1%、7.1%。从教龄分布看,参加培训的教师群体,教龄20年以下者占92.9%。

3. 职称分布

参加培训的小学教师,高级职称占32.5%,一级占47.9%,二级占10.4%,其他占9.2%;初中教师,高级职称占1.6%,一级占65.3%,二级占23.8%,其他占9.3%。可见,小学绝大部分培训对象具有一级以上职称,而中学的培训对象则集中在具有一、二级职称的教师。

4. 学历分布

参加培训的小学教师,有90.3%为大学专科学历,5.7%为中等师范学历,大学本科学历占4%;初中教师88.6%为大学本科学历,大学专科学历占11.4%。

(二) 农村教师已具备一定的专业发展能力

1. 参加各级公开教学

据统计,调查对象中有52%的人参加过本校开展的公开教学;44%的人参加过区县级主办的教学比武;1.2%的人参加省级教学比赛,这部分人自然也参加过校级及区县级的教学比赛。

2. 开展教学指导

据调查,这些教师是农村学校的骨干力量,起带头作用。有36%的人以师带徒的形式指导本校的教师开展教学或科研,约40%的人主持开展教研活动,32.3%的人主持开展校本培训活动。

3. 投入教学科研

调查显示(见表3.5),调查对象中47.8%的人主持或参与过区县级以上的课题研究,其中有11.6%的人主持或参与过省级课题研究。主持或参与一项课题的占36.8%,两项及以上课题占11%。30.9%的人在公开刊物上发表教研论文,发表一篇者占18.9%,发表两篇及以上者占12.1%。教学论文参评方面:有一篇论文获县级以上奖的占34.2%,其中获省级优秀论文者占11.3%,有两篇以上论文获奖的占22.1%,其中两篇获省级优秀论文者占3.2%。

表3.5 2005—2009年科研情况(*N*=1078)

	小学(%)	初中(%)	合计(%)
课题研究	11.3	36.5	47.8
发表论文	9.6	21.3	30.9
论文获奖	22.7	33.6	56.3

4. 学科引领作用

由调查统计结果表明(见表3.6),农村教师已经具备了一定的专业发展能力。在被调查的参加培训的1078名农村中小学教师中,为省级学科带头人、县(市)或区级学科带头人、校级学科带头人分别占0.74%、11.78%、85.25%。初中教师中省级学科带头人比例明显高于小学,县区级学科带头人小学的比例略高于初中;校级学科带头人小学的比例明显高于初中。据统计分析,各个学科带头人所占的比例不存在统计意义上的显著差异。

表3.6 农村教师学科带头人的百分比分布

	小学(%)	初中(%)	合计(%)
省级学科带头人	0.02	0.72	0.74
县(区)级学科带头人	6.15	5.63	11.78
校级学科带头人	50.65	34.6	85.25

(三)继续教育情况不容乐观

从表3.7可以看出,2005—2009年间,1078位调查对象中有0.74%的人曾经参加过省级培训,20.9%的人参加过本区县的骨干培训,参加过名师与学科带头人培训的占24.7%,50.4%的人只参加过农村教师素质提升工程的培训,四类培训都参加过,或参加其中二或三项培训的占总人数0.62%。有约24%的农村教师,除了参加学校的校本培训和教研活动外,几乎没有其他的培训机会。另外,参加培训的教师中,25年以上教龄、45岁以上的教师只占2.1%和1.5%。

从调查结果看,农村教师接受培训的种类与次数偏少,小学教师比初中教师更少。

表3.7 2005—2009年接受培训情况

	小学(%)	初中(%)	合计(%)
从未参加过培训	17.68	6.32	24.0
农村教师素质提升培训	12.74	37.66	50.4
区县级骨干培训	8,55	12.35	20.9
区县级学科带头人或名师培训	6.10	18.6	24.7
省级及以上名师培训	0.14	0.60	0.74

二、农村教师对培训内容的需求

(一) 农村教师最需要培训的内容

1078份有效问卷,对教师职业素养、心理与教育、学科教学、教学研究及综合因素中的24项培训内容的4个选项进行选择,“非常需要”、“比较需要”、“不太需要”、“完全不需要”。选择“非常需要”和“比较需要”合计都占90%以上。在培训内容需求项目的选择上,总体得分的基本统计如表3.8所示。认为“非常需要”培训排在前15项的内容如表1.9所示。按教师所占比例从高到低排序为:教师专业发展愿景(93%),课程标准与教材研读(92%),学生心理辅导(91%),教师心理调适(91%),学科教学理念更新(88%),课题的申报与实施(86%)、教学研究论文的撰写(86%)、教学资源的开发与利用(86%),教育与教学评价(85%),教学设计(83%),学科前沿知识(81%),教学方法与技能(80%),儿童学习理论(80%),学科教学理论(76%),多媒体技术的应用(75%)。

表3.8　培训内容需求5因素得分

	N	极小值	极大值	均值	标准差
教师职业素养	1078	14	30	25.41	3.516
心理与教育	1078	40	80	70.94	7.212
学科教学	1078	36	70	64.79	5.340
教学研究	1078	20	40	36.31	3.540
综合	1078	21	40	35.46	3.716
有效的 N(列表状态)	1078				

分析表3.9,可以看出:农村教师关心的首要问题是自身的专业发展,体现在最需要培训的内容为“教师专业发展愿景”(占93%)。新一轮课程改革对教师们提出了全新的挑战,使之产生强烈的专业发展意识,教师的专业发展成为教师们关注的重点。而以往的培训,在较短的时间内完成,也没能真正重视教师发展愿景规划。如何规划和实现专业发展是摆在他们面前的新的问题,对专业成长的方向很难把握,对通过何种途径能获得专业发展没有明确的认识。因此,“教师专业发展愿景”、总体规划教师的专业发展,成为农村教师非常需要培训的内容。

表 3.9 农村教师非常需要培训的内容和教师的百分比

教师职业素养	学科教学				教学研究			心理与教育					综合	
93%	83%	80%	92%	88%	86%	86%	86%	85%	91%	91%	76%	80%	75%	81%
教师专业发展愿景	教学设计	教学方法与技能	课程标准与教材研读	学科教学理念更新	教学研究论文的撰写	教学资源的开发与利用	课题的申报与实施	教育与教学评价	学生心理辅导	教师心理调适	学科教育理论	儿童学习心理	多媒体技术的应用	学科前沿知识

学科教学因素中“课程标准与教材研读”、“学科教学理念的更新”、“教学设计”、“教学方法与技能”等最受关注，分别有 92%、88%、83%、80%的农村教师认为是非常需要培训的内容。新一轮课程改革，对于课程体系在课程功能、课程结构、课程内容、课程实施、课程评价、课程管理等方面实现着重大创新和突破，教学方式的变化对教师提出了新的要求。可是，如何更新教学理念，如何进行教学设计、采用什么样的教学方式有助于学生的发展是他们感到困惑的问题。平时的教学中，存在教学观念、教学设计及教学方法上的诸多不足，重视知识与技能目标的落实，不注意学生情感态度价值观的培养。教师与教材统领课堂，教师讲学生听的教学模式没有发生根本改变，教师在教学过程中的引导作用没能得到充分体现。召开座谈会的过程中发现，农村教师也认为，学校教学要从关注学生考试结果向学生的发展转变，可实际操作中，仍以分数为目标。尤其是农村初中，课堂教学侧重于学生“会”与“不会”，较少关心学生的学习过程，目光集中在知识的学习，对学生的综合素质培养不够，农村小学也存在同样的问题。针对这些问题，从座谈会和个别访谈中追寻原因：其一是没有机会亲历参加新课程培训，所在学校也没有组织好新一轮课程改革前的培训。我国的新一轮课程改革是一场全新的对课程理念和课程实施的深刻变革，需要全面、深刻的教师培训来保证。但是，对于农村教师的培训实施不够到位，据对问卷数据的统计，有 24%的农村教师，在 2005—2009 年期间没有参加任何培训。其二是即便参加新课程的培训，在某种程度上讲，形式重于实质。参加过培训的教师认为，培训的针对性不强。由当地培

训机构或教研部门请课改专家作报告，只限于专家的集中讲授，重在签到，忽视学到。存在表面化、形式化的倾向，与教师的实际需求不相吻合。其三是农村教师参加培训的动因，根据对调查结果的分析，教师们参加培训主要动因是提升自身素质、提高技能水平，但不容忽视的是为了晋升职称与职务的需要，为了获得培训证书和学分，迫不得已而为之，不得不参加，形同虚设，培训收不到应有的效果。再则是由于农村学校的条件限制，聘请专家到学校指导存在一定困难，因此，教师们只得向书本学习、向网络学习，但又缺乏引领与指导，从而使得农村教师们对学科教学因素中5个项目所表达的内容有着最需培训的要求。

心理与教育因素中，教师心理调适、学生心理辅导、教育与教学评价、儿童学习心理、学科教育理论，分别有91%、91%、85%、80%、76%教师认为是非常需要培训的内容。

为何有91%的教师非常需要对“教师心理进行调适?”从座谈中了解到：对于农村教师而言，他们怀抱着理想投身于农村教育，可现实的困境，使他们在职业发展主观上的高期望与客观上的低定位，导致自我认识的不一致；他们与城市教师有着同样的学历，但却享受着不同的职业待遇，导致心理失衡；目标与实际、理想与现实之间的矛盾冲突常使他们产生极端反映；超负荷的工作(小学包班教学，初中承担两门以上课程教学)压力，造成心理上的不适；目前教育教学改革的进度快，教师的思想观念、职业素养在短时间内难以适应改革的步伐；他们每天机械地奔波于家庭与学校之间，进行半教半农的工作，实现的是职业的外在价值。在职业生活中难以获得精神上的满足，难以实现自我发展，因此，不免对自己的工作产生消极与否定。这些心理上的压力或负担或困惑，当然可以在他人的帮助下解决，在排除外部压力后得到缓解或消失。但教师的心理问题解决经常的、大量的、主要的还是依靠自我，即通过自我调适来保持自己的心理健康。

关于农村学校“学生心理辅导”问题，教师们把其视为与“教师心理调适”同等重要急需培训的一项内容。现在的农村学校，很多孩子的父母都远在外地，或打工、或经商。留守儿童们要么生活在单亲抚养的“类单亲家庭”里，要么被托付给爷爷奶奶、外公外婆、叔婶、姑舅或父母的好友，更有甚者干脆就让孩子自己管自己。长期缺乏家庭温暖，缺少父母呵护。由于亲情的缺失，留守学生中的不少人已出现了一些不良心理。诸多的问题由谁来解决？无疑是学校的老师！但由于学校教育资源不足，没有心理辅导专任教师，任课老师心理学知识和指导能力不足，对留守儿童的特殊需求常常有心无力。对于大部分农村教师，虽然在大专院校学过心理学知识并取得良好的成绩，但只是停留在知识层面，并没有形成能力。能参加省级培训并且在高校学习，这无疑是有针对性地学习心理学知识和锻炼能力的良好机会。

通常都说教学重要的是要教会学生会学，要做到这一点，首先要知道学生是怎样学习的。课题组曾针对儿童学习心理的需求召集部分小学数学教师召开座谈会。就教育学、心理学知识而言，大部分教师都认为自己懂得一些教育学心理学知识，虽然有的教师是非师范院校毕业，入门教师行列也都考过教育学和心理学，但没很好地学习关于儿童学习的理论。在教学生涯中有过的几次培训，也没真正关注有关教与学的理论，当教学中遇到问题或出现困难时，才感受到理论的匮乏。

85%的教师认为教育教学评价是非常需要培训的内容，在心理与教育因素中排列第二。在课程改革的实施过程中，评价问题已经成了人们最为关注的热点和焦点问题。大家都在研究和探索新课程背景下教育教学评价的同时，改革过程中的两难问题在不断产生，许多具体问题并没能得到真正解决。作为农村教师，虽然他们是被评者，但他们依旧关心中小学教育教学评价存在的问题、评价的目的和评价的机制。作为评价主体，他们更关心评价的内容和评价的方法。评课堂、评学生，要评什么，如何评？如何体现评价的客观性、公正性、多元性？平时遇到更多的是评价的事实问题，获取教育教学评价理论与技术的途径主要是自学、教研，很难学到系统的理论形成相关的技能。

教育科研，即课题的申报与实施、教学研究论文的撰写、教学资源的开发与利用是农村教师较为薄弱的一面，有86%的农村教师非常需要进行培训。据统计，调查对象中只有不到半数的人(47.8%)主持过课题研究，极少数人在公开刊物上发表教研论文或参加各级论文评奖；大约30%的农村教师想搞教育科研，但不知如何开展；开发怎样的教学资源，如何开发感到茫然。从问卷和座谈中发现其原因是多方面的，其一，教学任务繁重。调查表明，农村一线教师教学负担相当繁重。1078人中，有50.3%的人周课时量达10～15节，30.7%的人达到15节以上，10节以下的人只占16.7%。这些教师中，兼上两门课的约占60%，兼上三门课的约占20%，还有的老师兼上四门课。村级小学跨年级上课或包班上课占40.1%。从座谈中发现，这些老师还兼做班主任、年级组长、教研组长、少先队辅导员等工作。新一轮课程改革在教学内容和教学方法方面产生变革，使农村教师要花大量的时间和精力进行繁重的教学工作。长期超负荷的工作，身心疲惫，还要应对学校的各类活动和一些重复性的工作，没有充足的时间搞科研。其二，广大农村教师的教育科研能力一直在低水平的层次上徘徊，并没有体现教育科研对提高教育教学质量和成效的作用。农村教师开展教育科研缺乏相关科学研究方法的指导，很难深入分析和研究问题。其三，评价体系滞后。社会与上级行政部门如何评价学校、学校如何评价教师、教师如何评价学生都在一定程度上影响着教师的教学研究。当今重视的还是升学率，家长以孩子的升学为主要追求，把目光盯在考试成绩上。学校扎扎实实抓应试教育，学校每年一度的评优、评模、晋升职称等常规工作，仍以升学率为主要标准。农村中学生源差，学习成绩不错，或学习有潜力，或家庭经济好的学生都往城里学校送了，但农村学校的教师们也不甘落后，把一切可能的精力都投放到学生的考试上，以追求考试分数来达到评价的标准。究竟如何评价学校，评价教师和评价学生，怎样的评价是客观的公正的，由此就产生了对教育教学评价知识的渴求，教育和教学评价成为最需要培训的内容之一。

综合因素中的多媒体技术的运用和学科前沿知识分别有75%和81%的教师认为是最需要培训的内容。在座谈中发现，农村教师对多媒体技术的运用是心有余而力不足。他们知道，中小学课程中有大量的知识较为抽象，而中小学生思维的直观性较强，接受和理解抽象知识的难度较大。如何运用多媒体技术把抽象的知识形象化，以直观、逼真的形式展现出来？如何运用多媒体技术生动有效地激发学生的联想？等等。这对农村教师来说，实施起来都较为困难。其很重要的原因，是学校硬件的限制。据了解，不少学校没有配置电脑，而有的学校只有提供给学校管理用的1～2台电脑。其二是教师观念落后。部分教师习惯于运用传统的教学方法，缺乏变革的主动性和积极性。因此，教师个人也就不再配备电脑，造成学习多媒体技术的条件的匮乏。

从问卷的分析和座谈中了解到“学科前沿知识”非常需要培训的主要原因：一是片面追求高学历。参加继续教育不是为了自身知识的拓展和自身素质水平的提升，而是为了继续教育之外的功利性东西。所以，不少教师选择最容易的学历教育途经来获得学历，重层次轻专业的倾向比较明显，重证书轻专业发展的现象十分普遍。二是教师自学自研的条件落后。通过对问卷中“您平时获取知识技能的主要途径”的分析，发现只有11.5%的人的途径是“专业培训”，30.1%的人的途径是“自学”，还有58.4%的人以自学为主并结合其他途径获取知识。可见，农村教师获取知识的途径相对比较单一，自学是农村教师学习知识的主要途径。可是，农村学校由于受地域、经济、硬件等条件的限制，可供教师获取知识和信息的资源极为有限，许多学校没有网络，缺少图书，有限的图书得不到及时更新，落后的条件不利于新知识的获取。

（二）培训内容需求存在年龄和教龄差异

通过对培训内容需求与教师性别的相关分析并作显著性检验，得出教师职业素养、学科教学、心理与教育、教学研究及综合因素与性别的相关系数分别为0.107、0.347、0.406、0.392、0.460，均未达到统计意义上的显著性水平$\alpha=0.05$。可以认为，男女教师对培训内容有相同的需求，即培训内容需求与教师的性别无关，但培训内容需求与教师的年龄和教龄都具有一定的相关性。统计结果显示（表3.10），教师职业素养需求与教师年龄、教龄都在0.05水平上存在相关。培训内容需求与教师年龄、教龄的相关主要反映在学科教学、心理与教育、教学研究及综合因素需求的相关。与年龄的相关系数分别是：－0.491、－0.510、－0.601、－0.398，均达到统计意义上的显著性水平。说明培训内容需求与年龄显著相关；

与教龄的相关系数分别是：－0.713、－0.907、－0.730、－0.825，达到统计意义上的极其显著水平。可以认为，培训内容需求与教师的教龄相关非常显著。

表 3.10 培训内容需求与教师性别、年龄、教龄的相关分析

		教师职业素养	学科教学	心理与教育	教学研究	综合因素
性别	Pearson 相关性	0.107	0.347	0.406	0.392	0.460
	显著性(双侧)	0.752	0.082	0.061	0.069	0.054
	N	1078	1078	1078	1078	1078
年龄	Pearson 相关性	－0.416	－0.491	－0.510	－0.601	－0.398
	显著性(双侧)	0.049	0.041	0.037	0.010	0.047
	N	1078	1078	1078	1078	1078
教龄	Pearson 相关性	－0.413	－0.713	－0.907	－0.730	－0.825
	显著性(双侧)	0.050	0.003	0.000	0.000	0.000
	N	1078	1078	1078	1078	1078

1. 培训内容需求的年龄差异

(1) 教师职业素养需求的年龄差异

据分析，教师职业素养因素需求与教师的年龄相关，主要反映在“教师专业发展愿景”与年龄的相关性。从表 3.11 可以发现，教师职业道德培训需求、教师人文修养培训需求与教师年龄的相关系数分别是－0.372 和－0.415，但没有达到 0.05 显著性水平，可以认为，这两项内容的培训需求与年龄没多大关系。教师专业发展愿景与教师年龄的相关系数是－0.761，显著性水平达到 0.011，可以断定，该项内容的培训需求与年龄的关系非常密切，而且年轻教师比年长教师需求更迫切。

表 3.11 教师职业素养需求与年龄的相关分析

		教师专业发展愿景	教师职业道德	教师人文修养
年龄	Pearson 相关性	－0.761	－0.372	－0.415
	显著性(双侧)	0.011	0.226	0.203
	N	1078	1078	1078

从表 3.12 可知，非常需要对专业发展愿景进行培训的教师，根据年龄段的增长，人数的百分比在减少，分别是 35 岁以下 98.2%、35～40 岁 94%、40～45 岁

63.3%、45 岁以上 20.8%。可以说，年纪越轻，越需要进行专业愿景知识的培训，以使自己能够规划自己的专业发展。

表 3.12 教师专业发展愿景需求的年龄差异

	35 岁以下	35～40 岁	40～45 岁	45 岁以上	总和
样本容量	791	184	79	24	1078
占总人数百分比(%)	73.4	17.1	7.3	2.2	100
非常需要的人数	732	173	50	5	865
百分比(%)	98.2	94.0	63.3	20.8	
占总人数百分比(%)	72	16.0	4.6	0.4	93

(2) 学科教学需求的年龄差异

学科教学因素中的 6 项内容的需求与年龄相关则表现在学科教学方法与技能、教学设计(见表 3.13)。其中，学科教学方法技能需求与年龄的相关系数是－0.700，教学设计需求与年龄的相关系数是－0.661，都是呈负相关关系，且达到统计意义上的显著性水平(0.009 和 0.000)说明这两项内容的需求与年龄密切相关。呈负相关关系说明随年龄的增长，其需求的迫切性在减弱，换言之，年纪越轻，需求越迫切。

表 3.13 学科教学需求与年龄的相关分析

		学科教学理论	教学理念更新	课程标准与教材研读	学科教学方法与技能	学科教学评价	学科教学设计
年龄	Pearson 相关性	－0.241	－0.290	－0.310	－0.700	－0.214	－0.661
	显著性(双侧)	0.384	0.216	0.204	0.000	0.546	0.009
	N	1078	1078	1078	1078	1078	1078

不同年龄段的教师，认为学科教学方法与技能是非常需要培训的内容，随着年龄增长的趋势，其百分比在递减(见表 3.14)。35 岁以下的教师有 91.8%的人认为学科教学方法与技能是非常需要培训的内容。35 岁以下的教师占总调查人数的 73.3%，其中就有占总调查人数的 67.3%人对学科教学方法与技能的培训有迫切需求。35～40 岁、40～45 岁及 45 岁以上的教师分别有 65.8%、20.2%和 8.3%的教师，即占总调查人数的 32.7%认为非常需要培训。

表 3.14 学科教学方法与技能需求的年龄差异

	35 岁以下	35～40 岁	40～45 岁	45 岁以上	总和
样本容量	791	184	79	24	1078
占总人数百分比(%)	73.4	17.1	7.3	2.2	100
非常需要的人数	726	121	16	2	865
百分比(%)	91.8	65.8	20.2	8.3	
占总人数百分比(%)	67.3	11.2	1.4	0.1	80

各年龄段教师对教学设计的需求有显著差异。从表 3.15 可知,35 岁以下教师有 93.8%,占总调查人数的 68.8%认为教学设计是非常需要培训的内容,35～40 岁,40～45 岁及 45 岁以上教师则分别有 65.2%、40.5%、8.3%认为教学设计非常需要培训。

表 3.15 教学设计需求的年龄差异(主要在教学设计理论)

	35 岁以下	35～40 岁	40～45 岁	45 岁以上	总和
样本容量	791	184	79	24	1078
占总人数百分比(%)	73.4	17.1	7.3	2.2	100
非常需要的人数	742	120	32	2	865
百分比(%)	93.8	65.2	40.5	8.3	
占总人数百分比(%)	68.8	11.1	3.0	0.1	83

(3) 心理、教育需求的年龄差异

表 3.16 显示,心理与教育因素中,具体内容的需求与年龄相关表现在教育教学评价和儿童学习心理的需求。其中,教育教学评价与教师年龄相关系数为 −0.708,两者为负相关关系,且达到统计意义上的显著性水平,说明年纪轻的比年长的需求更迫切;儿童学习心理需求与教师年龄相关系数为 0.524,两者为正相关关系,并达到显著性水平,说明年龄越长,需求越迫切。

表 3.16 心理教育需求与教师年龄的相关分析

		教育教学评价	儿童学习心理	学生心理辅导	教师心理调适	学科教学理论	儿童心理发展理论	教学心理学
年龄	Pearson 相关	−0.708	0.524	−0.414	−0.031	−0.020	−0.307	0.309
	显著性(双侧)	0.017	0.050	0.058	0.062	0.084	0.069	0.096
	N	1078	1078	1078	1078	1078	1078	1078

不同年龄对教育教学评价需求差异显著。从表 3.17 可知，认为教育教学评价是最需要培训的内容，四个年龄段的教师分别为 97.5%、66.8%、26.6% 和 8.3%。其中 35 岁以下教师占被调查教师的 71.5%，其他三个年龄段教师共占 28.5%。

表 3.17　教育教学评价需求的年龄差异

	35 岁以下	35～40 岁	40～45 岁	45 岁以上	总和
样本容量	791	184	79	24	1078
占总人数百分比(%)	73.4	17.1	7.3	2.2	100
非常需要的人数	771	123	21	2	865
百分比(%)	97.5	66.8	26.6	8.3	
占总人数百分比(%)	71.5	11.5	1.9	0.1	85

儿童学习心理需求年长教师更具有迫切感(见表 3.18)。据表中的统计数据可知，不同年龄段的教师，对儿童学习心理这一内容认为非常需要培训的人数分别有 76.5%、85.3%、100%、91.7%，其百分比按年龄段的递增在不断增长。可以认为，年长教师对儿童学习心理的学习比年轻教师更具有迫切性。

表 3.18　儿童学习理论需求的年龄差异

	35 岁以下	35～40 岁	40～45 岁	45 岁以上	总和
样本容量	791	184	79	24	1078
占总人数百分比(%)	73.4	17.1	7.3	2.2	100
非常需要的人数	605	157	79	22	865
百分比(%)	76.5	85.3	100	91.7	
占总人数百分比(%)	56.1	14.6	7.3	2.0	80

(4) 教学科研需求的年龄差异

教学科研因素包括课题申报与实施、教学研究论文的撰写和教学资源开发与利用三项内容。经检验，课题申报与实施、教学研究论文的撰写两项内容与教师的年龄密切相关(见表 3.19)，相关系数分别为－0.821 和－0.803，显著性水平均达到 0.000。

表 3.19 教学科研需求与年龄的相关分析

		课题申报与实施	教学研究论文的撰写	教学资源开发与利用
年龄	Pearson 相关	−0.821	−0.803	−0.270
	显著性(双侧)	0.000	0.000	0.245
	N	1078	1078	1078

35 岁以下教师对课题申报与实施的培训需求强烈。从表 3.20 中数据可知，课题申报与实施有 98.9%35 岁以下的教师(占总人数的 72.5%)认为非常需要培训，其余的则认为是比较需要培训。35 岁以上的三个年龄段教师，分别有 66.3%、22.8%和 0.3%认为非常需要培训。经检验，差异达到 0.05 显著性水平。

表 3.20 课题申报与实施需求的年龄差异

	35 岁以下	35～40 岁	40～45 岁	45 岁以上	总和
样本容量	791	184	79	24	1078
占总人数百分比(%)	73.4	17.1	7.3	2.2	100
非常需要的人数	782	122	18	6	928
百分比(%)	98.9	66.3	22.8	0.3	
占总人数百分比(%)	72.5	11.3	1.6	0.6	86

35 岁以下教师非常需要进行教育科研论文写作培训。表 3.21 中数据显示，35 岁以下教师有 98.9%(占所有被调查对象的 72.5%)非常需要进行论文写作培训，35 岁以上的三个年龄段教师分别有 66.3%、22.8%和 0.3%，(分别是被调查对象的 10.9%、1.8%、0.6%)非常需要进行论文写作培训。但经检验，教育科研论文写作需求与年龄不存在显著相关的关系。

表 3.21 教科研论文写作需求的年龄差异

	35 岁以下	35～40 岁	40～45 岁	45 岁以上	总和
样本容量	791	184	79	24	1078
占总人数百分比(%)	73.4	17.1	7.3	2.2	100
非常需要的人数	784	118	20	7	928
百分比(%)	99.1	64.1	25.3	0.3	
占总人数百分比(%)	72.7	10.9	1.8	0.6	86

(5) 综合因素需求的年龄差异

多媒体技术的应用、国内外教改动态需求与教师的年龄呈正相关关系，而学生管理与班主任工作、学科前沿知识等两项需求与教师的年龄呈负相关。表3.22显示，四项内容中，多媒体技术应用的需求与年龄的相关达到显著性水平。相关系数是0.671，显著性水平是0.030。可以认为，年龄越长越需要进行多媒体技术的培训。

表3.22 综合因素需求与年龄的相关分析

		多媒体技术的应用	学生管理与班主任工作	国内外教改动态	学科前沿知识
年龄	Pearson 相关性	0.671	−0.454	0.024	−0.449
	显著性(双侧)	0.030	0.069	0.311	0.061
	N	1078	1078	1078	1078

从表3.23发现，35岁以下年龄段教师，有69.3%表示非常需要对多媒体技术应用的培训，而35岁以上的三个年龄段教师，认为非常需要培训的人数都在90%以上。经检验，多媒体技术应用需求与年龄差异存在于35岁以下教师与35～40岁教师、35岁以下与40～45岁教师，以及35岁以下与45岁以上教师之间。35岁以上的三个年龄段不存在对多媒体技术应用培训需求的差异。从座谈中得知，年轻教师比年长教师接受新事物的速度快，许多年轻教师在平时也经常借助于多媒体技术进行教学，尤其是初中教师，多媒体技术运用较为熟练。

表3.23 多媒体技术需求的年龄差异

	35岁以下	35～40岁	40～45岁	45岁以上	总和
样本容量	791	184	79	24	1078
占总人数百分比(%)	73.4	17.1	7.3	2.2	100
非常需要的人数	548	167	72	22	810
百分比(%)	69.3	90.7	91.1	91.7	
占总人数百分比(%)	50.8	15.5	6.7	2.0	75

通过对不同年龄段教师培训需求的分析，发现差异主要存在于35岁以下教师与35岁以上各年龄段的教师之间，部分内容需求的差异存在于45岁以下各年龄段的教师与45岁以上教师之间。

（二）培训内容需求存在教龄差异

1. 教师职业素养需求的教龄差异

对教师职业素养因素中的三项内容进行统计分析，从表 3.24 数据可知，3～5 年教龄与 5～10 教龄的教师之间对教师专业发展愿景培训需求存在显著差异，显著性为 0.042。均值之差反映出，3～5 年教龄的教师比 5～10 年教龄的教师对这一内容培训显得更加迫切。5～10 年、10～20 年及 20 年以上教龄的教师对这一内容有较为一致的需求，不存在明显的差异。

表 3.24　教师专业发展需求的教龄差异

	教龄（I）	教龄（J）	均值差（$I-J$）	标准误	显著性
专业发展愿景	1	2	0.158	0.078	0.042
教师职业道德	1	2	0.312	0.107	0.004
		3	0.514	0.105	0.000
	2	3	0.202	0.097	0.037
	3	4	−0.350	0.173	0.044
教师人文修养	1	2	0.350	0.089	0.000
		3	0.375	0.088	0.000
		4	0.374	0.149	0.012

注：1 表示 3～5 年教龄，2 表示 5～10 年教龄，3 表示 10～20 年教龄，4 表示 20 年以上教龄；均值差的显著性水平为 0.05。

2. 学科教学需求的教龄差异

被调查教师对学科教学因素中 6 项内容的回答，分析不同教龄对“非常需要”的差异。从表 3.25 知，不同教龄的教师对学科教学理论培训需求不存在显著差异。

3～5 年教龄与 5～10 年、10～20 年、20 年以上教龄的教师对教学理念更新的需求存在明显差异，5～10 年、10～20 年、20 年以上教龄的教师对这一需求无差异存在；对于课标与教材研读的需求差异也存在于 3～5 年教龄与 5～10 年、10～20 年、20 年以上教龄的教师之间，5～10 年、10～20 年、20 年以上教龄的教师不存在需求上的差异；3～5 年教龄与 5～10 年、10～20 年、20 年以上教龄的教师之间，存在对学科教学方法与技能培训需求的差异；教龄在 5～10 年、10～20 年及 20 年以上教龄的教师在学科教学方法与技能的需求上没有明显差异；学科教学评价需求的教龄差异存在于 3～5 年教龄与 5～10 年教龄、10～20 年教龄的教师之间；学科教学设计需求的差异则存在于 3～5 年教龄与 10～20 年教龄、3～5 年教龄与 20

年以上教龄、5～10 年教龄与 20 年以上教龄的教师之间。

表 3.25　学科教学需求的教龄差异

	教龄 (I)	教龄 (J)	均值差 (I－J)	标准误	显著性
教学理念更新	1	2	0.156	0.068	0.022
		3	0.187	0.067	0.039
		4	0.174	0.114	0.047
课标与教材研读	1	2	0.256	0.072	0.000
		3	0.226	0.071	0.001
		4	0.335	0.121	0.006
学科教学方法与技术	1	2	0.182	0.057	0.001
		3	0.174	0.056	0.002
		4	0.266	0.095	0.005
学科教学评价	1	2	0.217	0.070	0.002
		3	0.162	0.068	0.018
学科教学设计	1	3	0.152	0.061	0.013
		4	0.294	0.104	0.005
	2	4	0.230	0.102	0.023

注：1 表示 3～5 年教龄，2 表示 5～10 教龄，3 表示 10～20 年教龄，4 表示 20 年以上教龄；均值差的显著性水平为 0.05。

通过对学科教学需求的教龄差异的分析，可知 3～5 年教龄的教师，对教学理念更新、课标与教材研读、学科教学方法与技能、学科教学评价和学科教学设计等内容的需求，与 5～10 教龄、10～20 年教龄、20 年以上教龄的教师存在统计意义上的显著差异。尤其是在课标与教材研读、学科教学方法与技能需求差异非常明显。

3. 心理、教育需求的教龄差异

表 3.26 显示，3～5 年教龄与 5～10 年、10～20 年、20 年以上教龄的教师之间，存在教师心理调适培训需求的差异，其他教龄段的教师之间不存在显著差异。学生心理辅导的培训需求存在于 3～5 年教龄与 5～10 年、10～20 年、20 年以上教龄的教师之间。对儿童发展理论的培训需求进行分析，发现 3～5 年教龄与 5～10 年、10～20 年教龄的教师之间存在显著差异。3～5 年教龄与 20 年以上教龄的教

师之间，对教学心理学的需求存在显著差异。其他教龄段的教师对教学心理学的需求较一致，没有明显差异存在。对于教育评价理论、现代教育理论的需求不存在教龄差异，但儿童学习心理的需求在3～5年教龄与20年以上教龄的教师之间存在显著差异，其他教龄段的教师对该需求没有明显差异存在。

表3.26 农村教师培训需求的教龄差异

	教龄（I）	教龄（J）	均值差（$I-J$）	标准误	显著性
教师心理调适	1	2	0.203	0.090	0.024
		3	0.211	0.088	0.016
		4	0.470	0.150	0.002
学生心理辅导	1	2	0.326	0.077	0.000
		3	0.379	0.075	0.000
		4	0.315	0.129	0.014
儿童心理发展理论	1	2	0.183	0.082	0.025
		3	0.255	0.080	0.002
教学心理学	1	4	0.194	0.076	0.011
儿童学习心理	1	4	0.272	0.135	0.044

注：1表示3～5年教龄，2表示5～10教龄，3表示10～20年教龄，4表示20年以上教龄；均值差的显著性水平为0.05。

综括对不同教龄教师的心理与教育因素中各项内容培训需求的分析，可以得到3～5年教龄的教师，对教师心理调适、学生心理辅导、儿童心理发展理论、教学心理学、儿童学习心理等内容的培训需求与其他教龄段的教师存在不同程度上的差异。

4. 教学科研需求的教龄差异

对教学科研中的三项内容需求进行分析（见表3.27），可以发现，课题申报与实施在不同教龄的教师之间不存在显著差异。在3～5年教龄、5～10年教龄、10～20年教龄与20年以上教龄的教师之间，都存在教学研究论文撰写需求的差异；5～10年教龄与10～20年教龄的教师，在教学研究论文撰写方面的需求也存在显著差异。关于教学资源开发与利用需求的教龄差异则反映在3～5年教龄与5～10年教龄、3～5年教龄与10～20年教龄、3～5年教龄与20年以上教龄的教师之间，且都达到统计意义上的显著性水平。

表 3.27　教学科研需求的教龄差异

	教龄(*I*)	教龄(*J*)	均值差(*I*−*J*)	标准误	显著性
教学研究论文的撰写	1	4	0.313	0.124	0.012
	2	3	0.141	0.067	0.036
		4	0.385	0.121	0.002
	3	4	0.244	0.120	0.043
教学资源开发利用	1	2	0.257	0.072	0.000
		3	0.219	0.071	0.002
		4	0.345	0.121	0.004

注：1 表示 3～5 年教龄，2 表示 5～10 教龄，3 表示 10～20 年教龄，4 表示 20 年；以上教龄；均值差的显著性水平为 0.05。

据分析可知，3～5 年教龄与 20 年以上教龄的教师，对教学研究论文撰写有明显不同的需求，3～5 年教龄的教师，对教学资源开发与利用的需求与其他教龄段的教师存在极为显著的差异。

5. 综合因素需求的教龄差异

从表 3.28 可知，不同教龄的教师，对学科前沿知识、国内外教改动态的需求是一致的，即学科前沿知识和国内外教改动态需求不存在教龄差异。但在多媒体技术的应用和学生管理与班主任工作两项需求上存在教龄差异，且达到较高的显著性。具体表现在 3～5 年教龄与 5～10 年教龄、5～10 年教龄与 20 年以上教龄的教师对多媒体技术应用需求的差异。3～5 年教龄与 5～10 年教龄、3～5 年教龄 10～20 年教龄、3～5 年教龄与 20 年以上教龄、5～10 年教龄与 20 年以上教龄的教师对学生管理与班主任工作需求存在显著差异，其他教龄段的教师不存在需求差异。

表 3.28　综合因素需求的教龄差异

因变量	教龄(*I*)	教龄(*J*)	均值差(*I*−*J*)	标准误	显著性
多媒体技术的应用	1	2	−0.372	0.125	0.003
	2	4	−0.458	0.204	0.025
学生管理与班主任工作	1	2	0.245	0.083	0.003
		3	0.453	0.081	0.000
		4	0.495	0.139	0.000
	2	3	0.207	0.075	0.006

注：1 表示 3～5 年教龄，2 表示 5～10 教龄，3 表示 10～20 年教龄，4 表示 20 年以上教龄；均值差的显著性水平为 0.05。

从以上的分析和表3.28中的均值之差，结合座谈的内容，可以得出：教龄在5～10年和20年以上教龄的教师，都非常注重多媒体技术的培训；3～5年和5～10年教龄的教师非常关注学生管理与班主任工作能力。

综合对五个因素中的26项内容进行教龄的差异分析，得到如下结论：① 内容需求的主要差异存在于3～5年教龄与5～10年、10～20年、20年以上的三个教龄段之间，以及3～5年、5～10年、10～20年三个教龄段与20年以上教龄的教师之间。② 教龄较短的教师较注重实践性知识，教龄较长的教师则更关注理论水平的提升。

三、农村教师对培训方式的需求

（一）农村教师最喜欢的培训方式

培训方式是影响培训效果的重要因素之一，随着教育理论的发展和实践工作的探索，培训方式也趋向于多元化，为了了解农村教师对培训方式的需求，调查中我们列举了专题讲座、案例教学、教育论坛、观摩点评、名师示范、实践训练、师徒结对、同伴交流、公开展示、反思训练、破冰之旅等十一种培训方式，以非常喜欢、比较喜欢、不太喜欢、很不喜欢四个选项提供给被调查对象进行选择。据统计，农村教师喜欢的、排在前6位的培训方式依次是名师示范、案例教学、观摩点评、实践训练、师徒结对和公开展示。培训方式同伴交流、反思训练、破冰之旅、教学论坛和专题讲座，也都是农村教师比较喜欢的培训方式，统计结果见表3.29。

表3.29 农村教师最喜欢的培训方式（*N*=1078）

	最喜欢		比较喜欢		最喜欢＋比较喜欢
	人数	百分比(%)	人数	百分比(%)	百分比(%)
名师示范	929	86.2	144	13.4	99.6
案例教学	784	72.7	283	26.3	99.0
观摩点评	751	69.7	311	28.8	98.5
实践训练	674	62.5	363	33.7	96.2
师徒结对	648	60.1	386	35.8	95.9
公开展示	600	55.7	428	39.7	95.4
同伴交流	591	54.8	472	43.8	98.6
反思训练	475	44.1	502	46.6	90.7
破冰之旅	482	44.7	527	48.9	93.6
教学论坛	423	39.2	564	52.3	91.5
专题讲座	357	33.1	567	52.6	85.7

（二）对培训方式有不同的需求

1. 不同年龄教师在培训方式需求上存在差异

农村教师对案例教学、同伴交流和教学论坛这三种培训方式的需求或者说喜欢的程度不存在年龄差异，换言之，参训教师对这几种培训方式的认同度比较一致。从座谈中进一步了解其认同度："案例教学"就是运用案例进行教学。教学案例描述的是教学实践，以丰富的叙述形式展示一些包含有教师和学生的典型行为、思想、感情在内的故事。案例教学把教师带进一个具体的教学情景，为教师思考和探索教育教学问题提供平台。实践证明：案例教学常能化难为易，深入浅出，容易迁移，所以深受农村教师的欢迎。他们对"同伴交流"的认识，能参加省级培训的同伴基本是各校的教学骨干，各自都有其真知灼见，同伴之间的交流可以在同等水平上作横向比较，求得共同发展的谋略。"教学论坛"，在以往的培训中很少见，他们向往培训有创新，能给他们带来不一样的收获。

从表 3.30 可知，"名示师范"这一培训方式的喜欢程度，在 35 岁以下、35～40 岁、40～45 岁教师与 45 岁以上教师之间都有非常显著差异。"观摩点评"喜欢程度的差异则存在于 35 岁以下与 35～40 岁、35 岁以下与 45 岁以上、40～45 岁与 45 岁以上的教师之间。培训方式"实践训练"在 35 岁以下与 35～40 岁、35～40 岁与 45 岁以上的教师之间存在显著差异。在 35 岁以下与 35～40 岁教师之间存在"师徒结对"方式的明显差异。虽然喜欢和比较喜欢"公开展示"培训方式的教师有 95.4%，但在不同年龄段也存在一定差异，主要差异在 35 岁以下与 35～40 岁、35～40 与 45 岁以上这两对之间，而且差异显著。"反思训练"方式主要差异存在于 35 岁以下与 35～40 岁教师之间，而 35～40 岁的教师与比其年长的各年龄段教师都没有明显差异。喜欢"破冰之旅"的 93.6% 的教师中，在喜欢程度上存在年龄之间的差异，而且 35 岁以下与 40～45 岁之间差异显著。在 35 岁以下与 35～40 岁、40～45 岁、45 岁以上教师之间都存在"专题讲座"需求的差异，而 35 岁以上教师则不存在需求差异。进一步整理和分析教师问卷发现，35 岁以上教师有 97.6% 最喜欢专题讲座。从召开的座谈会中了解到，参加培训的 35 岁以下的教师（40.2%），因受一些培训以过多的教育理论灌输的影响，产生一种错觉：专题讲座即教育理论灌输，教育理论对教育教学实践指导意义不大，更有甚者产生抵触情绪。对于一些较年长的教师，尤其是 40 岁以上的教师（82%），因在平时的实践中积累了丰富的教学经验，培训时希望专家对其进行理论指导，引领他们进行专题研究，所以，他们非常喜欢聆听专家的讲座。

表 3.30 培训方式需求的年龄差异

	年龄 (I)	年龄 (J)	均值差 (I－J)	标准误	显著性
名师示范	1	4	0.681	0.146	0.000
	2	4	0.622	0.149	0.000
	3	4	0.614	0.160	0.000
观摩点评	1	2	0.186	0.060	0.002
		4	0.443	0.207	0.033
	3	4	0.453	0.228	0.048
实践训练	1	2	0.201	0.069	0.004
	2	4	－0.611	0.245	0.013
师徒结对	1	2	0.232	0.070	0.001
		4	0.207	0.269	0.442
公开展示	1	2	0.406	0.081	0.000
	2	4	－0.716	0.287	0.013
反思训练	1	2	0.236	0.074	0.002
破冰之旅	1	3	0.297	.130	0.022
专题讲座	1	2	－0.178	0.084	0.035
		3	－0.372	0.144	0.010
		4	－0.629	0.292	0.031

注：1 表示 35 岁以下，2 表示 35～40 岁，3 表示 40～45 岁，4 表示 45 岁以上；均值差的显著性水平为 0.05。

2. 不同教龄教师在培训方式需求上存在差异

表 3.31 数据显示，各种培训方式的需求与教龄存在一定的相关性，即不同教龄的教师之间对培训方式的需求有差异。“名师示范”需求的差异存在于 3～5 年与 20 年以上教龄的教师之间；“案例教学”需求差异在 3～5 年与 5～10 年、10～20 年教龄之间和 5～10 与 10～20 年教龄的教师之间；“观摩点评”只是在 3～5 年与 10～20 年教龄的教师之间；关于“实践训练”的需求，在 3～5 年教龄与 5～10 年、10～20 年教龄的教师之间，5～10 年与 20 年以上教龄的教师间也存在差异；在 3～5 年教龄与 5～10 年、10～20 年、20 年以上教师之间对“师徒结对”需求存在明显差异；“公开展示”需求差异不仅在 3～5 年与 5～10 年、10～20 年、20 年以上教师之间存在需求上的差异，同时在 5～10 年与 10～20 年教龄的教师之间；3～5 年与 10～20 年教龄的教师之间对“反思训练”的需求也不一致；很少在教师培训中

采纳的“破冰之旅”，3～5 年与 5～10 年、10～20 年、20 年以上的教师之间需求程度差异较为明显，而其他各组之间需求较一致；“教学论坛”在 3～5 年与 5～10 年、10～20 年教龄的教师之间存在差异；“专题讲座”需求的差异存在于 3～5 年与 5～10 年、10～20 年、20 年以上教龄的教师之间，其他教师之间没有明显差异。

表 3.31　培训方式需求的教龄差异

	教龄 (*I*)	教龄 (*J*)	均值差 (*I*－*J*)	标准误	显著性
名师示范	1	4	0.152	0.071	0.033
案例教学	1	3	0.232	0.056	0.000
		4	0.261	0.096	0.007
	2	3	0.127	0.052	0.015
观摩点评	1	3	0.184	0.059	0.002
实践训练	1	2	0.277	0.069	0.000
		3	0.197	0.068	0.004
师徒结对	1	2	0.271	0.071	0.000
		3	0.229	0.069	0.001
		4	0.312	0.118	0.009
公开展示	1	2	0.255	0.081	0.002
		3	0.447	0.080	0.000
		4	0.273	0.136	0.045
	2	3	0.192	0.074	0.009
反思训练	1	3	0.184	0.073	0.013
破冰之旅	1	2	0.169	0.076	0.027
		3	0.276	.075	0.000
		4	0.316	0.128	0.014
教学论坛	1	2	0.156	0.078	0.045
		3	0.177	0.077	0.021
专题讲座	1	4	－0.310	0.142	0.029
	2	4	－0.295	0.138	0.033
	3	4	－0.365	0.138	0.008

注：1 表示 3～5 年教龄，2 表示 5～10 教龄，3 表示 10～20 年教龄，4 表示 20 年以上教龄；均值差的显著性水平为 0.05。

综上分析，不同年龄与教龄的教师对培训方式需求的差异主要存在于：① 3～5年教龄与其他各教龄段的教师之间；② 20 年以下各教龄段与 20 年以上教龄的教师之间。③ 实践操作型与理论灌输型方式的需求差异。

四、农村教师对培训师资的需求

为了了解农村中小学教师对培训师资的需求，问卷中列举了高校教师、教研员、培训同伴、教育官员、一线教师、社会知名人士等 6 种师资，以非常合适、比较合适、不太合适、很不合适四个选项，采取请调查对象根据受欢迎程度进行选择(见表 3.32)。农村教师认为，比较适合与非常适合为他们培训、受他们欢迎的培训者依次是：① 一线教师；② 教研员；③ 培训同伴；④ 高校教师；⑤ 社会知名人士；⑥ 教育官员。

表 3.32　农村教师认为非常适合与比较适合的培训师资及教师的百分比(N=1078)

一线教师	教研员	培训同伴	高校教师	社会知名人士	教育官员
98%	96%	91%	81%	61%	51%

不同年龄和教龄的教师对培训师资的需求存在一定程度上的差异。其中年龄在 35 岁以下与 35～40 岁和教龄 3～5 年与 5～10 年之间的教师，对“教育官员”作为培训师资持有不同的见解。可见，年纪较轻、教龄相对较短的教师与年纪略大教龄稍长的教师之间存在需求差异。随机访谈了不同年龄和教龄的教师，他们认为，教育官员有决策权，教育政策条例的制定及掌控一些教育发展新的信息和动向。从他们那里可以了解到导向性和政策性的知识和信息，这是教育官员作为培训师资能得到农村教师认可的主要原因。但教育官员缺乏学科教学经验，不能深入解决学科教学问题，这也就是分歧所在。

“高校教师”是得到 81%的农村教师认可的培训师资。从座谈中反映出，职初的新教师培训或师德培训等，地方培训机构的大部分教师都已讲过课，他们认为，地方培训机构原有的师资已不能满足教师对高质量师资的需求。另一方面，高校教师具有高深的教育理论，或对中小学教育有一定的了解或专门的研究，能够在学术上进行引领或做到旁征博引，指导实践，适合他们获取专业知识的需求。但根据对调查数据的统计分析，年龄为 35 岁以下与 35～40 岁的教师、教龄为 3～5 年与 10～20 年的教师分别存在着差异。结合表 3.33 和表 3.34 的数据和座谈情况得出，年龄稍大，教龄较长的教师对高校教师的认可度更高。

表 3.33　培训师资需求的年龄差异

	年龄 (I)	年龄 (J)	均值差 (I−J)	标准误	显著性
高校教师	1	2	0.243	0.201	0.046
教育官员	1	2	0.252	0.121	0.037

注：1 表示 3～5 年教龄，2 表示 5～10 教龄；均值差的显著性水平为 0.05。

表 3.34　培训师资需求的教龄差异

	教龄 (I)	教龄 (J)	均值差 (I−J)	标准误	显培训著性
高校教师	1	3	0.425	0.094	0.000
教育官员	1	2	0.240	0.110	0.029

注：1 表示 3～5 年教龄，2 表示 5～10 教龄，3 表示 10～20 年教龄；均值差的显著性水平为 0.05。

“一线教师”和“教研员”来自教、研的第一线，更熟悉中小学教学实际。另外，由于他们与参训对象处于同一层次，思想上更容易沟通，讲解内容更具针对性和可操作性。教研员和一线的中小学优秀教师适应其获取教学法知识和提高教学能力的需求，所以，是非常受农村教师欢迎的培训师资。不同年龄、不同教龄的教师在“一线教师”和“教研员”作为培训师资上不存在明显差异。

认可“培训同伴”为培训师资的农村教师有 91%，这和喜欢的培训方式“同伴交流”有 98.6%是基本一致的。以同伴为师，向同伴学习，交流互补，共同发展是农村教师的愿望。61%农村教师认为“社会知名人士”作为教师培训的师资是合适的。分析不同年龄和教龄教师的需求，没有发现有明显的差异存在。

通过对 1078 位农村教师需求的调查，发现农村中小学教师的学习具有以学习目标为导向、以活动为导向的特点。又表现出重视知识的实用性而非学术性；重视应用性而非理论性；重视技能而非信息的既实际又明确的学习动机。他们的内容需求大多与他们的课堂教学与研究，以及自身的职业发展紧密联系在一起。调查还显示，农村教师喜欢采用可操作、可模仿、体验式、参与式等方式参与培训。他们非常青睐对他们的教学及研究能给予直接指导的实践型导师。

第三节 对策与建议

一、设置适合农村教师培训需求的课程内容

农村中小学教师培训要为农村基础教育服务，这是培训的出发点和归宿。因此在培训课程的选择上要切合当前农村教师的需求，贴近农村中小学教育教学实际。在对农村教师培训需求调查的基础上，构建合理的课程体系，以保证农村教师培训的实效性。构建培训课程，从内容上看有理论课程、实践课程和技术课程。

理论课程侧重于本学科专业知识和心理与教育理论知识、方法类知识和背景类知识。调查显示学科专业知识，如学科前沿知识在农村教师对培训内容的需求中有80%以上认为是非常需要培训的内容。心理与教育理论知识，如教学设计、学科教育理论，教师心理调适、学生心理辅导等认为非常需要培训的百分比也比较高。方法论知识是为教学和科研提供基本观点、基本原理，提供新的视角、方法和途径的知识，该部分知识，如课题的申报与实施、教学研究论文的撰写、学科教学方法与技能等，在需求调查认为非常需要培训均在80%以上。背景知识则是有关专业的相关知识，它是拓展性知识，如教师专业发展愿景等，有助于学员对教师职业领悟、把握与发展。

实践课程侧重于教学主体教育行为的自我反思，是“反思模式”的学习，包括说课评课、现场观摩、个案分析、亲身实践等。实践性课程对于提高学员的教育教学能力有至关重要的作用，从对调查对象的培训需求来看，80%以上的人非常需要学科教学方面的培训，提高课堂教学能力是他们的第一需求。

随着计算机和网络技术全面引入中小学教育，运用计算机辅助教学、实行计算机网络教育也会成为对农村教师的必然要求。因此，农村培训课程体系的设置要把现代教育技术作为一项重要内容。根据需求调查，技术课程，对于农村教师来说是电脑的基本操作技术、简单的多媒体技术的运用。由于农村学校硬件条件比较落后，这部分知识接触较晚，在培训中需加以补充。

在实施农村教师培训时，应本着综合化和专题化的原则设置课程内容。① 综合化。从教师发展和专业知识结构的全局来规划课程，既考虑专业基础知识，又考虑本学科的前沿动态；既考虑本学科的知识，也要考虑不同学科知识的融通；既考虑中小学教师对基础教育改革发展的适应能力和研究能力的提升，又考虑对新问题、新情况的研究和探索，为教师开展研究探索开拓思路和提供信息。② 专题化。通过专题及时地反映本学科的最新成果和动态，开阔视野，拓展知识的深度和广度，通过专题培训解决问题和困惑、满足需求，为农村教师开展教学和研究打下基础。

二、构建多元化的农村教师培训模式

据调查，农村教师参加培训，他们既不欢迎脱离实际夸夸其谈式的理论讲授或是灌输知识的“洗脑式”教育，也不欢迎就事论事的经验式或技能式的辅导。他们希望针对不同的内容选择不同的方法进行培训，如技能培训，采用案例教学法，在分析案例的基础上提出解决问题的办法。课堂教学培训，采用实践训练法，由名师示范、进行课堂模仿，导师引领、同伴交流探讨，置身于模拟的现实教学环境中进行操作训练、反思提高、展示突破，以此解决实际教学中可能出现的类似问题，提高课堂教学能力。

总而言之，在农村教师培训中要避免单一、被动、机械的培训方式，采取多向、主动、探究式，构建专题讲座、实践训练、名师示范、课堂模仿、同伴互助、展示突破、反思提高等多种方式相结合、多元化、互动式的培训模式。

三、分层、分级、因材培训

经对调查数据统计分析表明，不同年龄与教龄的教师，对培训内容和培训方式有着不同的需求，因此，对农村教师培训要分层、分级、因人而异。

年轻、教龄短的教师(主要指35岁以下，教龄为3～5年的教师)，正处于职业生涯发展的初期，他们渴望在培训中获得对自己有用的经验和启示。所以，对知识的需求主要集中在所教学科专业知识、学科教学法知识。另外，如何理解新课标、把握新教材，也是这个阶段农村教师关注的重点。他们十分关注课堂驾驭的能力，他们十分关注和崇拜名师，希望知道名师是如何上好课、如何处理教材、如何在课堂上运用教学机智的，盼望听名师的讲课。希望在模仿与体验中迅速提高自己的课堂教学水平，所以，非常青睐实践操作型的培训方式，期望有实践训练的机会，在名师指导下得到提高，在公开展示中得到发展。因此，对这类教师进行培训应以提高课堂教学水平为目的，重点加强课堂教学的培训。以实用的课堂教学的相关知识、教材分析、教学设计、具体的教学策略、学科教学案例等为主要内容，采用实践训练、观摩点评、师徒结对、课例分析的方式，配备实践型导师进行指导的培训。

5～10年教龄的教师，渐渐成为胜任型教师。如果说3～5年教龄的教师是教学新手的话，那么，可以认为5～10年教龄的教师是从进步型教师走向胜任型教师。这个时期的教师教学呈粗放型，研究属薄弱型。他们仍然关注课堂教学，重视课堂教学能力的提高，同时也意识到教育科研的重要性，但教育理论知识列为需求的次要位置。他们希望通过培训，实实在在地解决自己在教育教学实践中存在的种种困惑、不足与问题。因此，对这类教师的培训则以课堂教学能力的突破为核心，以名师示范、实践教学、教学反思、展示突破为主要方式，使之在课堂教学能力上有突破性的提高，教学研究能初见成效。

教龄稍长、年龄稍大的教师（20 年以上教龄、40 岁以上的教师），在教学实践中积累了一定的教育教学经验，大都能熟练把握每节课的重点和难点；能够较准确地控制课堂教学活动，并根据课堂教学的进展情况调整教学计划，具有一定的教科研能力，他们已在自己的学校以师徒形式对年轻教师的教学和科研进行指导，但总体而论，理论功底相对薄弱。他们希望通过培训，能够从更高的层面，更宽的领域，更新的视角来认识教育教学的理论，用理论指导教学实践。因此，这个阶段教师培训的目的是，让这些教师从经验型教师上升为教学研究型教师。以系统理论知识、教科研方法为培训的核心内容。加大课堂教学理论和儿童心理与教育理论的学习，以名师课堂、典型课堂为研究的主要内容。多采用专题讲座、讨论式、问题诊断式、个案分析式等方式进行培训。加强反思，在反思中运用教育理论和方法审视自己的教育教学行为，研究自己的教学实践，促进理论和实践的结合。另外，根据需求调查的情况，对这类教师还需进行多媒体技术运用能力的提升培训，完善教育专业知识体系，提高专业素养。

四、以教师专业化的远景规划为核心建立培训反馈机制

教师专业发展的过程，是教师不断接受新知识、提升专业素质的过程。要使农村教师在专业上发展，需要建立一个长效的反馈机制。在培训之前，培训机构与农村学校及教师取得广泛的联系，了解教师的发展需求；在培训期间，帮助农村教师确定一个专业发展远景，引导他们对自己的专业发展远景制定出初步计划，专家根据计划对其进行有针对性的指导；在培训结束后，培训机构和农村学校、专家和导师对农村教师的专业发展进行一个较为长期的指导。对农村教师的专业发展情况进行跟踪调查，确定后续培训的计划，使农村教师的专业发展落到实处。

第四章

农村教师专业素质提升之“发展愿景培训”

在“十五”杭州市农村素质工程、“十一五”省领雁工程等对农村教师的培训过程中，培训者发现农村教师对专业发展的目标普遍不够明晰，大多数不能说出自己的发展愿景，更不能清楚剖析本人在专业情意、专业知识和专业技能方面的现状和不足。有奋斗的宏伟蓝图和具体的目标，才能产生为之奋斗的激情和动力。作为教师对自己的专业发展愿景模糊一片，更没有为实现愿景而设置切实可行的目标，肯定会严重影响教师的专业成长。从我们现有的研究发现，能够突破骨干教师瓶颈，顺利发展成名师的，是那些有清楚的发展愿景，并有相应的具体奋斗目标的教师。有位哲人说过，“梦想有多远，你就能走多远”，如果没有福特在一百多年前“让每个人拥有一辆汽车”的疯子般的梦想，哪来今天满大街汽车奔腾的景象。作为研训一体化、追求高品格培训的一个专业培训机构，深知专业发展愿景不是水中月，镜中花，是会对农村教师的发展起指引和激励作用的强大精神力量。充分发挥专业发展愿景对农村教师的指引和激励作用，在愿景的指引下规划自身的发展目标，坚定地朝着目标一步步前进，最终定能使农村教师真正化蛹成蝶，走上专业化发展之路。因为愿景在很大程度上是一种内源性的精神力量，作为培训机构，重要的责任是“引领”，通过有针对性的培训使农村教师的专业发展愿景明晰化，并通过榜样示范等让农村教师掌握如何把愿景转化为具体行动目标的方法。因此，在后续的培训中，怀着一种崇高的责任和使命感，我们把帮助农村教师勾勒专业发展愿景作为培训内容的一部分，愿景培训成为整个“七环培训法”的有机组成部分，取得了很好的培训效果，有力地促进了农村教师的专业成长。

第一节　愿景和农村教师专业发展愿景培训

所谓愿景，是指所向往的前景。愿景介于信仰与追求之间，类似于人们常说的理想，愿景比信仰低一层(信仰通常是永恒不变的)，比追求高一层(追求通常是短期的)，它是人们永远为之奋斗希望达到的图景，概括了未来目标、使命及核心价值。对个人来说，愿景就是个人在脑海中所持有的意象或景象。对于一个组织来说，愿景必须是共同的。共同的愿景就是组织成员所共同持有的意象或景象。比如在20世纪90年代兴起的企业愿景，就是由组织内部的成员所制订，借由团队讨论，获得组织一致的共识，形成大家愿意全力以赴的未来方向。所谓愿景管理，就是结合个人价值观与组织目的，通过开发愿景、瞄准愿景、落实愿景的三部曲，建立团队，迈向组织成功，促使组织力量极大化发挥。“愿景”目前已经成为企业领导者所必需的一种职业期许，企业领导者树立了自己的“愿景”，才能让员工更好的得到一种发展的设想与空间，才能更好地建立团队的稳定性与战斗力，从一定程度上延长团队寿命！以国内知名企业海尔为例。它的愿景是“员工心情舒畅、充满活力地在为用户创造价值的同时体现出自身的价值”，正是这个共同的企业愿景在时刻支撑和激励着海尔人，造就了海尔的企业精神，树立了海尔的企业形象。愿景为海尔发展成为国内首位、世界知名的企业起了精神上的引领者的重要作用。

然而，在教师培训领域，教师专业发展愿景概念的提出和培训的开展还是一个全新的理念。但考虑到教师专业发展愿景对教师成长的强大牵引作为，作为培训机构，我们率先提出了教师专业发展愿景的概念并作了针对农村骨干教师专业发展愿景的培训尝试。教师专业发展愿景，是教师为了自主实现专业发展，对自己未来发展方向的目标定位和核心的价值理念的描绘。从这个角度分析，它具有“个体性”，作为培训机构，不可能为每位骨干教师“定制”专业发展的愿景，但作为特定发展阶段的教师群体，比如骨干教师阶段，他们肯定有一些共性的东西。所以，作为培训机构，主要是在某一教师群体发展的共性方面设置科学的培训内容，进行有效的培训，促其成长。企业中共同愿景的建立一般通过集成式、凝练式、影响式三个途径：

集成式往往是振臂一呼，应者云集，那些有相同个人愿景的人组成一个集体，在集体中再进一步完善并实现共同愿景。许多协会和团体往往通过这种方式建立共同愿景。企业招聘新员工时，不仅要看个人的素质和能力，同时还要强调个人愿景与组织愿景的匹配性，这在某种意义上也是通过集成式路径建立组织共同愿景的方式。

凝练式则是把大家心灵深处的共同的意象挖掘出来，并进行凝练，萃取出精华构建共同愿景。这种方式的特点是“从群众中来，到群众中去”，容易为大家接受和认同。这种方式适用于那些组织成员同质性很强又积极面向未来的组织。

影响式建立共同愿景的途径主要是从个人愿景建立共同愿景。通常从最高领导的个人愿景到组织的共同愿景，当然也可以借助于前辈或外部。但基于一个组织领导者的地位和作用，共同愿景的构建常见的情况确实从决策核心层的人发起。

对比分析后，根据农村教师团体同质性比较强又积极面向未来的组织特点，采用“凝练式”建立农村教师专业发展愿景。根据特定阶段教师专业发展的要求，结合我们对农村骨干教师多年培训的经验和培训需求调查的结果，凝练出农村教师专业发展愿景培训的内容，并采取与内容相匹配的科学培训形式开展培训。因此，农村教师专业发展愿景培训是指为帮助农村教师达到专业化发展的目的，针对不同发展层次的农村教师的专业化发展要求，通过专业情意、专业知识和专业技能三领域的培训提升，对照分析并逐步明确个人专业发展方面的不足，针对优势和不足制定切实可行的发展规划并努力践行，最终促成参训农村教师实现专业发展愿景的职后培训。由专门的教师培训机构按照不同层次的农村教师有针对性地科学规划和按需施训，培训机构主要是针对同一层次的农村教师进行引领性“共性”培训，参训农村教师结合本人的“个性化”发展需求，在一定的理论专家指导下，通过制定发展规划细化个人的具体发展目标，并通过培训机构的后续跟踪督导对参训过的农村教师的专业发展愿景的落实进行监督反馈。这两者结合，既关注了方向性的发展，又照顾了农村教师的个性，既关注了即时性又考虑到了后续性，使农村教师专业发展愿景培训真正落到了实处。农村教师专业发展愿景培训的终极目标是把农村教师培养成为热爱农村教育，热爱学生，懂得教学教育的新农村的新陶行知。

农村教师专业发展愿景是农村教师内源性的一种发展理想，培训机构只有从农村教师发展的实际需要出发，作深入调查，设计出符合农村教师发展内需的专业发展愿景培训课程，才能为广大参训农村教师所接受。专业发展愿景培训难度很大，但组织得好，对农村教师的发展将起到方向性的指导作用。

第二节　农村教师专业发展愿景培训研究的源起

一、“三好三差”的调查结果表明教师需要专业发展培训

农村教师专业化发展较之城市教师专业化发展的水平，相对缓慢和被忽视，这是培训机构在实际的调查中发现的一个普遍状况，由此，专业的培训机构对农村教师专业发展进行相应地指导和规划显得尤为必要。作为杭州市教育局领导下的专门师训机构，我们曾对农村教师的现状进行了调查研究，农村教师的基本现状可以概括为“三好三差”①。

农村教师比较好的三个方面是：一是农村教师的学历是比较高的；二是农村教师的教学规范是好的；三是农村教师的师德是好的。既然农村教师从起点（文凭、学历）和师德方面都不逊于城市教师，为什么农村教师发展成长的步伐

① 童富勇. 寄语新陶行知们——我的新农村教师专业发展观(内部资料).

明显慢，甚至多年以后成了维护一日常规教学，没有一点进取和开创精神的教书匠了呢？这与制约农村教师专业化发展过程中出现了一些“瓶颈”问题紧密相关，我们的调查也发现，农村教师有三个方面发展得比较差：一是在职培训、继续教育机会少；二是开展教学竞赛、教研活动的氛围差；三是教师专业发展环境差。

针对上述“三好三差”问题，作为专门的教师培训机构，从自身的职责能力范围出发，为教师专业发展提供明确的规划，提供教师开展教学竞赛的平台，等等，是一件改善农村教师发展现状的功在千秋的大事。农村教师心中有发展目标，有专门机构关注和支持他们的发展，会促使农村教师从“被动”走向“主动”，从而关注自己的专业发展，增强职业幸福。

二、农村教师专业培训需求调查的研究为设置农村教师专业发展愿景培训的课程内容提供了切实依据

针对农村教师的这种现状，我们在对浙江省领雁工程农村骨干教师培训、杭州市农村素质提升培训的学员以及各种专项培训的农村教师培训中，进行了培训需求调查，从回收的 1078 份，发现农村教师都愿意参加在职培训，93％的农村教师非常需要进行教师专业发展愿意培训，其中年龄在 40 岁以下的教师占了 88％。培训内容需求通过因素分析后发现，主要集中在教师专业情意、教师专业技能（学科教学、教学研究和多媒体辅助教学技术）和教师专业知识（心理与教育理论和学科前沿知识）三大方面（具体见表 4.1 和表 4.2）①。这表明，我们的设想是可行的：从骨干教师培训中抓起，从专业情意、专业知识和专业技能三方面设置农村教师专业发展愿景培训的课程内容。

表 4.1 教师专业发展愿景需求的年龄差异

	35 岁以下	35～40 岁	40～45 岁	45 岁以上	总和
样本容量	791	184	79	24	1078
占总人数百分比(％)	73.4	17.1	7.3	2.2	100
非常需要的人数	732	173	50	5	865
百分比(％)	98.2	94.0	63.3	20.8	
占总人数百分比(％)	72	16.0	4.6	0.4	93

① 王秀玲. 农村教师培训需求调查的研究(内部资料).

表 4.2　农村教师非常需要培训的内容和教师的百分比

专业情意	专业技能								专业知识					
	学科教学				教学研究									
93%	83%	80%	92%	88%	86%	86%	86%	75%	91%	91%	76%	80%	81%	85%
教师专业发展愿景	教学设计	教学方法与技能	课程标准与教材研读	学科教学理念更新	教学研究论文的撰写	教学资源的开发与利用	课题的申报与实施	多媒体技术的应用	学生心理辅导	教师心理调适	学科教育理论	儿童学习理论	学科前沿知识	教育与教学评价

对农村教师培训需求调查的量化分析为我们开展农村教师专业发展愿景培训，设置具体的培训目标和培训内容提供了科学的依据。

在此基础上，我们还从理论上追根溯源，考证进行专业发展愿景培训的理论依据，尽量使培训和研究一体化，在研究中培训，在培训中实践，在实践中总结，总结出来的经验又指导下一轮的培训工作。理论的考证证明专业发展愿景培训有它独特的价值，专业发展愿景体现了一种教师的成就动机，愿景的确立为他们的发展提供了自我实现预言的方向，在此自我实现预言的激励下，会产生积极的正向力量。同时，专业发展愿景的设置从教师职业生涯发展理论的角度看，是成长中的教师所必经的发展阶段，农村教师只有唤醒了专业发展的激情，脑中有专业发展愿景的宏伟蓝图，才能对自己的职业生涯发展作积极的规划。

第三节　农村教师专业发展愿景培训的理论依据

一、教师的成就动机是农村教师专业发展愿景培训开展的内源性动力

人本主义心理学强调人的价值意义，强调自主的人格，强调人所具有的现实潜在的能力。人本主义心理学家一直把教育视为发展人类内在潜力的历程。人类都有一种自我实现的需要，即最大限度地实现自身的各种潜能的趋向。因此，他们认为人都是“积极主动的、自我实现和自我指导的。”这是人本主义心理学理论的核心。著名人本主义心理学家马斯洛认为，人类的多种需求，可按其性质由

低而高分为五个层次：生理需求、安全需求、归属关爱的需求、自尊需求、自我实现需求。教师的发展除了需要满足基本需求之外，更要满足其成长的高级需求。罗杰斯也认为，在人际交往中，人总是愿意自己的行为受到别人的尊重。当一个人的行为产生了积极的自我体验，同时又能受到别人的尊重和肯定时，他的自我概念就是准确的，他的人格就能正常发展。人本主义还确信，人需要发展并运用他们所具有的天赋、潜力，以使自己发展并达到自我实现。基于这些理论，以及我们开展的一些调查，我们发现农村教师具有较强的成就动机，渴望教好学生，出成绩，希望自己的教学教育水平能得到同行的认可和领导的肯定，并且在此基础上，自己的专业水平能够得到发展，成为教学能手甚至名师，这是热爱教学的农村教师所倾心向往的，所以对这类农村教师进行专业发展愿景培训，是可行的，适合满足他们内在成就动机的需要。也正因为如此，农村教师专业发展愿景培训的内容设计虽然在培训组织者，但因为它满足了农村教师发展的成就动机的需要，也就成为农村教师自觉的内源性动力因素，只不过培训组织者的设计让这种愿景更明确，更科学。

二、自我预言实现效应及由此产生的自我效能感，是愿景培训是激励农村教师专业发展的强大精神动力的有力证明

根据教师成长规律，刚入职的新手型教师经过3～5年的成长，逐渐掌握教学的规律，成为熟练教师，关注点也从关注教材进行教学到能够比较好地按照教与学的规律设计教学，并能关注学生的情况适当组织教学，最终经过10年左右的努力，钻研教学和教育，逐渐确立自己的教学、教育风格，成为专家型教师。在这个过程中，很多农村教师都会经历一个职业发展的高原期，往往发生在从教5～10年这段时间内，教学上，已经轻车熟路，继续往上发展，感觉压力大也没有那份动力。最突出的表现就是成就感降低，工作上不求上进，不愿付出努力，甚至产生放弃做教师的消极想法。因此，如果能够利用已有的有利条件，就有可能向更高的层次发展；如果不能把握住一些关键因素，就会停滞不前，永远停留在一名熟练的工匠阶段，甚至出现职业中的倒退。冲破高原期的重要措施之一就是参加高层次的在职培训，有效的在职培训能够唤起农村教师的职业激情和新的奋斗目标和起点，特别是在职后培训中如果能够针对农村教师的发展水平进行专业发展愿景的培训，帮助农村教师在美好愿景的鼓励下制定出切实可行的个人发展规划，定能引其向更高层次发展。农村专业发展愿景就如一种自我预言，对农村教师的发展能起到暗示和激励作用，让农村教师在不断的自我暗示中，激励自己努力奋斗，达到理想的发展状态，开发自身的潜能。

人们已经发现“自我实现预言”在人类各个研究领域的价值和影响，尤其是在学校教育领域。目前，人们认识到“自我实现预言”的确对学生的发展有着重要影响。如果我们希望学生成为具有创造力的人，那么教师和学生就有必要了解"自我实现预言"的影响力。自我实现预言理论指出：在现实生活中，如果一个人对另外一个人怀有某种期望值，这种期望值将会（不自觉地）引导着这个人对另外一个人的行为，这一系列的行为将最终导致另外一个人也朝着这个原先的期待值前进，最后这个预言得以实现。这种说法指的是以没有确凿证据的预言为契机，唤起一种新的行动，这种行动最终使起初的预言变为现实。培训机构给农村教师充分的信任，通过"做新时期的新陶行知"的理念洗礼、成功名师的榜样、农村教师中成功教师的现身说法等等，激发参训农村教师专业发展的理想，最后通过制定切实有效的个人发展规划，培训后的跟进督导，促使农村教师专业发展愿景得到"自我实现预言"的效果。这在杭师大新农村教师专业发展计划高级研修班的实践中得到了验证。这个班的学员是通过自愿报名的办法从全国各地农村教师中挑选出来的，挑选的重要标准之一就是"你有一个梦想，我给你实现的机会"，所以，每位参加选拔的学员都要写一个自己的农村教育之梦，如果"梦"写得好，表明在专业发展愿景方面有一定的"可塑"之处，就作为选取的重要依据。在培训的过程中，又重点突出梦的修改和实践。两年后的跟踪调查表明这些农村教师在专业发展的道路上发展得平稳而有成效，很多人实现或者部分实现了在梦中提到的专业发展愿景。

专业发展愿景有一种"自我实现预言"效应，对教师的发展起着航标性的指导作用，这种暗示和激励作用不论是在农村教师还是在城市教师的发展研究中都得到了证实。我们在对中小学名师专业成长的影响因素分析的研究中发现，对于现在已经是浙江省乃至全国有名的特级教师等名师们来说，回顾他们自己的成长历程，无不都提到一点，要使自己迅速成长起来，除自信和坚定的行动外，专业发展愿景成为他们教学的内在动力。如果没有这种对专业发展坚定的信念，名师很难达到教学上的顶峰。在对 221 位浙派名师经典课堂教学艺术大讲堂的名师的调查中发现[①]，有 71.6%的名师在刚走上教师岗位时就有名师梦，18.6%名师没有想过，9.8%的名师不太清楚。在对 550 杭州市第二轮名师、学科带头人培养对象进行同样的问卷调查，更印证了这一结论：有 91%的教师有着一个清晰的、坚定和执著的"成为未来名师的专业发展愿景"。可见，教师的专业发展愿景是影响教师专业发展进程及其水平的内在核心因素，起着唤醒教师专业发展意识，激励和维持教师为达到专业发展，成长为理想中的名师而不懈努力的作用。从中可见，教师专业发展愿景具有神奇的"自我预言实现"作用，对教师的发展起着指引性的作用。

---

① 童富勇，程其云. 中小学名师专业成长的影响因素分析——基于浙江省 221 位名师的调查. 教师发展研究. 2010(2)：64－68.

三、教师职业生涯发展理论揭示成长中的教师要经历专业发展愿景规划阶段

在教师职业生涯发展过程中，必须对自己的职业生涯进行规划，制定专业发展愿景目标，并且按照专业发展的总体愿景目标制定分阶段子目标，使子目标一步步上升，最终实现自我发展的宏伟蓝图(具体见图 4.1 流程图)①。所以，教师职业发展生涯规划理论也为我们制定农村教师专业发展愿景提供了重要的理论依据。农村教师要达成专业化发展，从个体因素考虑，需要认清自己的发展状况并对成长环境作理性评估，我们依据农村教师群体特征设置的愿景式培训课程，能够很好地帮助农村教师梳理自己的不足并明确自己的发展方向。

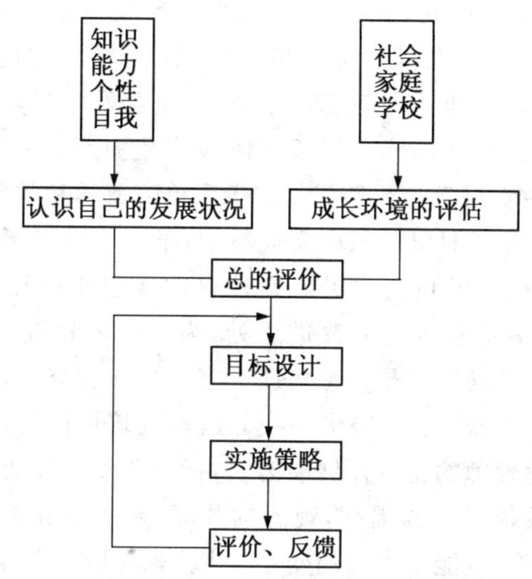

图 4.1　教师职业生涯规划流程图(连榕，2007)

第四节　农村教师专业发展愿景培训内容与特征的初探
——以杭师大新农村教师专业发展计划高级研修班为例

2006 年 7 月至 2007 年 7 月，由民间企业间慷慨资助，委托杭师大继续教育学院独立承担的新农村教师专业发展计划高级班取得了圆满成功，来自全国各地的 100 位语文、数学、外语老师接受了高规格而具实效的培训。在这个过程中，杭师大继续教育学院作为组织方，第一次开创性地把专业发展之梦作为选拔的重要依据，并在具体培训过程中把专业发展愿景的培训放到了前所未有的高度。理性思考后农村教师专业发展愿景培训的内容、特征可作如下诠释。

① 连榕. 教师职业生涯发展规划. 北京：中国轻工业出版社，2008.

一、农村教师专业发展愿景培训的内容

培训内容充分关注教师发展、注重提高教师专业素质，主要包括专业情意、专业知识和专业技能三个方面的专业发展愿景培训内容，以及结合这三个方面指导农村教师做好相应的个人职业发展规划。选定这三个方面作为重点农村教师专业发展愿景培训的主要内容：一是基于我们"十五"规划以来对农村教师的一系列培训实践，在针对农村教师的素质提升工程、领雁工程的培训实践中，发现农村教师专业发展愿景培训中很关键的是要激起农村教师的培训意愿，变"政府要我来参加培训"为"我要学这个内容，所学内容对我来说非常有实际价值"，能解决教学教育中遇到的实际问题，所以专业情意的培训往往要放在首位。专业情意中除了根据农村教师培训需求调查中提到的教师的职业道德和人文素养方面的内容外，重点是唤起农村教师专业发展的心向。所以，很重要的是培训方式的改变，榜样示范式和情感体验式是激起农村教师专业发展愿景的有效方法。大多数农村教师长年累月忙于简单的教学和常规管理中，没有人督促，没有比较，往往满足于日复一日的常规教学，早已经没有了激情，点燃激情，助其愿景规划，是培训机构的可为之处。紧接着的专业知识和专业技能方面的培训，让农村教师看到不足和可努力改进之处，为执行愿景提供具体的操作方向。实践证明这样做是可行的。二是借鉴培训专家的总结研究，从现有关于农村教师培训需求调查的文献资料看，总结出一些普遍性的培训内容，有学者提出教师培训的目标定位在强化教师的持续发展能力，包括自我学习能力、教育科研能力、实践创新能力。促进教师素质的提高，观念的革新，专业的成长。教师培训应该是导致教师的态度、知识、技能三方面的变化上①。教师培训内容大致包括三个方面即：以敬业爱岗为核心的教师职业道德；以转变教育观念为核心的教育教学理论；以改进教育教学过程为核心的专业知识和技能的教育②。下面以杭师大继教院成功组织的杭师大新农村教师专业发展计划高级研修班（小语班）的培训的核心设计内容作一阐述：

（一）专业情意方面的愿景培训

在入学选拔时就以"我的乡村教育改造之梦"（5000字以上）作为选拔的重要依据，充分体现有专业愿景的重要性。在为期持续一年，实际40天的三阶段学习中，不断指导学员修改乡村教育改造之梦，也就是完善专业发展愿景的过程，到结业时，上交一篇修改完成的农村教育改造之梦并附个人发展规划，要求学员带着这个梦在回去后的教学教育工作中继续"圆梦"，两年以后进行梦的实

---

① 李广平. 自我导向性学习与教师专业发展. 外国教育研究，2005(6).

② 朱益明. 论中小学教师继续教育的内容和对策. 上海高教研究，1998(10).

现情况的跟踪调查，督促农村教师一步步实现当初的梦想，不放弃专业发展愿景的实现。在学习期间，对农村教师专业情意的培训重点突出榜样示范式和情感体验式：比如将诗意语文的大师王崧舟老师请来作讲座，与大师级的名人面对面交流；将在语文教学中突起的后起之秀蒋军晶老师等人请来讲座交流，让农村教师体会到只要努力，也能成功，关键是要有“梦”。情感体验式主要通过与城市特级教师一起到农村“同在蓝天下，同上一篇课”的支教活动来实现，先后有6位学员代表随城市特级教师参加了到贫困山区的支教活动，回来后体会深刻，除了燃起熊熊的职业激情外，也明白了自己今后努力的方向，有的学员甚至就此和特级教师结对，在特级教师的指引下完成专业发展愿景的规划和实施。

（二）专业知识方面的愿景培训

专业知识方面的内容主要有美学知识、语文教育学和心理学知识、语感培养、阅读教学和作文教学的本体性知识。并就小学语文教学的重点，把语感培养作为重点内容，从专业知识讲解和实践操作两方面重点落实。

（三）专业技能方面的愿景培训

呼应专业知识培训，语感培养、阅读教学和作文教学也成为实践教学的重要内容，成为专业技能培养的重点。精心选取特级教师所在的杭州市的名校，让学员与导师“师徒结对”，进行实践教学。此外，结合学员培训需求调查中反映出来的最迫切问题——不能或很难写出像样的学科论文，进行了语文教学论文写作的技能知识培训，从理论讲座到实践操作全过程培训，并要求学员在为期40天的培训结束时，写出经过理论导师精心指导过的论文进行正规的答辩。

以上是培训机构在农村教师专业发展愿景培训中努力的三个方面，农村教师个人在此过程中，发现了自己的不足，明确了可以达到的顶峰，内在动机被大大激发出来，趁热打铁在理论导师和专家的指引下完成了专业发展规划的制定，达到了培训虽然结束但是激情和努力方向仍然保持的优良状态，最终促成了90%以上的学员都有很好地发展，不同程度实现了自己的愿景。

【成功案例】

陈伟平是杭师大新农村教师专业发展计划培训学员中非常认真的一位学员，结业时被评为优秀学员，在整个培训过程中，他都在用心做《我的乡村教育改造之梦》和《个人专业发展规划》。在《做个积极寻梦的人》的专业愿景理想中，他提出了“认识自己，定位自己”、“让思想为自己领跑”、“做一名有责任感的老师”、“做一名智慧的教师”、“做一名不断超越自己的老师”、“让自己成为一名有魅力的语文老师”的愿景描绘。在2007年结业的时候他上交了一份实现愿景的具操作性的个人专业发展规划（附后），在2009年的跟踪调查中，无论是在管理、教学和科研方面，都实现了既定目标，相应的成果也发表出来，在2年里，申报成功市级课题一个，发表文章一篇，2篇论文获奖。足见专业愿景和相应的个人发展规划对学员的发展具有重要的激励和指导作用。

陈伟平个人发展规划

我的发展目标定位：

1. 做一名有责任感的老师。

2. 注重教育研究，做一名有魅力的语文老师。

3. 能引领学校的语文教学改革，使我校语文教学富有生命力。

4. 努力使自己在专业化发展的路上走得更快些

2006学年的发展目标

我的教学业务目标

1. 养成良好的阅读习惯，能利用空余时间积极阅读。厚实自己的文化底蕴，扎实自己的专业知识的积淀。

2. 提高课堂教学的"情商"，让学生喜欢我的语文课。

3. 注重现代技术教育与课堂教学的整合，使现代教育技术成为推动课堂教学改革的一个助推器。

4. 每学期开设两堂作文教研课。积极参加市"新生代"优质课评比。

达成时限：2007年7月2日

我的教育管理目标

1. 努力建设一个阳光的班集体。

2. 注重行为规范的养成教育，学生行为规范的达标率在95%以上。

3. 注重学生学习习惯的养成教育，为学生的终身发展奠定一个基础。

4. 围绕"书香校园，书韵飘扬"的目标开展"书香育人"班级阅读，创设"书香班级"。

5. 通过大家努力，力争每月评为"五星班级"，期末评为优秀班级。优秀学生所占比例比上学年上升5%。

达成时限：2007年7月2日

我的学习科研目标

1. 注重课堂教学的研究，一日一反思，一周一小结，一月一总结。

2. 积极撰写教育教学论文。本学年完成教学论文《深度解读古诗词》；教育论文《给留守儿童一个家》。参与《现代教育技术与个学科的整合》课题研究。

4. 申报课题《农村幼儿园实现跨越式发展的策略》。

5. 积极参加杭师院的中国新农村教师高级研修，提升自我，使自己能更快成长。

达成时限：2007年7月2日

我的其他目标

1. 树立"成就他人的同时，成就自我"的意识，更好地服务于教师、学生。
2. 加强对教育教学的指导，加强对青年教师的培养，促进他们能快速成长。
3. 做希望的经销商。
4. 学生第二，孕育教师的幸福感。
5. "改到深处是制度"。让制度成为习惯，让习惯诞生学校的文化。
6. 创设"书香校园"，重点解决书的问题。

二、农村教师专业发展愿景培训的特征

农村教师专业发展愿景培训运用到农村教师培训中是一个全新的概念。前面已经提到愿景这个词更多地出现在企业中，它是一种信念，一种企业的精神文化。通过杭师大新农村教师专业发展计划高级研修班的实践，发现培训机构结合农村教师内在的需求促其燃起专业发展愿景的激情并设置可行的个人发展规划，是农村教师专业发展愿景培训落到实处的关键。由于个体差异性的存在，个性和共性结合很重要，兼顾不同的层次，注重后续的跟进，使专业发展愿景培训成为促进农村教师发展的长效手段。从目前的实践来看，农村教师专业发展愿景培训具有以下五个方面的特征，抓住这五个方面的特征，也就抓住了农村教师专业发展愿景培训的关键。

（一）注重共性与兼顾个性

教师专业发展愿景是指教师为了自主实现专业发展，在自己的专业实践过程中有意识、有目的地构建出对未来的愿望与景象，它是教师专业化过程中个体内在需要的一种反映，也是教师个体内在精神追求的外部表现形式①。农村教师平时往往囿于教学，很多年下来，对自己的教学行为认真分析的时间和精力少，对自己的发展方向往往没有深思熟虑的时间，所以，在制定自己的专业发展愿景规划时，由专门的培训机构设置规律性的"共性"课程和要求，使农村教师达到相应层次的"平均"水平，但在发展共性的同时，我们必须尊重个性，农村教师必须在相关专家的指导下，审视自己优势和弱点，评估自己已有发展水平，制定切实可行的发展目标。只有个性和共性并重，农村教师专业发展愿景的目标性和适切性才能充分兼顾，从而使专业发展愿景真正成为指导农村教师发展的航标灯。目前，很多培训机构在培训中也往往会设计"骨干教师专业发展规划"、"学科带头人专业发展规划"等，但据侧面调查落实效果很差，学员往往是为了完成作业，写一份纸上谈兵的材料而已，跟其他的作业没有什么区别。这样往往使专业发展愿景培训流于形式。

---

① 蔡水清，徐辉．关注西部农村教师专业发展愿景．人民教育，2008(17)：25－26．

（二）突出引领性

“身处其中，天天教学”，农村教师往往看不清更高的“山峰”，因为“只缘身在此山中”。作为旁观者的专业培训机构，在进行农村教师专业发展愿景的培训中，要通过理性地分析和实际的调查研究，引领农村教师看清发展的方向和能够达到的美好目标。为此，要从专业情谊、专业知识和专业技能三个方面设置相关的培训内容，让相应的一线特级教师和名家做现身说法的示范，这样会促使农村教师从被专业发展愿景美好蓝图激励的激情澎湃转入理性的学习，至少是模仿，从而促使自身快速成长。

（三）关注层次性

由于处于不同发展层次的农村教师会有不同的发展需求，不同的个体会表现出不同方面、不同程度的专业发展愿景，所以专业发展愿景培训的层次性非常重要，对于初入职教师、新教师、业务熟练型教师，设置专业发展愿景培训内容应该有很大不同。3～5 年教龄的农村骨干教师，这个时期教师培训内容需求主要是学习教材分析、组织教学的培训。教师培训主要是提高教师教学水平，在培训过程不仅要组织教师观察课堂教学，更要关注教师在日后教学水平的提高。导师对教师的专业成长起到了非常重要的作用，师徒制是非常有效的培训方式。5～10 年教龄的农村骨干教师，要让农村骨干教师从熟练的教书匠上升为教学研究型教师，必须通过鼓励教师进行经常性的反思和对教学行为的分析，审视自己的教学行为及教学思想，才能不断进步。对自己具有的学科知识系统进行反思，以保证这些知识的合理性与实践的有效性。10 年以上的农村骨干教师，专业发展愿景培训内容重点是从实践型和经验型教师上升为名师，设置一些专业理论和相关理论的课程，同时通过典型教学案例的分析，让农村骨干教师教学上有质的突破。所以，针对不同发展阶段农村教师的特点，应该从专业情意、专业知识和专业技能三方面有层次地设置相应的农村教师专业发展愿景培训的课程内容。

（四）注重发展性

农村教师在专业成长过程中，专业发展愿景随着教师专业化发展水平而发生变化。作为专业培训机构，对农村教师的专业发展愿景设计要考虑到逐层发展螺旋式上升的等级层次，使层与层之间具有连续性而非断续性。因此，真正有效的农村教师专业发展愿景设计，应该是研究教师教育的专家，针对不同发展层次的农村教师进行“量身定做”，这是一项比较艰难的工作。此外，更完美意义上，发展性还要根据时代的要求，适当改变和补充某些方面的内容，比如，新课程改革后，非常关注学生的发展，教学设计必须充分考虑学生的已有知识水平和认知发展水平，与以前的教师为中心设计教学的传统教学大有不同，这时候，很多农村教师感觉适应教学非常困难，作为专业培训机构，设计农村教师专业发展愿景培训课程时，就要加大教育理论和教学理论中学生发展的课程，在帮助农村教师制定个人专业发展愿景时，也要考虑到这方面的提升。

（五）专业自觉和后续跟踪相结合

农村教师由于工作任务比较重，回到单位后往往既要教学，又要照顾学生的饮食起居，同时又要辅导帮助其他年轻教师的成长，有些骨干农村教师回去后往往还要担任领导职务。众多事务于一身，往往会让本来充满激情，脑中充满新的教学教育想法的农村教师又回到日复一日的教书匠生活中。所以，作为培训机构，及时的跟踪监督，能够起到很好地促进落实和解决遇到的新问题的作用。我们对几个重要的培训项目，比如杭师大新农村教师发展计划高级研修班，实行后效跟进调查。此外，还派城里名师去示范教学，让接受过培训的农村教师同台上课展示，城乡教师结对指导，等等。在农村教师专业发展自觉的基础上，通过这些方式检查农村教师专业发展愿景落实情况。当然，理想的状况是所有培训过的骨干以上的农村教师最好都实行后续的跟进指导，但是由于培训机构的力量有限，还没有做到全面铺开。

第五节　农村教师专业发展愿景培训的再实践
——以省领雁工程农村骨干教师培训为例

继杭师大新农村教师专业发展计划高级研修班（2006 年 7 月—2007 年 7 月）成功完成后，作为市级培训机构，很荣幸地参与了从 2008—2010 年的浙江省领雁工程骨干教师培训，在此过程中也使培训机构成为省级培训重点基地。在这个功在千秋的培训工程中，在保留此前农村教师专业发展愿景培训的成功做法基础上，结合浙江省农村教师的现状，继续进行了新的探索。

浙江省农村中小学学科教师的现状是骨干教师少、学科带头更少、名师几乎没有；将新课程的理念转化为教育教学行为的能力差，教学效率不高；能把教学中发现的问题加以挖掘，通过校本教研加以解决的能力非常薄弱。针对这一状况，经过事先的培训需求调查，对于浙江省农村骨干教师的专业发展愿景培训，我们有序地从专业情意、专业知识和专业技能三大模块进行规划，促使农村教师整体素质全面提升，重点提升执教水平与能力。设定的总体目标为：全面提升培训对象的师德修养和自我发展能力、课堂教学能力、教学科研能力、校本培训能力、现代教育技术能力，努力促使培训对象成为具有较高水平的学科教学能力、终身学习和教育创新能力、能发挥示范和辐射作用的农村中小学骨干教师。

农村教师专业发展愿景培训的操作方法为：根据事先的培训需求调查并结合已经积累的培训经验，从专业情意、专业知识和专业技能三方面为参训农村教师设置切实可行的培训课程，专业情意方面首先帮助参训农村教师树立起专业发展愿景对自身发展很重要的思想，主要通过特级教师等名师榜样示范法，然后在专家引导下帮助农村教师制定切实可行的个人专业发展愿景规划。专业知识和专业技能的培训课程旨在提升参训农村教师学科知识和教学技能的同时，让参训农村教师比照之下发现自身在学科知识和学科教学方面的不足，从而为制定实现专业发展愿景的具体执行方案提供科学依据。因此，农村教师专业愿景培训必须从三方面展开并贯穿培训始终。

以浙江省领雁工程农村骨干教师专业发展愿景培训为例，具体的目标可以细化为以下六个方面。

一、专业情意培训目标

(1) 燃起专业发展愿景的激情。通过专家解析、榜样示范、同伴交流及自我反思等方式，唤醒农村骨干教师心中的自我专业成长的激情。

(2) 自我发展能力。通过专家引领和指导，让农村骨干教师掌握制定职业发展规划的能力，具有自我诊断教学和反思教学的能力，终身学习和完善的意向和能力。

二、专业知识和专业技能目标

(1) 较强的课堂教学能力。通过对新课程教材的解读与难点分析；通过对教学各环节的研究、分析与反思；通过每位学员的教学设计及公开课的初上、磨课、反思和再上，综合运用理论学习、观摩考察、实践操作与交流研讨等方式，切实提高农村中小学骨干教师的课堂教学执行力。

(2) 较强的教学研究能力。通过导师的理论引领、学员自身反思以及研究实际课堂教学问题、科研论文的写作，提升农村中小学骨干教师教学教育的研究能力。

(3) 现代教育技术熟练应用于学科教学的能力。通过学习现代教育技术理论，结合学科运用现代教育技术和网络资源的实践训练，提高农村中小学骨干教师运用现代教育技术为课堂教学服务的整合和操作能力。

(4) 较强的开发和利用校本资源、进行校本研修的能力。通过学习校本课程开发的理论与方法、到优秀学校实际观摩和成功教师的经验谈等方式，提高中小学骨干教师校本研修能力。

专业知识和专业技能在此之所以合在一起，是因为在进行专业技能实践前，往往会就该技能的陈述性知识进行专家讲座，然后再进行技能训练。两者是血和肉的关系，不能分割(具体见表 4.3)。浙江省领雁工程农村初中历史与社会骨干教师专业发展愿景培训课程的设置。

表 4.3 省领雁工程农村初中历史与社会骨干教师专业发展愿景培训课程

<table>
<tr><th colspan="2">培训模块</th><th>培训内容</th><th>课时</th><th>培训形式</th></tr>
<tr><td rowspan="6">专业情意</td><td rowspan="3">专业愿景</td><td>守住心灵宁静——魏书生老师谈农村教师谈责任与素养</td><td>4</td><td>观看录像与交流</td></tr>
<tr><td>特级教师师德成长专题</td><td>4</td><td>榜样示范与交流</td></tr>
<tr><td>做新农村的新陶行知</td><td>4</td><td>讲座与交流</td></tr>
<tr><td rowspan="3">自我发展能力</td><td>农村教师职业发展规划制定</td><td>4</td><td>案例与研讨</td></tr>
<tr><td>骨干教师职业发展心理问题调适</td><td>4</td><td>讲座与交流</td></tr>
<tr><td>自我诊断教学和反思教学的能力</td><td></td><td>见执教能力处</td></tr>
<tr><td colspan="2" rowspan="16">执教能力（含研究课程标准和教材、教学设计、教学评价等）</td><td>历史与社会新课程教材研究</td><td>8</td><td>讲座与研讨</td></tr>
<tr><td>新课程新教材教学难点解析</td><td>4</td><td>讲座与研讨</td></tr>
<tr><td>知识学习规律与社会课教学</td><td>4</td><td>专题讲座</td></tr>
<tr><td>后进生的心理特点与教育研究</td><td>8</td><td>讲座与交流</td></tr>
<tr><td>社会课综合性学习模式研究</td><td>8</td><td>讲座与交流</td></tr>
<tr><td>历史与社会课确立教学目标的策略</td><td>4</td><td>讲座与研讨</td></tr>
<tr><td>历史与社会课选择和组织教学内容的策略</td><td>4</td><td>讲座与研讨</td></tr>
<tr><td>历史与社会课选用教学组织形式的策略</td><td>4</td><td>讲座与研讨</td></tr>
<tr><td>历史与社会课选用教学方法和手段的策略</td><td>4</td><td>讲座与研讨</td></tr>
<tr><td>历史与社会课组织教学活动的策略</td><td>4</td><td>讲座与研讨</td></tr>
<tr><td>历史与社会课课堂教学评估与反馈的策略</td><td>4</td><td>讲座与研讨</td></tr>
<tr><td>浙派名师课堂教学观摩</td><td>8</td><td>观摩与课例分析</td></tr>
<tr><td>教学反思与反思日记写作</td><td>4</td><td>专题讲座</td></tr>
<tr><td>师徒结对，观摩课堂教学和教育管理；做教学设计，并上公开课</td><td>80</td><td>实践教学：观摩</td></tr>
<tr><td>学员课堂教学诊断（导师诊断、同伴诊断、自我诊断相结合）</td><td>40</td><td>实践教学：诊断</td></tr>
<tr><td>学员课堂教学提升与反思</td><td>40</td><td>实践教学：自我展示和反思</td></tr>
<tr><td colspan="2" rowspan="5">教学研究能力</td><td>教学研究资料收集与数据分析</td><td>8</td><td>专题讲座</td></tr>
<tr><td>历史与社会科研选题和文献综述</td><td>4</td><td>专题讲座</td></tr>
<tr><td>历史与社会课题研究和实施要义</td><td>4</td><td>专题讲座</td></tr>
<tr><td>历史与社会课题报告写作</td><td>4</td><td>专题讲座</td></tr>
<tr><td>科研论文写作规范指导</td><td>4</td><td>专题讲座</td></tr>
<tr><td colspan="2" rowspan="2">教育技术运用能力</td><td>现代教育技术与学科教学的整合</td><td>8</td><td>讲座与操作</td></tr>
<tr><td>网络课程资源的开发、整合和应用</td><td>8</td><td>讲座与操作</td></tr>
<tr><td colspan="2" rowspan="2">校本研修能力</td><td>教研组工作开展和教研组长的角色</td><td>8</td><td>观摩交流</td></tr>
<tr><td>历史与社会课校本课程开发经验谈</td><td>4</td><td>观摩、研讨和对话</td></tr>
</table>

从以上的培训内容可以看出，针对不同层次的农村教师，在专业情意、专业知识和专业技能三个大方向不变的前提下，具体包含的内容可以有所调整，在这里特别强调农村教师的自我发展能力，因为在现实培训中发现，自我发展能力农村教师中明显不足，而这也是影响农村教师专业发展的重要因素，所以，把自我发展能力作为一个重要内容放入"专业情谊"部分。此外，从这里可以明显地看出，专业发展愿景培训必须与其他内容的培训结合起来，因为只有让农村教师知道了作为一个骨干教师在专业情谊、专业知识和专业技能三方面应该达到的高度，才能在设计自己的专业发展愿景时有可资参照的目标。

第六节　农村教师专业发展愿景培训的成效

一、农村教师专业发展愿景培训实施的总体效果

因为农村教师专业发展愿景培训是"七环培训法"中的一种方法，它是与具体的培训内容相结合，与其他培训方法相辅相成，使得农村教师的培训真正落到了实处。在2008—2010年为期三年的省领雁工程培训实践中，我们发现培训后农村骨干教师在专业情意、专业知识和专业技能方面都得到了明显的提升。

首先是专业情意方面的重要改变。很多农村教师在培训前是日复一日，机械劳动的教书匠，培训后恢复了农村教师对农村教育的热情，又对农村教育充满了憧憬和希望，从而更坚定了坚守农村教育阵地的决心和信心，并对自己的专业发展愿景进行了描绘。在专业自觉方面有明显改进，100%的参训教师着手进行发展规划的制订。

其次，课堂教学教育能力得到明显的提升。参训教师能够基本按照课程标准独立开展教学设计和教学研究，并初步能够根据所教学生状况设置教学目标，重组教材；努力做到因材施教。

再次，教育教学研究能力和技术运用得到质的提升。很多教师在培训前只关心天天按照常规套路教学，不出一点差错就是最高目标。在培训过程中，很多教师第一次反思教学中的"问题"并在理论指导教师的指导下写成教学论文，有个别学员还把论文发表到核心期刊上。这是由维护一日常规的"匠式"教师向"研究式"教师转化的良好开端。许多教师感慨，"以前一直认为做研究写论文只是专家和教授的事情，与自己实在相距太远，不敢想也觉得没有能力去想，现在发现，原来教学和研究是紧密联系在一起的，研究的问题来自于教学实践，教学实践可以印证假设，解决问题，看来教学研究本没有那么遥不可及，那么难，以后还是要保持教学中进行行动研究的习惯"。农村教师获取有效资源开展教学设计以及运用

现代教学技术为教学服务的能力明显增强。在培训期间,通过专家讲座,学员操作,学员与学员之间相互帮教,在近两个月的省领雁农村骨干教师培训中,每位学员都会运用现代教学技术设计自己的公开课课件,掌握有效的获取本学科教学资源的网站和平台,为后续学习储存了足够的能力和资源。

总之,农村教师对农村教育的希望和自我发展的意识重新点燃,这应该是开展农村教师专业发展愿景培训的最大成效。

二、农村教师专业发展愿景培训实施的成功案例——杭师大新农村教师专业发展计划高级研修班(小语班)的成效

2006年7月—2007年7月,由杭师大继续教育学院独立承担的新农村教师专业发展计划高级班圆满成功完成。在这个过程中,培训设计者在唤醒农村骨干教师专业发展愿景方面刻意精心设计了四场报告:魏书生教授《守住心灵的宁静》和《新农村教师的专业发展》,以及童富勇教授的《孔子精神与新农村教师素质》和《陶行知精神与新农村教师革命》的四场专题报告。魏书生的报告,对学员来说起到了在乡村教师这一岗位安下心来工作的意义与作用;童教授的报告,则有助于他们思考怎样做好本职,为农村孩子服务,为改变农村教育教学现状尽心尽力。这一过程也就是由"自发"发展到"自觉"的过程。从培训后的学员感悟看出,学员的心智情意得到了引导和发展,学员纷纷感言要坚守农村教育阵地,努力发展和完善自己。

培训结束后,要求每位参训教师必须制订出个人5年专业发展计划,撰写教学论文2篇,录制个人经典课堂教学光盘5张,制作多媒体教学课件5课时;在家乡还须承担公开示范课2课时,同时结对5位农村教师。

因为始终有明确的专业发展愿景的指引,培训学员的"我的乡村教育改造之梦"正逐渐转化为现实。时隔2年之后,杭师大继续教育学院对这些学员的发展状况非常关心,于2009年5月对培训学员的专业情意、专业技能、专业需求等方面的情况作了跟踪调查,以小学语文班为例,回收有效问卷22份,调查的总体结论是:90.9%的教师还坚守在农村教育的岗位上;81.8%的教师在教学和科研两方面都取得了可喜的进步;100%的教师有进一步培训的需求,特别是希望有专家到教学一线亲临指导。具体概括为以下三个方面:

教学水平持续提升——千凿万凿出深山,小荷已露尖尖角

培训期间的专业技能提升在回去后的实践中得到尝试和验证,大部分学员教学方面进步明显,22被跟踪调查的教师中,10人认为自己至少达到了区级骨干教师,3人认为自己是市级骨干教师的层次,另有3人认为自己达到了区级以上学科带头人的水平。调查的结果显示:有1人开了省级的公开课,3人开了市级的公开课,12人开了县级公开课,14人开了校级公开课,其中有3位老师,校、县及市

级公开课都开设过。

教学方面的进步从教学业务方面获奖情况也可见一斑，在培训结束后的2年，22位被调查的学员中有7位学员在省、市级教学评比中获奖，其中陈刚学员和徐国良学员在全国性的教学评比中获奖；另有11位在县级教学评比中获奖，比如学员冯梦亚，在2008年县中级职称“五个一”工程中获论文一等奖，教学设计二等奖，教学展示课二等奖，教师素质测试二等奖，在2009年县中级职称“五个一”工程中获论文二等奖，教学设计三等奖，教学展示课二等奖，素质测试一等奖。还有3位学员在校级教学评比中获奖。

科研意识加强，科研能力明显提高

被跟踪调查的22人中，有7人申报了省市级课题，8人申报了县级课题，2人申报了校级课题。有2位学员(陈刚、李红琼)因为教科研方面的成绩突出，分别被提升为区和县教研员，指导全区和全县小学语文教研工作。陈剑宏学员利用学到的教科研方法，在学校建立起教研共同体，引领校本教研。

有4位学员在省、市级刊物上发表论文，其中有两位学员在培训结束后的2年中发表了4篇以上的论文。特别是学员黄同拿，在短短2年中，在省、市级刊物上发表了6篇文章，教育博客被评为县“十佳博客”，获市二等奖。《温州日报》在2007年10月17日以《耕耘者是幸福的》为题报道了他的事迹。另有8位学员在县级以上的刊物上发表论文，2位学员在校级刊物上发表文章。

积极辐射示范，引领农村教研

培训期间要求每位学员结对4～5名当地农村教师，使培训效果可以辐射。在这次跟踪调查中，被调查的22位学员都仍在一如既往地坚持做这项工作，指导其他农村教师成长，使培训的成效持续地延续。除了2位成为教研员的学员在指导培养本区本县的农村教师外，一些学员在本校或乡际之间开展结对指导工作。此次在调研中发现，很多学员已经在带领全校老师教研成长的道路上迈出了坚实的一步，有的甚至已经形成自己的一套做法，比如学员陈剑宏，把自己学到的结合本校的情况，着手建立了促进全校教师成长的“学习共同体”，取得了一定的实效，在市内引起了一定程度的影响和好评。培训学员的辐射示范作用还表现在“每年为本区、县本学科教师上公开课”，有3位老师是每学期必为区县的教师上一节公开课，成为当地农村教师学习的榜样。

在专业发展愿景的巨大鼓舞下，22为学员中已经有11位学员已从培训前是“大专”学历现已提高到“本科”学历。

总体上，杭师大新农村教师专业发展计划的培训成效可以概括为以下几个方面：

(1) 唤醒了学员专业发展愿景意识并转化为具体的行动；

(2) 坚定了学员扎根农村教育，甘于奉献的决心；

(3) 更新了学科知识结构，提高了专业素养；

(4) 革新了教育理念，提升了教学技能；

(5) 养成了教学反思的习惯，掌握了教育科学研究方法；

(6) 有效发挥辐射影响，带动了当地农村教育发展。

综上所述，从几轮的实践来看，对农村教师进行专业发展愿景培训是可行的，因为有了发展愿景的指引和激励，农村教师目标明确，成就动机被充分激发，在专业发展道路上成长得更快。虽然初看起来，在内容的设置上与一般培训机构设置的内容区别不大，我们只重点突出了专业发展愿景的激发、建立和具体规划及后续的跟进指导，但因为有了这一步，其他部分(专业知识和专业技能)的学习变得更有目的和意义，成为为实现农村教师专业发展愿景设置科学规划的基础和参照。农村教师找到自身在专业知识和技能方面的差距后，克服并完善的过程事实上就是实现专业发展愿景的过程。遗憾的是，鉴于目前农村教育的现状和培训机构的实力，我们只重点对农村骨干教师进行了专业发展愿景培训。其实，不同阶段的农村教师会有不同的阶段性专业发展愿景，初入职教师、骨干教师和名师的专业发展愿景肯定是有区别的，这留待我们今后的进一步探索。此外，专业发展愿景从时间角度划分，可以分为短期、中期和长期三种愿景，这三者之间如何科学地衔接，促进农村教师不走弯路，少走弯路，顺利成长，这方面的研究也要留待今后更深入地进行。尽管如此，农村骨干教师专业发展愿景培训的一些成功的做法，毫无疑问是非常具有普遍推广价值和借鉴意义的。

第五章

农村教师专业素质提升之“实践教学培训”

本章以提升农村教师专业素质为宗旨，围绕学科教学实践，阐述实践教学培训的意义，分析实践教学培训的各个构成要素，介绍实践教学培训的典型案例，并推介实践教学培训的一般操作模式，以便大家对实践教学培训的概貌有一个直观了解，为组织实践教学培训提供实际操作的参考。

实践培训是职业培训中的一个重要环节，受到所有各种类型职业培训的高度重视。就教师职业培训来说，从职前的“教育实习”，到专业人员的“高端培训”，无不被列为培训中的关键环节，往往成为教师职业培训成败、效果好差的重要标志。在此，我们将结合长期积累的教师职业培训的经验，并吸收、参考各种类型培训中有关实践培训的成功做法，以农村骨干教师的培养为出发点，对实践教学培训进行分析、概括和提炼，形成一个一般化的、但操作性又很强的理论模式。

第一节　实践教学概述

在教师职业教育中，“实践”与“实习”、“见习”等教育实地教学环节具有一定的相似之处，但也有区别。为了明确本章所关注的研究对象，本节将对教师职业教育中的“实践教学”的内涵与外延、特点与要素作一个概述，使得我们的研究更具明确性、针对性和有效性。

一、“实践”概念的阐述

“实践教学”概念中的“实践”在这里并不是泛指人类认识自然、改造自然的一般意义上的行为活动。这里的“实践”仅界定于围绕课堂教学，在学校范围内实施的所有与教学有关的行为活动，其行为主体是教师，在教师职业继续教育中，则指参加培训的在职教师。

“实习”、“见习”等概念一般是指围绕学校教育，在学校范围内实施的所有与教育有关的行为活动，其行为主体通常是在校师范生。

比较之下，这里的“实践”与“实习”等概念之间具有如下的差异：一是两者的行为主体不同，前者是具有一定从业经验的现职教师，后者是不具备从业经验的师范生；二是活动范围不同，前者狭窄而集中，如活动重心往往落在课堂教学，更关注学科教学研究。后者宽泛而面面俱到，如除课堂教学外，还涉及班主任工作等内容；三是行为层次不同，前者以研究、提高为目标，后者以熟悉、锻炼为目的。

另外，这里的"实践"与"理论"等概念也有存在明显不同。例如，有学者提出"如果说理论知识是教师从业资格的基础，那么教师专业实践则是所有知识指向的终极目的。"①，突出了"实践"的目的性。

在此基础上，有学者提出"教师的实践性知识"，以区分传统上仅将"知识"划归于理论范畴的观点。例如，陈向明在《实践性知识：教师专业发展的知识基础》一文中指出：所谓教师的实践性知识，是指教师真正信奉的，并在其教育教学实践中实际应用和表现出来的对教育教学的认识，包括教师的教育信念、教师的自我认知、教师的人际经验、教师的情境知识、教师的策略性知识和教师的批判性反思知识。②

二、"实践教学"的涵义

在明确"实践"概念的基础上，根据教师职业继续教育的要求，提出"实践教学"这一概念。这一概念需要从教师培训的角度来界定，被纳入整个教师职业培训全过程之中，并作为其中的一个重要环节，是本书作者核心观点——农村教师培训"七环"中的关键一环。

从大的方面来讲，教师培训所设置的内容无非两大块，其一是"理论"教学，另一个便是"实践"教学。

以此，我们对"实践教学"的涵义作如下界定。

实践教学就是在教师继续教育中，以"实践"为目的，设立专门程序，由专业指导人员和参训学员共同参与的一种培训组织形式。

"实践教学"与"理论教学"的主要区别在于是否身临学校，是否与学校师生"零距离"地接触，是否直面教学"前沿阵地"。因为，事实上"理论教学"与"实践教学"存在许多共同之处，例如"理论教学"的许多内容同样涉及课堂教学。但两者差别依然明显，这一点更为明确于下面对"实践教学"特点的分析。

三、"实践教学"的特点

"实践教学"要突出三大特点：

（1）"实践"性，要多看、多听，多思考、多分析；

---

① 刘捷．专业化：挑战21世纪的教师．北京：教育科学出版社，2002：243.

② 陈向明．实践性知识：教师专业发展的知识基础．北京大学教育评论，2003(1)：104－112.

(2)“临场”性,要身临其境,要想知道梨的滋味,必须亲自尝一尝;

(3)“提高”性,要在“实践”中获得最大限度的自我发展,上一个台阶,对于在职教师,原地踏步,走马观花,毫无意义,白白浪费时间,错失培训机会。

四、“实践教学”的要素

“实践教学”由如下四大要素组成,即主体、目标、内容和形式。

(1) 主体:由培训机构所指定的培训专职人员、实践基地学校的管理人员以及指导教师,或培训机构专门聘请的专业指导人员等组成的集体。

(2) 目标:落实“实践”目的、实现“实践”效果。

(3) 内容:以学科教学为主,以学校管理、学生管理以及校本研究等内容为辅;以课堂教学为中心,配以课后辅导、学科学习兴趣活动等内容。

(4) 形式:带有一定的目的或任务,由专门的培训专业机构(如我们杭州师范大学继续教育学院)统一组织,时间相对集中,设立专门人员进行指导和管理。

第二节 实践教学培训的意义与作用

“实践出真知”,在整个教师职业继续教育过程中,实践教学培训环节必不可。下面就关于社会背景的思考、实践教学培训的特殊性以及实践教学培训的必要性对实践教学培训的意义作一个分析和阐述。

一、有关实践教学培训的思考

(一) 实用主义——来自教育观念的思考

1919 年,五四运动前夕,20 世纪美国最具影响的实用主义哲学大师、著名教育家、哥伦比亚大学教育哲学教授杜威,来到了中国。并自 1919 年 4 月 30 日到 1921 年 7 月 11 日,杜威在中国逗留了 2 年多时间。杜威在全国各地举行大小演讲多达 200 余次,他的足迹遍及中国的 14 个省、市。杜威先生“不辞辛苦”、“马不停蹄”地传播他的民主科学思想,宣传他的“儿童中心”、“活动课程”、“教育即生活”等教育主张。从此,杜威的教育理论思想在中国产生了广泛的影响,一度风靡全国。一个具有代表性的例子是,杜威离开中国的第二年(即 1922 年),中国当局随即推出了壬戌学制。现在看来,壬戌学制的诞生,与杜威在中国的讲学,存在因果关系,可以说是他的讲学影响中国教育的一个直接结果。

特别值得注意的是,壬戌学制提出了七项标准:① 适应社会进化之需要;② 发挥平民教育精神;③ 谋个性之发展;④ 注意国民经济力;⑤ 注意生活教育;⑥ 使教育易于普及;⑦ 多留各地方伸缩余地。我们很容易发现,其中的第三条、第五条和第六条正是杜威教育思想的集中反映。特别是第五条“注意生活教育”,

就是杜威的“教育即生活”思想在中国初次尝试的直接结果。

从20世纪20年代开始，陶行知先是在南京创立小庄（晓庄）农村师范学校（1926年），开展乡村教育运动。后又在上海创办山海工学团（1932年），提倡边生产劳动边学习文化知识。抗日战争爆发后，陶行知先生在重庆创办了一所育才学校（1939年），既可收留避难儿童，又可以发展儿童的特殊才能，提出“追求真理的小学生；即知即传的小先生；手脑双挥的小工人；反抗侵略的小战士”的培养目标。陶行知先生所提倡的“生活即教育，社会即学校，教学做合一”等主张，虽然在概念阐释上与杜威的理论有些差别，但基本上继承了杜威的实用主义思想。最主要的是因为陶行知的教育思想非常适合当时中国民族战争的社会形势，所以在国内影响颇深，广泛流传。陶行知先生也因此而被毛泽东称作是“伟大的人民教育家”。

1958年，伴随着全国工农业生产“大跃进”高潮的到来，我们国家提出了“教育革命”的口号，核心是贯彻“教育为无产阶级政治服务，教育与生产劳动相结合”的方针，提出“适当缩短年限，适当提高程度，适当控制学时，适当增加劳动”的教育精神。在这里，虽然口号是贯彻“教育与生产劳动相结合”的马克思主义教育理论，实际上不难发现其中有杜威实用主义教育（如“生活即教育”）的影子①。

21世纪初推行的新课程标准试验，同样提出诸如“提高学生主体地位”、“在活动中学习”、“自主、合作、探究学习”等理念，其实，所有这些无非是在现代社会环境下，对杜威“儿童中心论”以另一种方式加以诠释罢了。而且，经过多年的教育改革试验，这些“并不新颖”的教育思想理念已经被大多数教育工作者所接纳，这正好说明了它的思想精神非常吻合现代信息社会的“个性化”、“创新性”的时代追求。

总的说来，短短百年之间，“实用主义”教育思想在我国多次“暗流翻涌”，很显然，不能简单地以“时髦流行往往会阶段性轮回出现”解释之，实则是“理论灌输式”教育与“实践体验式”教育的较量之结果，反映的是教条主义与实践论之间的深层次矛盾。因此，放置于“矛盾运动体”的高度，来思考教师职业培训的特点，也许能把问题看得更为清楚一些，特别是对于关乎教师职业的再训练、再深造等方面的困扰，将给予我们更多的启示。

（二）“应试”教育——来自教育体制的思考

受“应试”教育的负面冲击，片面追求升学率，“唯分数论”大行其道。分数不仅是学生的“命根”，也是教师的“命根”。由此而来的是，大家既不关注学生学习的行为过程，也不重视教师施教的行为过程，我们的教学变得简单重复、机械刻板，缺乏对教学的思考和研究，思想僵化，课堂教学过程毫无创造力可言，教学实践的“前沿阵地”——课堂已失去了应有的活力和“变式”。课堂（或社会大课堂），

① 张奠宙．建设中国特色的数学教育理论．数学教学，2010(1)．

这一教育长河的源头正在逐渐枯竭。我们的教师每天期待的并不是第二天教学的艺术发挥的成就感，也不是因少年儿童的成长给他带来的欣慰感。教师们整天焦虑的却是，小至各类测试、期中期末考试，大至中考、高考，他们自己班级的学生是否能够考个好成绩。应试，抹杀了教学实践的大部分功能。

很显然，如何处置“应试”教育，已经成了全社会的难题。而面对这样的“千古难题”，虽然还没有立竿见影的绝招，能在短时间内一下子改变来自于“应试”教育的所有弊端，但我们也不是就此而“坐以待毙”。事实上，我们已经做了许多努力，如提倡素质教育、新课程改革等，并且取得了令人瞩目的成绩。

分析至此，联系到教师职业继续教育，我们认为，我们也大可不必直面撞击“应试”教育这块顽石。在实践教学培训期间，我们完全可以让参训教师暂且忘却“应试”的顾虑，轻装上阵，重新投入真实而自由的教育实践的广阔天地之中。尽管这一时段是暂时的，也会受到实践基地学校种种条件的制约，但却是一个非常难得的机会，参训教师将可以在一个相对“宽松”的教学舞台，施展自己的教学设想，进行教学上的反思，吸纳优秀教师的教学理念和教学方法。从这点看，教师职业继续教育中的实践教学环节，不仅给参训人员提供提升教学能力的机会，也给他们提供了一个施展教学才华的空间。

（三）“快餐”文化——来自现代社会的思考

互联网络下的现代社会，人们的生活方式呈现快节奏、高速运转的特点，什么事情都是“速成”的，甚至“闪”、“秒杀”等形容词也频频出现。现代人很少有机会把工作、生活节奏放慢下来，从容地进行品味、思考和摸索，教师职业的状况也不例外。在我国不仅没有设立教师职业从业人员岗前一至两年有关教育方面的专门准备和训练的环节，师范类学生毕业前的“教育实习”，也基本上属于“走马观花”式的“教学辅助”而已。实习学生也只做做帮其指导教师批改作业、协助班主任管理班级之类的活，很少能够独立地介入教学实践的实际操作层面。至于非师范毕业生从事教师职业，连此前的“教学辅助”的角色也没有经历过，不知教师职业是啥玩意儿，就被“赶鸭子上架”了（这可不是教师的稀缺，而是教师岗位的稀缺，一有空缺，各路人员争相上岗），教师职业的“经验习得”式的特点几乎丧失，“传、帮、带”的教师培养模式更是难觅踪迹，此等现象，令人担忧。

教师职业职前的实践训练状况如此不尽如人意，教师职业职中的实践训练状况也不容乐观。一是现代社会生活节奏快，教师工作本身压力大，如中小学实行科研考核指标，各级职称评定的论文、课题评审要求，实行末位淘汰待岗的行政干预措施，等等这些，让在职教师无暇顾及课堂教学实践的革新，缺乏对教学实践的积极反思。二是“应试”教育带来的升学压力。如前所提，升学的压力不仅施加于学生、家长和校长，更是直接落在任课教师的身上。教学实践活动已经不再是教育试验、教育创新的场所，而只是迎接各类考试而进行训练的场地。教师自己本身或许已经失去了通过教学活动过程来体验职业成功的乐趣和动力。毕竟一个人的精力和时间是有限的，更何况升学压力已经威胁着广大教师的心理健康。有调查表明，多数教师在学生临近重要考试的期间，表现出健忘、焦虑、易怒和失眠等症状。总之，快餐文化、过度追求功利让原本欢乐的校园淹没在类似于商业职场的"硝烟迷雾"之中。如此说来，教师职业培训中的实践教学训练现场，反而成了"补给休整"的后方营地，变为"休养生息"的临时场所，成为教师职业发展路途中的"加油站"。

二、实践教学培训的特殊性与必要性

我们在培训过程中设计了"实践教学"培训环节，目的就在于以课堂教学作为农村教师专业素质提升的主阵地，使教师培训回归教育教学实践。

但是，我国广大农村教师仍然是实践工作者，对他们提出诸如"学者型教师"、"专家型教师"和"研究型教师"等过高的发展目标既不切合实际，也容易打击其积极性，使其失去专业发展的动力。事实上，大多数农村教师是凭着教学实践能力立足于职业生存线的，突出实践性培训仍然是当务之急。①

在对教师职业继续教育中的"实践教学培训"自身特点和要求的分析基础上，我们认为实践教学培训是走向教学实践的教师培训，它主要包括三个方面的涵义，即：基于教学实践、在教学实践中、为了教学实践。其中，"基于教学实践"是教师培训的出发点，"在教学实践中"是教师培训的切入点，"为了教学实践"是教师培训的归宿。

对这三个方面涵义的剖析，可以让我们更加明确实践教学培训的重要意义。

首先，重视教师职业继续教育中的"实践教学培训"环节，起因于教师职业的一个明显特点，那就是教师职业本身强烈的实践性。因为，教师的工作是人际关系的互动。每个人，无论是教师还是学生，他们的每一天、每一刻的生活都是鲜活和特别的，充满了创造，而又变化莫测，非常的不确定(即在微观细节上是不可控的和不可重复的，尽管在宏观计划上是可控的和可复制的)。教师的教育工作就是在这样一个人际关系的互动中，体验、发现、总结和概括出一些关于教育和学科教学的规律性的原理。即使是"理论先导"，也必定要把有关的教育理论在教学实践中检验、联系与运用。总之，应该"基于教学实践"，以"教学实践为中心"，而不是仅靠理论学习和研究就万事大吉了。

其次，教师职业的从业人员接受继续教育，要遵循实践的连贯性。搞"继续教育"，若只是把教师集中起来听听讲座、报告，读读理论书籍，教师就算是被"继续

① 曲中林.实践性知识·实践性课程·实践性课堂——教师培训的一种常态.当代教育科学，2006(19)：29－31.

教育”了，未免有贬损“继续教育”形象之嫌疑。各类专家的精彩讲座固然富有启迪，优秀理论书籍也能引发思考，但显然不够。特别是接受“继续教育”的人员离开“实践”岗位，教学实践活动被迫中断，出现了教学实践的“真空地带”，这不符合实践的连续性、不可间断的要求。因此，重视教师职业继续教育中的“实践教学培训”环节，是遵循“实践活动连续性”的客观要求。当然，培训中的教学实践活动已不是参训者在原工作岗位上教学活动的简单重复，而是经由专家指点迷津、同行经验交流或理论深度引导等，上升到高一层次的、更有意义的教学实践体验。因此，经历实践教学培训，反而有利于促成参训教师的教学实践活动呈现连贯性发展、螺旋式递进的态势。始终保持“在教学实践中”是教师培训必须恪守的重要原则。

第三，接受继续教育的教师从业人员，一般在其工作岗位上“摸爬滚打”多年，积累一定的教学实践经验，但这时也最容易产生“职业惰性”，课堂教学变得“千篇一律”，或许早已丧失了教学实践创新的动力。许多教师对待自己“落后而无效”的教学方式，往往以一句“这么多年我一直是这么教的啊”搪塞而过，浑然不觉自己的“落伍和陈旧”。针对这一现象，设置“实践教学培训”环节，无疑为参训者长此以往而变得“一潭死水”的教学，注入一针“兴奋剂”。特别是不同教学实践内容的比较体验，更加能够触动参训者平静的内心。许多来自农村的教师在实践教学培训中听了一堂课之后往往会发出这样的感慨：原来课是可以这么上的！同时，实践指导教师的别样的教学风格，独特的教学方式，别出心裁的教学技巧，也无一不对参训者产生“震动”作用。还有，实践基地学校的校园文化，教师们教学研究的浓烈氛围，实践学校“校本”研究的新颖模式等，也将促使参训教师在心里暗自与其从教的学校进行“全方位”的比较，寻找差距和不足。其他如学生的状况、学校硬件设施、教学辅助手段等与参训者所在学校相比，其所存在的差异也会让参训者若有所思，比较对待。所以，“为了教学实践”是教师培训的归宿。

以上，我们从思考反省到分析阐述，对实践教学培训的相关问题进行了“点击”，目的是借此引起大家对“实践教学培训”的重视。

第三节　实践教学培训的实施

为保证实践教学培训的顺利实施，达到良好的预期效果，我们将对实践教学培训的基本结构作一个分析，再对其各构成要素的特点、要点以及实施要求作详细的阐述。

一、实践教学培训的基本结构

实践教学培训的基本结构由对象研究、实施方法和实施管理三项内容构成。其中，对象研究，包括培训对象、培训目标、培训原则、培训类型等四项要素。主要是对培训人员、目标设定等加以综合考察研究。

实施方法，包括培训方式、培训计划、培训基地等三项要素。主要是分析具体的培训条件，研究制定合理有效的培训方案。

实施管理，包括培训评价、培训考核、培训职责和培训监测等四项要素。主要体现监控培训全过程、保证培训质量等功能。

二、实践教学培训的构成要素

实践教学培训的构成要素主要有以下几个方面：对象、目标、原则、类型、方式、计划、基地、评价、考核、职责和监测等十一项内容。抓住这些实践教学培训的要素，并加以认真分析、周密思考、谨慎确定和积极落实是实践培训工作顺利运行的基本保证，现分述如下。

（一）实践教学培训的对象

充分了解参训学员的现实状况，"因材施训"，是"因材施教"教育原理的延伸。一般来说，培训机构要求培训对象热爱教育事业，专业思想端正，具有良好的思想品德职业道德素养等。但仅此不足以全面了解参训学员的职业现实状况。为此，我们首先对培训班级进行分类。

1. 设定培养对象层次级别，制定班级类型

以农村骨干教师为主层次，上下两端为次层次。上端为名师，学科带头人，教学经验相对丰富，在同行业、同区域有一定影响力的教师；下端为新上岗、入行时间较短、教学经验相对薄弱以及在学校中还需经验丰富的教师给予"传、帮、带"的教师。三个层次的培养对象构成一个立体式、较大范围的参训人员结构，由四个层次，各三个级别构成，并在接受培训前对学员进行一个初步摸底调查，设置一定的衡量标准，依据结果，纳入相应适合的以培训对象层次分类的班级。如省"领雁工程"骨干教师培训班纳入Ⅱ-A班，市"领雁工程"骨干教师培训班纳入Ⅱ-B班，如表5.1所示。

表5.1 培养对象层次级别表

层次级别	Ⅰ（名师）	Ⅱ（骨干）	Ⅲ（新教师）	Ⅳ（师范生）
A	高端教师培养工程班	省领雁工程培训班	新教师提高培训班	毕业班教育实习
B	名师培养工程班	市领雁工程培训班	新教师业务培训班	教师技能训练
C	学科带头人培养工程班	区领雁工程培训班	新教师职前培训班	师范生教育见习

2. 设置衡量标准，制定摸底调查表

按三个大目标，即职业、专业和个人进行测评，并细分十五个维度，进行摸底调查，以确定参训学员的职业整体状况。其中，职业情态调查以“热爱、兴趣、认可、谋生、被迫”五项测定；从业年限调查分“15 年、10 年、5 年、3 年、1 年”，分别代表教师职业发展过程中较为关键的年份；职业经验调查分别以“学校类别、职称类别、学科类别、职务类别、年段(年级)类别”五个类别逐一测定；专业情态调查以“很喜欢、有兴趣、一般、没有兴趣、不喜欢”五项测定；专业能力调查分别以“专业知识水平、专业理解能力、专业运用能力、专业处理能力、专业联系能力”五个方面逐一测定；个人素质调查分“人文素养、兴趣爱好、交往沟通、情趣志向、品德修养”五项测定；最后是个人性格调查，以与教师行业关系最为密切的“职业情绪”进行测评，分“热情奔放、开朗大方、冷静严谨、沉默寡言、抑郁沉闷”等五项。以此制定的教师职业状况调查表样式如表 5.2。

表 5.2 教师职业状况调查表　　　　姓名：

级别 维度	Ⅰ (5 分)	Ⅱ (4 分)	Ⅲ (3 分)	Ⅳ (2 分)	Ⅴ (1 分)
1. 职业情态 选择	热爱 (　)	兴趣 (　)	认可 (　)	谋生 (　)	被迫 (　)
2. 从业年限 选择	15 年 (　)	10 年 (　)	5 年 (　)	3 年 (　)	1 年 (　)
3. 职业经验选择	学校数 (　)	职称数 (　)	学科数 (　)	职务数 (　)	年段(级)数 (　)“职业” 小记：
4. 专业情态 选择	很喜欢 (　)	有兴趣 (　)	一般 (　)	没有兴趣 (　)	不喜欢 (　)
5. 专业能力(知识水平)选择	博士 (　)	硕士 (　)	本科 (　)	大专 (　)	高中 (　)
6. 专业能力(理解能力)选择	很强 (　)	较强 (　)	一般 (　)	较弱 (　)	很弱 (　)
7. 专业能力(运用能力)选择	很强 (　)	较强 (　)	一般 (　)	较弱 (　)	很弱 (　)
8. 专业能力(处理能力)选择	很强 (　)	较强 (　)	一般 (　)	较弱 (　)	很弱 (　)

续 表

级别 维度	Ⅰ （5 分）	Ⅱ （4 分）	Ⅲ （3 分）	Ⅳ （2 分）	Ⅴ （1 分）
9. 专业能力（联系能力）选择	很强 （ ）	较强 （ ）	一般 （ ）	较弱 （ ）	很弱 （ ）“专业”小记：
10. 个人素质（人文素养）选择	博览群书 博古通今 博采众长 （ ）	了解较多 （ ）	一般了解 （ ）	了解较少 （ ）	孤陋寡闻 （ ）
11. 个人素质（兴趣爱好）选择	五项 （ ）	四项 （ ）	三项 （ ）	两项 （ ）	一项 （ ）
12. 个人素质（沟通交往）选择	易沟通、善交往（ ）	易沟通 （ ）	善交往 （ ）	不善交往 （ ）	不易沟通 （ ）
13. 个人素质（情趣志向）选择	具有远大理想抱负 （ ）	具有积极的人生观 （ ）	具备公民责任意识 （ ）	事不关己高高挂起 （ ）	心胸狭窄斤斤计较 （ ）
14. 个人素质（品德修养）选择	高尚脱俗仁爱慎独 （ ）	善良同情友爱自律 （ ）	热心协助平和守则 （ ）	礼让帮助无争守法 （ ）	冷漠自私倾轧妒忌 （ ）
15. 个人性格选择	热情奔放 （ ）	开朗大方 （ ）	冷静严谨 （ ）	沉默寡言 （ ）	抑郁沉闷 （ ）“个人”小记：
得分					合计：

填表说明：

(1) 维度 3“职业经验”中，“学校数”是指现任职学校是曾经任职的第几所学校，如为第二所，则计数为 1，如为第三所，则计数为 2，类推计数；“职称数”是指按现行中、小学职称级别计数，如二级记数为 0，逐级加分，如现为高级教师，则填 2；“学科数”是指任职的学科只有一门课程，则记数为 0，除此之外如还任教其他课程或曾经担任其他课程的教学，则填 1，按课程门数添加计数；“职务数”是指任职的行政职务个数，如只担任班主任则记数为 0，除此之外如还任职年级组长或教务主任或校长等，则加上任职的个数；“年段（级）数”是指曾经任教的年段（级）个数。其中，小学分高、中、低三个年段，初中分七、八、九三个年级。如只曾担任一个年段（级），则记数为 0。例如曾经任教初中七年级和八年级，或者小学中、低两个年段，则记数为 1，以此类推。

(2) 本测量表虽然只是反映所从事的教师职业的大致状况，但如果使用此表对拟参训学员进行测评时，则要求学员如实反映个人情况，斟酌估量后进行填写。其中，分值75或以上属于高分，平均分值大约在45分，15或以下属于低分。测评之后，以“职业”分值、“专业”分值、“个人”分值和总分值等4个指标对参训学员职业进行综合评价，以了解该学员的基本职业状况。

培训之前将教师职业状况调查表发送到各拟参加培训学员，并收集调查表。本环节重在提前操作，留有足够时间了解参训学员的具体情况。除发送、收集教师职业状况调查表之外，培训需求调查也应作为补充，再结合学员所提供的个人基本信息资料，汇总后予以综合评价，整体了解参训学员的状况。

其中，个人基本信息资料收集样表，可参考表5.3。

表5.3 个人基本信息资料表

××省农村中小学教师××培训班学员信息登记表

培训机构：		培训时间：20　年　月　日	
培训级别：省级/市级		培训学科：	
姓　名	身份证号	性　别	民　族
参加工作　　年　月	政治面貌	籍　贯	
技术职称	现任职务	荣誉称号	
教　　龄	现有学历	任教学科	
工作单位	邮政编码		
单位地址	单位电话		
E-mail	分管工作		
住宅电话	移动电话		
工作简历（含职务）			
培训简历			
论文论著			
主持或参与的课题			
获奖情况			
备　注			

培训需求调查收集样表，可参考表5.4。

表 5.4 培训需求调查表

项目		非常需要	比较需要	不太需要	完全不需要
培训内容	学科教育前沿理论				
	教科研论文的写作方法				
	教科研课题的选题与申报				
	学科教学工作的常规与创新				
	学科教师的人文素养				
	学科名师课例与经验				
	学科教育校本资源的开发与使用				
	现代教育技术与学科课件制作				
	学科新课程标准与学科教学处理				
	学科教师行为与学科课堂观察				
	网络环境下的学科教学创新				
其他					
培训方式	种类	非常喜欢	比较喜欢	不太喜欢	很不喜欢
	专题讲座				
	案例分析				
	问题研讨				
	现场观摩				
	同伴互助				
	经验分享				
其他					
培训者	类别	非常合适	比较合适	不太合适	很不合适
	高校教师				
	培训同伴				
	教育官员				
	一线教师				
	社会知名人士				
其他					
开放式问题	您在学科教育工作中最大的困惑与问题是什么?				
	您希望参观学习杭州市哪些知名学校的学科教学工作?				
	您希望与哪些知名专家或一线优秀教师交流?				
	您有哪些好的经验可以供大家分享?				

在此基础上，对参训学员进行分层归类，建立学员临时背景档案，以供选择，见表5.5。

表5.5　学员临时背景档案表

姓名： 编号：	情况	层次统计
个人基本情况	1. 性别： 2. 年龄： 3. 地域： 4. 单位：	
教师职业状况调查	1. 职业：(分值) 2. 专业：(　　) 3. 个人：(　　) 总分值：	
培训需求调查	1. 需求倾向： 2. 培训愿景： 3. 薄弱环节： 4. 特长爱好： 5. 期待目标：	

例如，在对某学科某次培训前的调查后，获取其中两位参训学员的有关信息，并制定学员临时背景档案分别如表5.6、表5.7。

表5.6　A学员临时背景档案表

姓名：____ 编号：____	情况	层次统计
个人基本情况	1. 性别：男 2. 年龄：24 3. 地域：____ 4. 单位：____	新教师
教师职业状况调查	1. 职业：(8) 2. 专业：(20) 3. 个人：(23) 总分值：51	总分值超过平均分(45分)6分，但可以看出新教师对自己的专业能力和个人能力评价过高
培训需求调查	1. 需求倾向：科研 ↑ 理论 ↓ 2. 培训愿景：提高教学实践能力 3. 薄弱环节：教学经验 4. 特长爱好：广泛 5. 期待目标：在教师职称上获得晋级提升	培训需求上倾向于功利，这从“科研”和“学生成绩”这两点上可以反映出来

表 5.7　B 学员临时背景档案表

姓名： 编号：	情况	层次统计
个人基本情况	1. 性别：女 2. 年龄：38 3. 地域：____ 4. 单位：____	经验型教师
教师职业状况调查	1. 职业：(15) 2. 专业：(20) 3. 个人：(15) 总分值：50	总分值超过平均分(45分)5 分，但对自己的评价比较客观，显示在个人能力上存在一些薄弱环节
培训需求调查	1. 需求倾向：科研↑课堂↑ 2. 培训愿景：提高教学和研究能力 3. 薄弱环节：人文素养 4. 特长爱好：较少 5. 期待目标：在教师职称上获得晋级提升	培训需求上倾向于务实，注重个人的纵深发展和教研能力的提高

虽然上面两个样本只是“个案”，但具有代表性。A 学员属于新教师一类，而 B 学员属于经验型教师一类，调查的结果能够在某种程度上分别反映这两类教师的各自特点。因此，建立学员临时背景档案，有利于我们整体了解参训学员的情况，便于我们对参训学员进行分层、分组，纳入相应的实践教学培训班级或小组。

4. 以分层结果，确定培训班级类型

根据参训学员的基本信息资料、教师职业状况调查结果以及培训需求调查结果，进行统计、分析、归类，并以此确定实践教学培训班级类型(或分层确定实践小组类型)。在具体操作上，有如下两种模式可供选择。

操作模式之一：就目前而言，因培训班级先前已经确定，虽然这些参训人员是按照一定的条件筛选而定的，但存在地区的差异和个人优弱势的差别，为提高实践教学培训的针对性和有效性，有必要对班级成员进行分层、分组，一个班级分 5～8 个小组为宜(以 20～40 人为例)，即每个小组以 4～5 人为宜，分列出各小组的特点，对照后面的“实践教学培训类型”，进行适当匹配，确定各小组类型。

这种传统组班模式的特点是组班班主任对参训学员了解时间短，所获信息量较少，分层分组时带有一定的主观盲目性。虽然前期工作量不大，但后期分层分组、类型匹配的工作将加重，而且容易出现分组失衡、匹配不当等现象，导致培训失效。

操作模式之二：另一种组班模式是“菜单式选点，人性化匹配”。培训机构以

“菜单”的形式推出各种可供选择的实践教学培训类型，同时介绍相应类型的特点、基地、导师、方式等，类似于学校专业选修课程的介绍，让拟参训学员进行“选课”。根据所选结果，对学员进行层次调查评价，建立学员临时背景档案，根据结果与培训类型进行匹配，再对匹配情况进行综合分析，进行适当调整，并就调整的结果向相关学员提出建议，征求其意愿（这里，在实际操作时可能会出现各种问题，如不愿服从调配等），最后确定培训类型。

这种新型组班模式的特点是拟参训学员对所选培训类型的特点、要求了解不足，对其自身已有的优势和存在的弱项认识不够，因而在“选课”时也带有一定的主观盲目性。显然，这种模式的前期工作量大，需要足够的时间准备，培训机构需要投入大量的人力物力，特别是组班教师，需要集中精力，在短时间内完成各项工作，工作压力强度大。但是，一旦参训学员分层结构与培训类型匹配成功，后期工作将运转有序。

无论采用哪一种操作模式，因为都是在培训机构的精心设班策划和对培训全程关注下进行的，可以预测，都能够达到实践教学培训的满意度、效果和收获感等三方面的良好结果。

（二）实践教学培训的目标

实践教学培训目标的合理制定、积极落实是取得实践教学培训良好效果的基本保证。不同培训班级目标设定因班而异，不可能有统一的标准，但具体到制定某培训班级的实践教学培训目标时，需要思考以下几点。

1. 由大化小，以小见大

教师继续教育往往设立“大目标”，如“为全面实施素质教育、推进基础教育改革服务，提高各层次、各类型教师的专业化水平、教育教学能力、教育研究能力。”这是对教师教育培训的总体和宏观上的把握，是一个方向性的指导。具体到一个班级的目标则相对要“小”一些，如某班级的培训目标是“着力提高本市农村中小学骨干教师课堂教学能力、现代教育技术能力、教学管理能力、教育科研能力、校本培训能力、自我发展能力，努力使他们成为农村中小学推进义务教育课程改革的优秀教师和学科带头人。”若仅涉及实践教学培训目标，往往只变成了一句话了，如“提升学员的执教能力”。

这样的做法是普遍而常见的，即目标上“化大为小”仅仅是在范围上加以缩小，此处的“化”，并不是一个“具体化”过程，没有达到目标细化的要求。建议采用目标分类细化的方法，如“提高专业化水平”应细化作“专业理解水平、专业运用水平和专业联系水平”等三个维度子目标的达成。

另一个问题是目标的制定如何体现“以小见大”。仍然以“提高专业化水平”为例，以“提升专业理解水平”这个“小目标”就可以体现“提高专业化水平”这个“大目标”。如音乐教师在实践中探讨贝多芬钢琴奏鸣曲《悲怆》的演奏技艺的同时，也能从文化角度感悟日耳曼人的民族特质，从生活角度品析贝多芬悲剧色彩的人生观，以此来“提升专业理解水平”，从而体现“提高专业化水平”这个“大目标”。

2. 目标制定切实可行

目标细化是为了更好的落实，但“细”不一定就能够保证实现目标，而只是“目标实现”的一个基本条件。因此，目标制定还要考虑“可行”。“可行”分两层含义，一是学员“能够做到”，二是学员“经过努力才能做到”，即把目标设定在类似于“最近发展区”的范围。例如，“能熟练、规范地收集和运用课堂教学研究的素材，形成或进一步提升课堂教学研究能力。”其中的“收集和运用课堂教学研究的素材”，是学员“能够做到”的，而“提升课堂教学研究能力”是学员“经过努力才能做到”的，即实践培训也要强调“跳一跳，够得着”的基本目标设定思路。

3. 目标制定易于评价

培训的效果在于目标的达成，设立合理的评价机制不仅可以测定目标的达成度，也能促进目标的达成。何谓“合理”？没有明确的界定，但有几点需要作考虑，① 要求明确。如针对“自我课堂教学诊断”这个目标，设立要求撰写“自我课堂教学诊断分析报告”时，要指出要求对教学诊断的过程、方法、结果、收获等作出真实、详细记录，具体到字数、格式等也要明确。② 便于操作。评价如果操作性不强，往往最后不了了之，如设立“撰写教学反思”目标，学员完成的“反思”将形式不一、五花八门，不能实现目标评价功能，学员也不会认真对待。如能推出“课堂反思报告”的统一格式和具体项目内容，类似于“物理实验报告”，则操作性强，效果也将更好些。③ “纵横”结合。既要作个人纵向发展评价，也要作班级学员之间横向评价，如评价实践课堂教学执教能力，采用“同课异构”、“说课比赛”等形式进行评价。

4. 目标制定因人而异、适当灵活

同样是来自农村的参训教师，因地区文化、经济发展的不平衡，来自某些地区的教师在某方面整体能力、素质可能较低，这虽属正常，但在制定目标上要有所侧重，分别对待。如来自四川青川我国西部落后地区的教师，在现代信息技术的运用，多媒体课件制作，论文的撰写等一些方面，明显落后于同样来自农村的经济发达地区的教师。针对这个现象，我们在设置目标时，就要有所区别，分别落实。如不强制要求青川学员参加论文答辩，只要求旁听论文答辩现场。

（三）实践教学培训的原则

培训原则的设立是为了更好把握实践教学培训的基本精神和目标方向，使实践培训不至于“走偏”。培训原则是培训的“主心骨”，是培训有效实施的基本保障。虽然培训原则提法较多，没有统一规定，但根据实践教学培训的特点，我们提出如下培训原则，仅供参考。

1. 针对性原则

贯彻针对性原则是任何实践活动都要遵循的基本原则，对教师职业实践教学培训尤为明显。教师职业的实践教学培训时间短(通常也只有一个月左右的时间),任务集中,好比打一场迫在眉睫的战役。侦察敌情,权衡战势,找准薄弱环节,集中火力,击中要害。实践教学培训也一样,需要的是知此知彼,"此"是自己已经具备的实际条件,"彼"是自己的薄弱环节或目标方向。前述对"培训对象"的研究分析,设立"分层分组"、"菜单式选点"等操作模式确定培训班级类型,都是针对性原则的具体体现。

2. 实效原则

花费许多时间、精力和财力搞培训,各级教育主管部门、培训机构单位、参训学员所在学校以及学员本人有一个共同的目的,就是达到良好的培训实际效果。但是像教师职业这类培训,其效果是很难立竿见影的,如果说有效果,也是学员在日后的教学中逐渐显现、慢慢释放的。这样一来,培训结束之后的"结业证书"就成了唯一看得见、摸得着的"效果",一不小心,培训也就流于形式,变成制造证书的"工场"了。其实,除了"后续"效果,"看不见"的效果还是有很多的,只是它们散见于培训过程中,散落在各式培训的作业里,当然,同样也存留于学员的内心之中,如学员的"满意度"、"收获感"是培训效果的最好见证。所以,要落实培训实效原则,除了正常培训的程序设置、安排执行、监督考核之外,培训过程片段效果捕捉、作业恰当效果评价、学员主观感悟收集等也是重要的补充手段。

3. 合作原则

实践教学培训不同于理论学习,后者一般只需要独立思考、自我反省或者理解分析、辨析探究;前者则更需要集体合作,发扬团队精神。只有同伴之间相互配合,才能在相互启发中领悟,在合作探究中提升,例如,实践活动中的"磨课",需要和同伴一起,大家提一提,议一议,所谓"旁观者清"也。如此"合作",不仅当事者受益匪浅,其他同伴也能从中获得启发和灵感。提倡合作,符合实践教学培训的特点,反映实践教学培训的实际需求,合作越成功,实践教学培训将越有效。

4. 理论指导原则

教师继续教育中的实践教学培训环节与参训学员在其本校的教学实践,有很大的不同。无论是实践导师的点拨、示范,还是同伴、同行之间的交流、启发,对参训教师来说,都是一种引领和促进。但是,从另一个角度看,理论新思想、教育新理念、教学新方法的"高观点"指导,何尝不是一种"引领"呢。如果能及时把这些理论观点与实践教学活动相结合,在实践中加以验证、检验,并形成自己的想法,获得经验总结,如此的"领悟",学员也许将终身受益。在先进教育理论指导下进行实践教学培训活动,学员将会感受到每天实践活动都有所变化,有所创新,而不是简单地重复他们在学校的平常教学活动。

(四)实践教学培训的类型

实践教学培训类型的确定主要考虑如下几个因素,一是实践基地学校的层次级别。一般情况下,一所学校的管理水平、师资力量、生源状况以及教学环境是可以衡量的,如评定出的各级各类重点学校、优质学校、实验学校等就是一种对学校综合评价的结果。二是基地学校的办学特色,如音乐艺术特色、天文探索特色、物理竞赛特色、数学建模特色、文学诗歌特色等等。基地学校的这些特色或特长是确定实践教学培训类型的因素之一,如小学音乐教师培训班的实践教学培训基地的确定,就要优先考虑选择具备音乐艺术特色的学校。第三,实践教学指导教师本人的教学艺术特长和教学风格类型是我们考虑培训类型的重要的"人力"因素。最后,实践教学培训内容的安排,最好能够反映一定的培训"类型特征",如"研究型"实践教学培训、"提高型"实践教学培训、"反思型"实践教学培训等等。

培训类型可采用表格的形式呈现,便于整体了解类型特点,以供选择,如表5.8所示。

表5.8 实践教学培训类型表

培训类型	具体内容	内容特色、导师特色、基地特色和基地级别
Ⅰ(案例)	1. 导师课堂展示及行为观察	教学研究与教学实践、"研究型"特级教师、数学建模活动、省重点中学
	2. 优质课各教学要素分析	
	3. 同课异构活动展示与评析	
	4. 课堂教学资源利用	
	5. 课堂文化的建设	
	6. ________	
Ⅱ	1.	
	2.	
	3.	
	4.	
	5.	
	6.	
Ⅲ	1.	
	2.	
	3.	
	4.	
	5.	
	6.	

（五）实践教学培训的方式

实践教学培训方式是实践教学培训实施的“行动”保证，是培训目标达成的具体落实点。经过长期教师职业继续教育的实际工作摸索，自然形成一些切实可行、效果良好的实践教学培训方式。随着社会发展、观念变化，教师继续教育的实践教学培训方式也将推陈出新，必然不断“刷新”和“升级”。但不论如何，实践教学培训离不开课堂教学。概括起来，课堂教学无非两种基本方式，一种是“人家”的课堂实践，还有一种是“自己”的课堂实践。下面结合长期积累的培训经验，介绍几种常见的实践培训方式。

(1) 实践基地整体培训：一般以如下两种基本方式展开，第一种实践培训基本方式（以下简称基本方式Ⅰ）：听课、评课、比较、分析。授课者为实践指导教师，学员听课（往往与其他学员一起听课），课后指导教师与学员一起评课，学员与自己以往类似课堂经验进行比较，在此基础上与指导教师一起分析、讨论。这种形式对参训学员来说，因授课者为指导教师，所以是一种属于“人家”的课堂实践，即“拜师学艺”的方式。第二种实践教学培训基本方式（以下简称基本方式Ⅱ）：备课、展示、反思、提升。授课者为参训学员，学员备课（也可以与同组其他学员一起备课），参训学员课堂展示，课后授课学员与其他学员在指导教师的主持下集体反思，在此基础上小组所有成员获得共同提高。这种形式对参训学员来说，因授课者为参训学员本人，所以是一种属于“自己”的课堂实践，即“诊断、提高”的方式。

(2) 课堂教学现场观摩培训：属于基本方式Ⅰ：听课、评课、比较、分析。只是授课者为现场（或实地学校）的教师，学员听课（一般是整个培训班学员一起听课），课后授课教师与学员以及其他参与教师或专家一起评课，学员与自己以往类似课堂经验进行比较，各参与者共同分析、讨论，以获观摩、研讨之效果。这种形式属于“人家”的课堂实践。受“工学矛盾”影响，农村教师鲜有机会现场观摩感受名师课堂教学艺术，很难了解课堂教学改革的风向。培训机构可组织课堂展示活动，使学员在现场观摩研讨中，亲眼目睹名师教学的风采，开阔眼界、了解课改前沿。杭州师范大学继续教育学院举办的“浙派暨全国名师经典课堂教学艺术展示”活动，就为参训的农村教师搭建了一个现场观摩学习名师课堂教学艺术的平台。

(3) 教学案例研究培训：仍属于基本方式Ⅰ：听课、评课、比较、分析。只是授课者为优秀教师、特色教师或“专家型”教师，学员听课的形式是观看视频录像（可以是整个培训班学员一起观看，也可以是分小组观看），观看后学员一起对本教学案例进行评议，中间可暂停而对其中某一教学片断加以单独评议，大家结合教学经验、理论知识对所关注问题进行集中研讨和评议。这种形式与第二种形式的区别在于，前者是亲临现场观摩，后者是观看视频录像。培训者根据课堂教学研究的主题，选择性地播放一些优秀教师执教的典型课堂、特色课堂、精彩课例的录像或片段，因不受现场教学连续进行的程序约束，学员可以从不同角度自由发表意见，对课堂教学中的问题剖析更透彻，认识更深刻，研究效果更佳。

(4)“微格教学”模拟实践培训：属于基本方式Ⅱ：备课、展示、反思、提升。授课者仍为参训学员，以小组为单位，学员备课(也可以与同组其他学员集体研讨备课)，一般分小组分别在微格教室模拟上课情境。同组其他学员与指导老师观摩听课，评课议课，集体反思，探究研讨，分析问题，提出优化教学的建议。中间也可暂停而对其中某一课堂教学小环节加以回放分析，讨论相关问题的教学处理，达成共识，同样因不受现场展示课连续进行的程序约束，这样反复分段磨课，将达到良好的教学探究和教学训练的效果。

(六) 实践教学培训的计划

实践教学培训计划的制订，主要需要考虑如下七项要素。

(1) 内容选取。根据实际教学内容，确定实践培训中心主题，围绕主题进行，如主题为“提高课堂教学有效性”，则围绕此主题设定相关实践内容，分化成几个小环节，如细化后的小环节为“课堂教学设计研究”、“学科课件制作的素材和方法”、“课堂教学资源的利用”、“课堂教学行为观察和反思”、“课堂教学组织管理效能评价”等等，每个环节安排相应的实践内容。

(2) 类型确定。根据上面选定的内容来确定相应的、与之匹配的实践教学培训类型，落实实践基地学校，确定各小组的实践指导教师。

(3) 时间安排。根据培训内容和实践基地的实际教学情况，制定实践教学培训的时间安排表，要求时间安排上有紧有松，有张有弛，劳逸结合，但严格按所制定的时间表执行。

(4) 程序执行。明示培训内容、时间安排和具体要求，让学员、指导教师、基地负责人和班主任各方都了解培训的目的、任务、内容、安排和要求，保证培训程序顺利运行。

(5) 检查监督。除培育学员自觉、积极参加实践教学培训的内在动力外，需要考虑如何健全监督制度，怎样提高检查力度。如设立每个小组组长，发挥小组长对其他学员的督促作用，指导教师参与监督，班主任加强检查，学员之间互相提醒等等。

(6) 总结整理。整个实践教学培训结束前，有一个反省、归纳是必要的程序，不仅为完成培训作业作准备，也有一个回顾、梳理的机会。实践教学培训感受如何，有什么收获，还存在什么问题，诸如之类的“扪心自问”，对提高培训的效果是大有裨益的。

(7) 作业考核。作业完成的情况反映培训目标的落实，认真考核作业体现了培训的严肃性，也是对学员的一种负责任态度的反映。作业要求要明确合理，做到保质、保量。如某次实践教学培训的作业设计如下：

① 一份学校管理案例诊断分析；

② 一份教育考察报告；

③ 一份校长的研修过程记录；

④ 一份学校发展改进计划。

（七）实践教学培训的基地

有关实践教学培训基地的设定，需要经过"两次筛选"过程，一次是对基地学校的筛选，另一次是对实践指导教师的筛选。当然，经过长时间、多次的考察和筛选，实践基地名单将逐渐固定下来，并建立实践教学培训基地档案，设立实践教学培训基地资源库，以备选用。表5.9是实践教学培训基地档案样表，可供参考，其中的内容随着时间的推移和情况的变化须要进行及时的修整和更新。

表5.9 实践教学培训基地档案表

实践导师	职务职称	专长	所属实践基地名称	基地负责人	基地级别	基地特色

（八）实践教学培训的评价

1. 过程考评：出勤，参与，专心，投入，合作

(1) 出勤作为一项考评措施，属于一种过程的形式评价，因此要特别注意避免"走过场"。一般来说，建立签名制度，严格执行请假制度，设立责任人（如小组长），实践指导教师监督，班主任检查等等，是常见的做法。

(2) 参与（专心、投入）是对参与培训的主动性、热情度和持续性的描述，但往往缺乏具体测定的量表，难于定量评价。指导教师、班主任或其他参训学员，只能感觉某一学员的"参与度"。因此多数采用"明察暗访"的方式予以把握。

(3) 合作是指学员培训的合作意愿、合作态度以及合作效果。对学员"合作"评价可以采用定性与定量相结合的方式评价，其中就合作效果可以制定相应的评价量表，采用定量评价的方式获得结果。而对合作意愿、合作态度则采用定性评价。

2. 结果评价

(1) 作业数量：以作业个数、是否符合篇幅的要求作为评价指标。

(2) 质量：衡量指标有，第一，真实性，主要考察有无抄袭、是否拼凑等“造假”现象；其次，标准化，主要考察格式是否符合事先布置的要求以及符合专业化的标准；第三，价值意义，是指作业对个人、同行是否具有参考价值、推广作用和研究意义。

(九) 实践教学培训的考核

实践教学培训成果考核采取自评、互评与专家评定相结合的方式进行。以问题研讨、案例采集(撰写)与评析、展示课教学等方式进行。通过评价，获得结果，对照考核标准进行逐项考核，最后汇总。

(十) 实践教学培训的职责

(1) 班主任职责。班主任在实践教学培训这个环节中主要的工作，首先扮演的是设计者，是其职之所在，要对实践教学培训的整体构想有一个系统策划。其次扮演的是监督者，是其责之所在，要对培训过程实行全程监控，对培训效果承担责任。

(2) 实践导师职责。实践指导教师负责指导学员制订实践教学培训的个人计划，指导学员在实践教学培训中提升执教能力和研究能力，监视学员参与培训的动度变化，评价学员培训的作业成果等。

(3) 培训后勤人员职责。实践教学培训后勤包括培训机构后勤和实践基地学校后勤，以保证实践教学培训正常运作为基本保障责任，同时解决学员在实践教学培训中的合理要求和实际困难。如出现培训后勤保障的特殊困难或责任盲点，由培训机构后勤部门和实践基地学校后勤部门协商解决。

(4) 实践基地管理人员职责。实践基地管理人员一般由基地学校校长担任，主要负责提供实践教学培训的设施配备，保证实践导师的师资配备，监督、管理实践教学培训进程。

(十一) 实践教学培训的监测

(1) 对班主任监测。由培训机构管理人员根据班主任职责条例通过书面问卷调查、学员个别谈话了解等方式对班主任的工作进行监控、测评。

(2) 对实践导师监测。由培训机构管理人员和实践基地负责人双方根据学员和班主任的具体反映情况对实践指导教师进行考察、监督和测评。

(十二) 实践教学培训的总结

总结是工作的终点，更是后一项工作的起点，是经验的梳理，收获的提炼和未来的启示。因此，这项常被忽视的工作也需要认真对待。下面分别就参训学员和班主任总结的要求作一个说明。

(1) 学员总结。要求参训学员的实践教学培训总结在格式上作明确的要求，在篇幅上作规定要求，如五千字数，并要求在内容上作具体要求，如内容要真实感人、重点突出、体现价值等。切忌作流水记事式的所谓总结，避免作内容空洞无物又事无巨细絮絮叨叨式的总结。

(2) 班主任总结。班主任对实践教学培训进行总结，力求形式多样，不拘一格，既可以采用像学术报告那样的“研究式”的形式，也可以采用像记者新闻采访那样的“报道式”的。无论采用何种方式，都应体现总结的三个功能：沉淀经验、反思梳理和价值启发。

第四节　实践教学培训的一般模式与案例分析

一、实践教学培训的一般模式

培训模式形成于教师职业培训实践的经验积累，受指导于现代教师继续教育的先进理论，优化于培训组织过程中的不断反思和积极创新，因此，实践教学培训模式至少具有如下三大特点。① 培训模式具有实践性，即所选用的模式不是“闭门造车”，而是来自于培训实际，并经得起实际教学培训的反复检验。② 培训模式设有相对固定的程序，具有可操作性。模式的构造不能泛泛而谈，看似内容丰富，面面俱到，但不能操作，则失去了实际意义。③ 培训模式具有发展性。培训模式在实际运行过程中应不断变化，创新发展，以适应教师教育的新形式、新要求。如果培训总是按某一固定程序直接简单套用执行，培训模式成了一直不变的“套路”，那么我们培训将会走向死胡同。

下面对实践教学培训模式的基本结构作一个简单的介绍，供大家参考。

实践教学培训模式的基本结构由五个环节组成：

(一) 充分调查，因材施训

如本章第二小节实践教学培训要素中对实践培训对象的分析。了解参训学员的基本信息、职业状况和培训需求，是实践教学培训的前提保证。以往的培训，对培训需求的调查较为重视，这是对的，显示培训机构对拟参训学员人性化“体贴”的一面，但我们也要考虑到参训学员存在自我评价“失真”的情况，如果一味迎合参训人员的需求，有可能使培训失效。从另一个角度讲，如果培训机构只是简单地满足参训学员的“零散”需求，培训机构的专业引导功能和专业发展指导能力不能得到有效体现和发挥，培训机构仅仅只是培训班级的组织者，那么花大力气组织培训，其意义又何在呢？所以我们主张通过基本信息、职业状况和培训需求三方面对参训学员进行“立体式”的充分调查。对参训学员各方面情况了解清楚了，往往会产生“事半功倍”的效果，从而做到“因材施训”，使实践教学培训设计更具人性化、针对性和专业化。培训机构必须走专业化的道路，是教师职业培训的必然趋势，这已经成为大家的共识。所以，“充分调查，因材施训”作为实践教学培训一般模式的第一个环节，是最基本的环节，也是非常重要的一个环节。

(二) 针对设计，供需匹配

在第一个环节基础上，针对所作调查了解到的情况，并考虑培训机构现有的培训设施、师资力量、基地学校资源库等条件，设计合理而切实可行的实践教学培训方案，最大可能地满足参训学员的培训需求，引导参训学员发展教师职业从业水平，提升教师职业执业能力，为有效培训提供培训设计规划上的保证。其中，"针对性"来自充分而全面的调查结果，而"匹配"则显示培训机构的专业培训设计能力。两者结合，实践教学培训的操作方案将顺利"出炉"，为实践教学培训的具体实施提供"施工图纸"。

（三）主题指引，有效培训

实践教学培训应设立某个主题，实践教学培训的所有行为都围绕这个主题而行动，这样可以发挥"以点带面"的实践教学培训功能，使实践教学培训进程俨然有序。每个实践培训小组也可以制定一个主题，如"课堂执教能力探讨"、"教师课堂行为研究"，以更好地保证实践指导教师的指导行为的有效性，促进参训学员自我锻炼行为和个人发展行为的高效能。此环节为培训行为的实施阶段，因而是五个环节中最为关键的一个环节。

（四）全程跟踪，反馈调整

作为实践教学培训的主办机构，特别是培训班级的班主任，应对整个实践教学培训进程加以跟踪和监控，及时了解培训动态，根据参训学员的合理要求以及培训中出现的变化情形，适时作必要调整，保证实践教学培训按预定方案顺利进行。其中"跟踪"的目的，除监控整个实践培训运行之外，也是为了能够对实践教学培训的过程给予评价，培训效果怎样，存在什么问题，需要改善一些什么条件等，并以此作为"调整"的依据。

（五）总结反思，价值辐射

有总结才有积累，有反思才有收获。实践教学培训的效果、价值需要通过总结反思得以辐射。今后同行的借鉴，个人的实际教学实践的进一步探究，若都能在本次实践教学培训中找到印迹，也不枉本次培训的艰辛和努力。实践教学培训价值的挖掘和辐射将是我们希望看到的"后培训"的效果显现。其中的总结是前提，反思是必要环节，而价值辐射是目的。因此这一环节并不是"可有可无"的"交差"式的任务，而是反映实践教学培训效果的关键一环。

二、实践教学培训的案例分析

【案例一】

××××年"领雁工程"××学科骨干培训班实践方案

××省××市××教育集团办公室

1. 各位教师每天下午的活动以教案设计、整理反思、学员之间交流为主。
2. 4月15日下午1:00前，每位教师把个人实践材料的电子稿汇总并建立个人文件夹(用姓名命名)交办公室。(内容包括:2篇教学设计;1篇自我课堂教学诊断分析;1篇组内同伴的课堂听课反思点评;1篇读书笔记;1篇关于学校德育工作或校本研训学习的心得体会或校本研训方案,1篇本次实践活动个人总结。格式要求——标题:三号、加粗、标题下注明学校姓名、正文小四字号行间距20磅)

3. 实践活动安排:

表5.10 实践培训进程安排表

时　间	具体安排	要求	负责人	地点
3月29日(周一)	1. 指导教师见面;了解教学进度。 2. 学校整体情况介绍。 3. 学校拓展课题介绍	做好笔记,写好学习体会	校长	会议室
3月30日	1. 听指导教师上课交流。 2. 各自备课。	1. 做好听课记录 2. 准备上课的教学设计	指导教师	多媒体教室
3月31日	1. 听指导教师上课。 2. 各自备课。	1. 做好听课记录 2. 准备上课的教学设计	指导教师	多媒体教室
4月1日	1. 听指导教师上课。 2. 与指导教师、同伴交流教学设计。	做好听课记录	指导教师	录播教室
4月2日	1. 学校情况介绍,参观校区等。 2. 项目整合课题介绍 3. 参观剪刀、伞、扇子博物馆	做好笔记,写好学习体会	指导教师	会议室
4月5日	1. 上午初步设计校本培训方案工作交流。 2. 下午校本培训工作交流,修改方案。	做笔记,设计校本培训方案	指导教师	会议室
4月6日	1. 听指导教师上课。 2. 与指导教师、同伴交流教学设计。	1. 做好听课记录 2. 准备上课的教学设计	指导教师	多媒体教室
4月7日	1. 听指导教师上课 2. 与指导教师、同伴交流教学设计。	1. 做好听课记录 2. 准备上课的教学设计	指导教师	多媒体教室

续 表

时 间	具体安排	要求	负责人	地点
4月8日	1. 上午德育处学校德育工作、少先队工作交流。 2. 下午写读书笔记	做好笔记,写好学习体会	指导教师	会议室
4月9日	上午学校家校沟通、心理辅导工作交流	做好笔记,写好学习体会	指导教师	会议室
4月12日	学员上课,同伴听课,做课堂观察、诊断。	整理实录、写好反思	指导教师	各班教室
4月13日	学员说课。	整理实录、写好反思	指导教师	各班教室
4月14日	学员说课。	整理实录、写好反思	指导教师	各班教室
4月15日	学员说课。 下午1:00教学设计答辩,上交个人材料的电子文稿。	整理实录、写好反思	指导教师	会议室
4月16日	上午10:00小结交流、合影。		指导教师	会议室

4. 指导老师安排:

(1) ××校区:

二年级　指导老师:　　学员老师:

三年级　指导老师:　　学员老师:

五年级　指导老师:　　学员老师:

六年级　指导老师:　　学员老师:

(2) ××校区:

二年级　指导老师:　　学员老师:

5. 案例特色说明:本案例实践目标具体明确,实践活动安排详尽周到,非常有利于实际操作和具体执行,能够把实践教学培训落实到实处,每一个小小的环节都能体现在细微之处。特别是实践指导教师的全程指导作用得到了充分发挥,从制订计划到课堂展示,从诊断点拨到评价提升,实践指导教师的引领成为关键。

【案例之二】

××市农村中小学教师“领雁工程”××学科骨干教师培训方案

××市××区教师进修学校

1. 实践导师设置:实践导师由城乡学校互助共同体的城区学校资深教师或

特级教师担任，导师根据学员特点、教学工作中存在的主要问题，在培训期间对其学员进行教学示范，并进行全程指导，帮助学员切实提升课堂教学能力与教学管理能力。

2. 实践方式确定："示范——诊断——提升"的学科教师实践培训模式。主要培训活动过程为：导师上示范课、学员观摩——导师指导学员备课，学员设计教案——学员上第一次课（诊断课）、导师和同伴听课诊断——导师指导学员进行诊断性说课、评课——导师指导学员修改教案——学员上第二次课（提高课）、导师和同伴听课——导师指导学员进行教学反思和总结。

学员通过观摩特级教师和名师的课堂教学，不仅可以内化许多教育学、心理学知识，同时，从特级教师和名师的课堂生成中领会教学智慧；通过教学实践活动，尤其是同课异构的学员备课、磨课、上课、评课等活动，提升了学员的执教能力。

学员通过观摩指导教师的课堂教学，学习导师课堂教学艺术和教育管理艺术；设计诊断教学教案，并根据诊断修改教学设计，上好诊断课；在同伴诊断和自我诊断的基础上，修改教学设计上好提高课，撰写教学反思。

通过教学诊断对每位学员的专业知识（本体性知识、条件性知识、背景性知识）、专业能力（课堂教学能力、教学管理能力、教科研能力、自我发展能力、校本培训能力等）与专业道德进行多种形式的诊断，包括问卷调查、书面前测、案例分析和课堂观察等形式。

3. 对实践基地的考核

1. 组织管理保障（有一名校级领导具体负责）；

2. 实践指导方案落实；

3. 参训学员的实践活动留有档案；

4. 后勤服务保障；

5. 教学资源、设施设备保障；

6. 培训质量、成果展示。

4. 对实践导师的考核：

1. 指导学员撰写课堂教学案例诊断分析报告；

2. 指导学员撰写课堂教学观察报告；

3. 指导教师示范课的教案或实录；

4. 批阅学员有关作业；

5. 案例特色说明：本案例的一个鲜明特色是建立城乡学校互助共同体，利用"共同体"的资源整合优势，发扬互帮互助的精神，相互借鉴，共同提高。另一个特点是充分发挥实践教学指导教师的引领作用，讲究实效，并严格制订考核制度。

上述的两个实际培训案例是我们长期从事教师继续教育工作在"实践教学"培训方面的典型范例，其主要特色就是紧紧抓住实践教学导师的有效指导这个关键，设立实践教学导师负责制度，发挥导师的引领作用，保证实践教学培训的高质量，这也是我们多年教师职业培训的经验总结，并在培训实践运用中得到广泛检验和充分论证。

总之，基于长期的教师继续教育工作经验的积累，抱守提升农村教师专业素质的重要目标，在此，我们借用一个章节的篇幅，专门对教师专业发展中的实践教学培训环节作一个系统的阐述。其中的方法方式、思想策略，既是长期实践经验总结的效果显示，也是借鉴同行成功案例的结果，或者是实践摸索、开拓创新的成果，但无论如何，我们的目的只有一个，就是借实践教学培训之机会，提升农村教师的教师专业水平，让广大农村教师具备更强的专业能力行使自己的教师工作职责，更加安心于从事农村教师职业工作，更加热爱农村教育的发展事业。

第六章

农村教师专业素质提升之“名师示范培训”

在教师个人专业成长的阶段中，大都需要经历一个对其他教师教学行为的观察、体认、尝试、习得、转变，最后初步形成个人教学风格的过程。如果在新手型教师早期的教学经验中，能够经历专家型教师通过教学示范的带领和指导，则可以在一定程度上引领和促进新手型教师教学专业的发展。本研究立足于杭州师范大学继续教育学院和杭州市中小学教师培训中心，以名师示范培训为研究对象，从名师示范培训的基础、内容和方式着手，揭示名师示范培训在教师专业发展中可能起到的作用及其局限性。

第一节　名师示范培训的基础

一、名师示范培训的内涵

按照《辞海》的解释，“名师”顾名思义即“著名教师”之简称。在 1997 年我国开始启动的各类“名师工程”中，“名师”即指“在一定地域范围内有影响、有声望、有名气的著名教师”。有学者从教师的专业使命和社会角色出发，归纳出“名师”共同具有的特征：一是对学生有一种真诚的、无私的、持久的、普遍的爱；二是具有渊博的学识，能创造性地从事教育教学工作，并取得显著的业绩；三是具有一定的教育科学研究能力，有丰富的教育经验和独特的教学风格；四是为人师表，成为教育目标的化身；五是在一定地域范围内具有较高的声望和社会影响力。①

广义地说，名师是指社会各界影响广泛并拥有追随者和知名度的杰出人才。狭义地说. 名师特指教育人才的精英，教育工作者的杰出代表，教育理论的创立者和教育实践的带头人。简言之，狭义名师是包括广大优秀教师在内的教育界名家和大师。② 本研究中涉及的名师主要包括以下三个层次：一是中小学著名的特级

---

① 周红. 高等学校教学名师内涵辨析. 煤炭高等教育，2004(7)：65.

② 程大琥. 试论名师的基本特征. 中国教育学刊，2000(3)：59－62.

教师、省级教学能手、国家级教学比赛一等奖获得者以及在教育界产生一定教育影响的优秀教师；二是中小学学科教学专家（包括教研员）；三是活跃在中小学教学一线的教学经验丰富且教学业绩显著的教学实践指导教师。

所谓名师示范，就是指通过名师进行专题报告、课堂展示、送教下乡、田野大课堂以及名师论坛等培训活动，为教师观摩者创设专业学习的情境或专业发展的契机。其中，专题报告主要借助名师个人从教经历故事的演讲，传递名师专业成长历程，为教师观摩者提供有意义的启示经验；课堂展示主要通过名师的教学设计、课堂教学展示和课后反思、同侪点评等环节，彰显名师对执教课程的理解、教学过程的设计、教学节奏的调控以及对学生学情的把握；送教下乡是一项通过名师为乡村教师开设讲座、上示范课或以“结对子”的方式在课堂教学环节上指导受训学员，从而促进农村教师专业提升的培训活动；田野大课堂是围绕一个主题而展开的城市乡村“手拉手”的教师培训活动；通过建立网络虚拟的名师论坛，搭建名师与一线教师之间进行直接交流的对话平台，提升受训学员的教学境界。由此可见，名师示范既体现出名师教学专业的功底，也为新手型教师提供了一个可以通过观察学习促进教师专业发展的平台。

综上所述，名师示范培训就是以培训中心为主要基地，以专题报告、课堂展示、送教下乡、田野大课堂和名师论坛作为培训形式，以名师担当培训主体通过主持公开课和研讨课而开展的教师培训方式。

二、名师示范培训的基础

在名师示范培训模式中，通过名师的榜样示范、不同教学风格的名师其课堂教学活动的展示或演绎以及对具体的教学脉络和学习情境的创设，可以促进受训学员介入深层次的教学反思，实现个人教学经验的批判与升华，从而使得名师示范培训这一模式成为一线教师专业发展的学习平台，在教师职后的继续教育阶段进一步发挥教师培训的功能。

（一）班杜拉社会学习理论

班杜拉的社会学习理论摈弃了传统行为主义对环境的依赖，指出人的更普遍、更有效的学习方式是观察学习，强调了人的认知因素在学习过程中的重要作用。该理论认为行为、认知及环境三者之间构成了动态的交叉互动关系，该理论重视通过对榜样示范行为的观察学习，进行人的行为方式的自我调节，发展自我效能感。在班杜拉看来，观察学习亦称替代学习，就是通过观察他人（或榜样）的行为（这种行为对于观察学习者来说是新的行为），获得示范行为的象征性表象，并引导学习者做出与之相对应的行为的过程。① 但是，学习者对示范行为的习得

① ［美］阿尔伯特·班杜拉．社会学习心理学．长春：吉林教育出版社，1988：80．

并不是一个简单的模仿过程，而是通过注意、保持、运动复现和动机过程，在行为、认知和环境之间进行连接，然后才能对学习者的行为施加影响。学习者通过将自己对行为的计划和预期与行为的现实结果加以对比和评价，来调节自己的行为，这一自我调节过程就是学习者对榜样示范行为的习得过程。由此可见，观察学习在内涵上与模仿存在差异，它并非模仿所指学习者对榜样行为的简单复制，而是一种较为复杂的学习过程，是从他人的行为及其后果中获得信息，然后对自己的行为进行预期和计划，其中可能包含模仿，也可能不包含模仿。简言之，观察学习是学习者对环境信息进行选择性输入的同时在系统中开始的一种复杂性自组织过程。因此，通过观察名师示范教学，可以在一定程度上引导并促进教师教学行为的转变。

（二）课堂生态学

教师、教材、学生和环境是课堂教学中的四个不可缺少的要素，这四个要素之间的有机联系和因果关系构成了课堂生态系统。多伊尔（W. Doyle）和庞德（G. Ponder）认为，"学习发生的每一个背景中都包含了一位学习者，一位教师，一个背景和学习的信息……因此，学习发生在一个生态系统之中"，从而，他们把课堂生态界定为"对教学环境产生影响的互相联系的过程和事件所形成的网络或系统"。① 在课堂生态系统中，教师和学生作为教学主体，在与教材和环境的作用下形成了不同强度的联系和不同层面或维度的关系，由此对学生的学习发生机制的形成产生不同性质的影响。因此，从该种意义上讲，在课堂生态系统中的四个要素中，对于调控引发儿童学习发生的种种因素，教师是最为核心的决定性要素。因此，观察名师示范的课堂教学，可以从中探索学生在课堂生态环境中学习的秘密。

（三）波兰尼默会知识

默会认识或默会知识（tacit knowing，tacit knowledge）的术语首先是由波兰尼（Polanyi）于 1958 年在其代表作《个体知识》中提出来的。在他看来，人类的知识有两种。通常被描述为知识的，即以书面文字、图表和数学公式加以表述的．只是一种类型的知识，而未被表述的知识，像我们在做某事的行动中所拥有的知识．是另一种知识。② 这里就引出了波兰尼哲学的一对基本概念，他把前者称为明确知识．也称为名言知识（articulate knowledge），而将后者称为默会知识，也称为非名言知识（inarticulate knowledge）。所谓明确知识，即能够用各种名言符号加以表述的知识。默会知识是指那种我们知道但难以言传的知识，比如我们知道游泳

① W. Doyle, G. Ponder. Classroom Ecology: Some Concerns About a Neglected Dimension of Researchon Teaching. *Contemporary Education*, 1975, 46. (Cited in Ashman& Conway 1997).

② Michael Polanyi. Study of Man. Chicago: The University of Chicago Press, 1958: 12.

是怎么回事，但是我们难以用语言传授游泳的技能，换言之，要学会游泳就必须亲自下水尝试和学习，否则就永远不可能掌握这一技能。在波兰尼看来，“我们所知道的要比我们所能言传的要多得多”，这一日常生活和科学研究中的基本事实，同时表明了默会知识的存在。

在名师示范的教学行为中，存在许多无法言传的默会知识。这需要教师在观察之后不断在教学实践中去琢磨和领会，逐渐掌握或习得复杂的课堂教学技能。

第二节　名师示范培训的内容

一、教师专业知识和教育理念

提升教师专业素养是所有教师培训追求的核心目标。而完善教师专业知识结构、不断更新教师的教育理念是提高教师专业素养必须面对的首要问题。因此，在名师示范培训中必须解决教育理念的培训难题。首先，要准确定位教师专业知识结构。通常教师专业知识结构由三个层面构成，它们彼此之间相互支撑、相互渗透，呈多层复合性的特征：一是以当代科学和人文基本知识为基础，这是作为人类社会中知识分子的教师所必需的，也是与充满好奇心、随时会提出各种问题的学生共处，并能进一步激发他们的求知欲、胜任教育者角色的教师所必需的，同时还是需要随着时代、科学和技术发展而不断学习、不断自我完善和发展的教师本人所必需的。在未来社会，每一个人，尤其是未来的教师都将是终身学习者，是精神生活的富有者，他不仅应有强健的自然生命力，同时有旺盛的精神生命力——对学习的需要、信心与能力。只有这样的教师才会从自己的生命体验中懂得终身学习的价值，努力在自己的教育实践中培养学生对学习的兴趣、习惯与能力；二是学科专门知识，这是教师胜任教学工作的基础性知识，它体现了教师专业与非教师的其他专业人员不同的学科特殊专业要求，是教师与学生在课堂教学中相遇的媒介；三是教育学科知识，它主要由帮助教师认识教育对象、教育教学活动和开展教育研究的专门知识构成。过去在教师培养中尽管也包括此类知识，但大多停留在一般理论与教学法方面，过于简单，并没有突出教师认识学生与教育工作所必备的知识。在这方面，未来教师要加强有关对工作对象——人的认识、教育哲理的形成、教育管理策略、教育教学活动设计、方法选择、现代教育技术手段的运用及教育研究等方面的知识与技能。它们之必要都是由未来教师承担的工作和角色的丰富化决定的，也是与时代对教师的要求分不开的。教师不仅是实践者，而且也是研究者和学习者 教师不仅会教，而且有自己的教育追求与风格，能为教育事业和科学的发展做出创造性的贡献和劳动。

其次，教育理念是指教师在对教育工作本质理解基础上形成的关于教育的观

念、学生的观念、教育活动的观念及其隐藏在背后的理性信念。有没有对自己所从事职业的理念，是专业人员与非专业人员的重要差别，也是未来教师专业素养不同于以往对教师提出的要求的重要方面。教育这个事业在21世纪将对人类社会、时代发展具有前所未有的普遍、持久、深刻的基础性价值，因此它要求从业人员有高度的自觉性、责任感和进行创造性的工作，尤其要求教师具有明晰和正确的教育理念，主要包括基础教育观、学生观和教育活动观。

新的基础教育观是教育价值取向的定位。21世纪的基础教育应把每个学生潜能的开发、健康个性(指个体独特性与社会规范性的有机统一)的发展、为适应未来社会发展变化所必需的自我教育、终身学习的意义和能力的初步形成作为最重要的任务。这与传统教育中把基础主要定位于基础知识、基本技能和技巧的训练有很大的区别。我们不仅强调基础知识等本身应随时代的变化而更新，更强调人与社会发展的需求在基础教育中的独特反映。“发展”作为一个中心词或主题，在基础教育价值定向中应得到充分具体的体现。

学生观是关于教育对象认识的集中体现。传统教育中对中小学学生的看法，强调的是他们缺乏知识、能力和经验的一面，即主要看到的是学生的现在状态，而不是它的潜在状态、内在的积极性和发展的可能性。传统观念把学生发展的过程，主要看作是把人类已有的文化传递给学生的过程，忽视了学生作为学习主体的作用，在学习新知的过程中，外界信息与个人经验之间耦合的复杂性。新的学生观把学生看作虽有不足和幼稚，但却是具有旺盛的生命力、具有多方面发展需要和发展可能的具有主观能动性的学习主体——人。简言之，学生是一种有可能积极、主动参与教育活动的人，是学习活动中不可替代的主体。只有具备了这样的学生观，教师才不会把教育仅作为一个灌输的过程，把学生当作一个可装大量知识的容器，通过反复操练形成技能、技巧的人。除此以外，学生观还应该包括对学生差异性、个别性的尊重，正像美国全国专业教学标准署制定的优秀教师知识和技能标准中所指出的那样，“优秀教师热爱青少年，一心扑在学生身上，承认学生有不同的特征和天赋并且善于使每个学生都学到知识。他们的成功在于相信人的尊严和价值，相信每个孩子内在的潜能”。①

教育活动是学校教育的实践方式，它是沟通教育理想“彼岸”和学生发展潜在可能性的“此岸”中具有转换功能之“桥”，是师生学校生活的核心构成。教师作为教育活动的策划者、承担者、指导者和评价者，必须围绕活动的目的与任务、为学生积极主动地学习、在学习中培养和发展能力、学会学习与创造等提供可能、创设条件，使学生在活动中得到多方面的满足和发展，增强学生独立发现问题、解决问题的综合能力。

---

① 方燕萍. 教师应知道什么，能够知道什么. 教育研究信息，1997(4).

二、教师专业技能和教学风格

教师专业技能的核心是教学技能。传统教学技能训练在很大程度上还是按"应试教育"训练教师，主要表现如下：传统教学技能训练多以训练讲授知识（而且是学问性知识）的技能为中心，注重怎样传授知识而不注重怎样发展人内在的学习潜能，更多地训练如何处理"物"的技能，较少涉及怎样面向人的内心的技能；传统教学技能训练一般按"教师中心"模式进行，常常只注意训练如何教，而较少训练如何指导学生学；传统教学技能训练一般只按讲授法的要求进行训练，而对引导学生探究，如何与学生进行有意义对话的技能培训不够。这种重解题指导的技能，忽视指导学生有效学习，很少进行探索法、发现法教学的技能培训，对如何引导学生自主学习更是涉及甚少，显而易见传统教师培训与教师专业化的趋势背道而驰。

专业化教师不仅是"经师"，而且首先是"人师"。他们不仅善于传授知识，而且善于在本学科教学中注重人的潜能开发与发展，注重培养全面发展的人，实现学生包括知识、道德和人格层面的和谐发展。专业化教师能够深入理解学生，与学生和谐相处，成为学生的良师益友，在教学中能正确定位角色，充分调动学生的积极性和主动性，成为带领学生探究的组织者、引导者、支持者和促进者。作为专业教师，其教学技能具有以下三个特征：

一是对教学活动的认知自觉参与教学行为的评价与反思。教学技能，不像一些动作技能的形成主要靠练习而达到熟练化和自动化，它在很大程度上是一种认知结构重新组合的过程。在这一过程中，通过同化或顺应实现认知结构的平衡，进而导致行为模式的改变。可见，教学技能的形成离不开认知的参与。从实际上看，一个教师教学技能的高低与其对教学的认识水平是密切相关的。教学技能问题，常常主要是认识水平的问题。因此，教学技能培训要与教学理论的学习和应用结合起来。从这个意义上讲，教学技能不单是"训练"出来的，也有一个认识的建构过程。因此，我们建议用"教学技能培训"的提法来代替"教学技能训练"的称谓。

二是教师教学技能具有显著的个性化特征。由于每个受训者具有不同的认知结构、性格特点、行为习惯、审美观念，即使他们接受同样的教学技能培训，每个人也将有不同的体验，因此，教学技能培训不能用一个模式，对不同的受训者采取不同的培训方式，允许受训者对已有模式加以变革性实践，加入个人的理解，并形成适合于个人特点的独特风格。

三是教学技能总是表现为多种不同方式的组合。在教学过程中，任何一种教学技能从来都不是以孤立的形式表现出来的。如演示技能，演示不单是实验示范和实际表演，也必然包括讲解、提问、板书等技能的某些因素。由此可见，把教学技能分解为相互独立的最基本元素是不可能的，对教学技能的任何一种分解或分类都不可能是彻底的。因此，传统的教学技能分类（一般分为导入技能、提问技能、讲解技能、演示技能、变化技能、强化技能、板书技能、结束技能等）不是绝对的、天经地义的。

三、教师专业道德和教学专业精神

关于教师的道德问题，谈及最多的是教师的职业道德。教师职业道德往往强调的是教师作为职业工作者必须遵守的道德行为规范，以社会所期待的道德品行为标准，突出了教师工作的职业化特征。简言之，教师职业道德主要是作为一种外在的行为规范发挥作用，以督促教师履行职责，约束教师的行为举止。而教师专业道德教更强调专业性、主体性或自律性。在教师专业化过程中，提升教师的专业性和主体性成为教师专业发展的目标。“专业性”实质上是指某一行业作为主体和主体行为的“不可替代性”。“主体性”是指教师在专业领域中的专业自律和专业自主。教师的专业道德建设之所以成为教师专业发展的重心内容，是因为在教师专业化的过程之中，“教师的职业道德向专业道德的转换始终是一个重要的线索”，“从最初的一般性的德行要求到具有道德法典意义的许多专业伦理规范教育，从重视知识、技能教育的技术性培养逐步过渡到专业精神与专业知识、技能水平提升的兼顾是教师专业化历史发展的一个重要侧面”。① 教师的职业道德向专业道德的转换，是从理念到实践行动的漫长过程。教师专业道德建设要融入教师专业发展的历程中，为教师专业发展提供动力与支持。教师的专业道德是指教师作为专业人员应具备的独特道德品质，包括教师的专业责任、教师个人道德品性和以自律为核心的专业精神。

教师的专业责任是其作为一个专业人员不可或缺的专业道德品质，包括对教育专业的责任以及对学生的责任，对专业的承诺以及义务的履行。一般而言，教师应担负的专业责任常常通过教师职业道德规范的形式予以规定，以遵守一定的行为规范为准则，要求教师具备并坚持责任伦理，为自己选择了教师职业或被分派到这一工作岗位担负责任，对教育工作满怀责任感。以美国的全美教育协会(NEA)制定的《道德规范》为例，其中不仅表达了对教育工作者的专业道德规范，也对教师履行专业职责提供了判断标准。它规定：教育工作者承担着维护最高道德标准的责任，要保护教与学的自由，确保所有人享有均等的教育机会。教育工作者明确以上重要责任与教学过程息息相关。为了得到同事、学生、父母以及社会成员的信任和尊重，教育工作者应当追求并保持最高水平的专业操守。教育工作者要履行对学生的承诺、对专业的承诺。在“对专业的承诺”中指出：“基于深信

---

① 檀传宝.论教师“职业道德”向“专业道德”的观念转移.教育研究，2005，(1)：48－51.

教育专业服务品质直接影响国家人民的福祉，教育工作者应当全力提升专业水准、带动行使专业判断的风气、吸收值得信任的人投入教育生涯、防范不合格的专业实习。”这些规定，表明了教师承担着重要的社会职责，确立了教师在专业工作过程中应坚持的道德职责标准，体现了教师道德的专业性。

道德品性是教师作为个体对道德所做出的理解与诠释，教师在教育生活中通过个人行为的方式表现出来。教师的道德品性首先表现为教师作为一个健全的人所应具备的完整人格和道德素养，这些素养决定着教师如何影响人的心灵，如何在塑造健全人格方面发挥作用；教师的道德品性还体现在教师作为一个专业人员表现出来的道德品性上，它融合了教师职业道德与个人道德的相关元素。因此，教师的道德品性不仅是学生道德成长的营养素，也是教师实现专业发展的精神动力。教师职业道德与教师个人道德是有差异的，两者属于不同领域的道德要求。但是，教师个人道德和职业道德在教师身上表现出来的应该是一个无法分开的统一体，也就是说，教师既要达到基本的职业道德要求，还要乐于追求更高境界的个人道德。若将教师道德仅仅定位在道德底线上，由规约来监督执行，这有违教育的本来意义。教育是培养人的活动，教师只有主动自觉地做有益于学生的事，才能真正触动学生的心灵，引发学生发自内心的感受，从而也才能真正发挥道德的功能。所以，教师角色的独特性表明教师不仅需要有一种底线道德，同时还要努力具备一种理想的道德；不仅要遵循职业应有的规范，更要富于追求崇高德性的精神。教师理应成为有道德的公民，尽管不一定是高尚的道德家。

教师专业精神的形成源自教师的专业伦理。教师专业伦理的实质是一种“角色”伦理，即按照社会赋予教师的基本角色和教师在整个社会分工中担负的主要职责来确定其基本的伦理规范，体现为一种专业精神。理想的教师专业精神具有以下五个特质：一是服务性，重视对他人及社会团体的贡献；二是专门性，指从事这项工作应接受专门培训，具有专业知能；三是长期性，即有终身从事这项事业的意愿，且与所属之机构团体有休戚与共的情感；四是创新性，有革新创造精神，不墨守成规，并有高度使命感；五是自律性，责己严，待人宽，以身作则，爱护团体荣誉。① 此外，教师还应该有一种合作的精神，教师彼此支持、互相配合、同心协力。而在这些专业精神中，教师的专业自律精神是核心。

教师的专业自律是教师道德责任感的内化，包含了教师深深理解教育及教育活动中的关系而形成的角色敬畏和时刻提醒教师“慎独”的教育良心，以及教师为履行专业责任、提高专业水平而自觉反思的日常行为方式。缺失教师专业自律的教师职业，就不可能真正走向教师专业自主。

---

① 朱宁波.论教师的专业精神.教育科学，1999(3)：53－55.

第三节　名师示范培训的类型

作为一种通过情境创设、教学示范和主题设计的教师培训模式，名师示范培训在以下三个方面具有优势：一是将理论和实践结合起来可以解决教师在教学中遭遇的实际问题；二是可以通过观察名师的教学行为或教学方法提高对教学难点的突破和教学重点的把握能力；三是与名师的近距离接触和交流可以进一步增进教师专业发展的动力，提高教师专业发展的起点。本研究从杭州师范大学继续教育学院一直以来开展的名师示范培训活动中提炼出以下三种典型培训模式，逐一进行阐述、解释和说明。

一、展示型示范

自2005年以来，为了进一步推进中小学基础教育课程改革，提升教师实施新课程的专业技能，通过教师培训推动"九年义务教育"阶段的教育公平，杭州师范大学继续教育学院童富勇教授提出"浙派名师"概念，目的在于通过搭建这一平台，为展示江、浙、沪地区中小学界名师精深的教学思想和精湛的教学技艺，引领新课改革走势，从而推动基础教育改革。到目前为止，以"浙派名师"名师课堂教学艺术展示活动挂名的教师培训模式已成功举办31届，且名师资源由过去的长三角地区辐射到北京地区，使得名师层次和水平得到进一步提升。

"浙派名师"课堂展示分小学组和中学组，分别在上半年4月中旬和下半年11月上旬左右举办。活动分学科进行，以主题引领(见表6.1和表6.2)，分别从长三角地区及北京地区延请名师亲临现场进行课堂展示，为一线教师诠释了对学科课程的理解、演绎和反思。

表6.1　第22—26届浙派名师课堂教学艺术展示活动主题

时间	学科	主题	上课名师来源
22届	初中语文	阅读教学中的语感培养	北京、上海、台州、南京、宁波、绍兴、杭州
23届	初中品德	创建高品质的学校德育文化	北京、上海、嘉兴、杭州、南京
24届	初中数学	数学课堂教学模式的构建与创新	北京、台州、金华、宁波、杭州
25届	初中科学	"一纲多本"下的初中科学课堂教学	南京、杭州、上海、温州、湖州、宁波
26届	初中英语	关注在不同课型中如何提高学生综合运用语言的能力	北京、湖州、温州、宁波、杭州

资料来源：杭州教师教育网：http://hzjsjy.com/cms/newslist.aspx?lmid=3&page=6

表 6.2 第 27～31 届浙派名师课堂教学艺术展示活动主题

时间	学科	主题	上课名师来源
27 届	小学科学	童趣科学	杭州、宁波、北京、嘉兴、舟山
28 届	小学品德	主体活动	北京、上海、宁波、温州、湖州、杭州
29 届	小学语文	童心语文	北京、南京、苏州、湖州、杭州
30 届	小学数学	思维活力	南京、杭州、北京、上海、嘉兴、金华
31 届	小学英语	特色课堂	北京、湖州、温州、宁波、杭州

资料来源：杭州教师教育网：http://hzjsjy.com/cms/newslist.aspx? lmid=3&page=1

由上可以看出，由于"浙派名师"课程展示活动的开放性，使得不同学科、不同主题、来自不同地域、不同教学风格的名师及不同视角的专家课堂点评一起构成了名师示范培训的生态模式，并凸显这一模式具有的下列典型特征。

一是情境性。名师示范教学过程通常由名师主持教学设计、情境创设、课堂展示和课后反思四个环节组成。教学情境的预设和创生在教学过程中通过名师示范教学而得以展现，为观摩者提供了一个真实的教学脉络和学习情境，有助于观摩者进行教学行为的比对和自我调节，增进自我效能感，达到教师培训的目标。

二是示范性。课堂教学是一门艺术，同时也是一门科学。它既有充满灵性和机动的一面，也有严谨和有序的规范。名师在课堂教学中对课程的理解、教学过程的调控以及对学生学习发生机制的构建，有助于观摩者借鉴、学习、改进和提高，促进观摩者课堂教学技能的不断完善。

三是引领性。名师之"名"，源于其教师专业资质的不同凡响。以教师专业知识、专业能力和专业精神构成的教师专业资质决定了名师示范教学作为专业引领的合理性基础。尤其是以教师专业道德为核心的教师专业精神，其在教学中展示的价值诉求可以从中反观名师的教育理想和精神人格，从这种意义上讲，名师示范培训模式的引领性其本质就是通过名师的课堂展示，引领观摩者精神"成"人。

四是反思性。无论是多么完美的教学设计，在实施课堂教学之后都会找到其不足或缺陷，这种教学不足、缺陷或不满的存在为名师和观摩者提供了课堂反思的契机和学习平台。因此，名师示范教学培训模式的反思性为我们正视教师的日常教学提供了一个窗口，为教师立足于课堂教学促进专业发展寻求合理的途径。

二、诊断性示范

诊断性示范是通过与名师结对子的方式，以送教下乡的形式开展的一种教师培训活动。这一培训方式通常确定一个教学专题，通过师徒之间的同课异构、教学反思和课堂点评等环节解决乡村学校教师普遍困惑和棘手的课程、教学和学习难题。

所谓“送教下乡”，就是以浙江省农村区县乡镇的一个中心学校或临近的几个乡集中起来确定一个授课点，由杭州师范大学继续教育学院选派与乡村学校教师结对子的名师定期到授课点开展教研活动，并赠送浙派名师课堂展示光盘和书籍。

自 2006 年至今，杭州师范大学继续教育学院与浙江省教育厅、杭州市教育局一起主办了多场“名师送教下乡”活动，足迹遍及温州、台州及杭州市区县乡镇中心学校，受到当地学校的高度评价，得到一线教师的普遍认可。

田野大课堂是杭州师范大学继续教育学院送教下乡的特色和重要平台。主要通过以下三个步骤搭建：一是电话拜师结对子，即通过媒体宣传，在《钱江晚报》上登载名师名片，并公布联系电话；二是确立主题，组织名师送教下乡；三是由地方教育局组织教师参训，再由名师献课、反思、答疑等环节，最后由名师围绕活动主题举办专题讲座。

名师送教下乡不仅送去一节优质示范课，而且送去先进的教育理念和名师孜孜以求的专业精神。这种“雪中送炭”式的现场培训对很少外出参加培训的贫困山区教师而言，不啻是久旱逢甘霖。因此，在某种意义上讲，名师送教下乡活动通过课堂展示、专题讲座和结对子，有助于提高农村中小学教师的专业素质，从而提升农村九年义务教育质量，对于推进城乡教育一体化，促进义务教育公平具有积极的示范意义。

三、提高性示范

随着信息时代的来临，人与人之间的交通方式发生了巨大的革命。为了更进一步发挥“浙派名师”的品牌效应，扩大教师培训的影响力。杭州师范大学继续教育学院建立了“杭州教师教育网络”平台，精选全国学科教学专家的课堂教学实录视频作为培训资源，成为对浙江省乃至全国教师进行在线培训的“空中教室”。其中名师示范培训主要以“名师播客”和“名师论坛”两大板块进行。

“名师播客”是以“浙派名师”课堂展示活动视频资料为主要资源而搭建的网络培训平台，以学科划分，其主要栏目有：教学设计（文档）；课堂录像（视频）；专家点评（视频）；课后反思（视频）；问题解答（网页）。其中教学设计是名师根据教材内容、学生实际和个人的理解提出关于教学目标、教学过程和教学评价的预设；课堂教学是名师根据教学设计和学生一起完成的课堂实录；专家点评是学科教学专家针对教学设计和教学实施的现状而进行的课堂分析和评价；课后反思则是名师对该节课在设计思路和教学实施状况进行解释和说明，并对其不足提出改进的策略；问题解答是在浙派名师课堂展示活动期间由听课教师在听课过程中提出而当时来不及回答的一些问题，由名师逐一进行解答，挂在网上供大家交流。

“名师论坛”是名师和一线教师之间观点碰撞交流的虚拟空间，主要围绕每一次“浙派名师”课堂展示活动的主题，由名师主持与一线教师之间进行在线交流和对话，引发对课堂教学更深层次的思考和当下课堂教学热点问题的关注。

第四节 名师示范培训的方式

作为一种稀缺的教育资源，名师是一笔珍贵的社会财富。以名师示范培训为抓手，充分发挥名师的示范和辐射功能，为广大农村教师搭建专业发展的观摩平台，成为我国教师教育关注的热点问题。本文以公开课和研讨课两种形式分析名师示范培训的特征，旨在进一步提高该培训模式的有效性。

一、公开课

公开课，又称为展示课或观摩课，通常是指开课教师经过认真准备，面向来自不同地区或学校的听课教师开设的课。相对于常规课而言，公开课具有组织性、规模性的预设性的特征。组织性是指公开课一般由学校或教研部门有计划、有组织地进行；规模性是指敞开教室、邀请一定数量的教师进入教室听课；预设性是指上课教师一般需要一段时间的精心准备，对教学环节进行精心雕琢。但究其本质而言，公开课应是带有研究任务、演示研究过程或展示研究结果的课。这种研究，是在开课教师个人研究的基础上，借助于其他教师的参与、进行某个专题的系统的课堂研究。

公开课的核心价值取向是问题研究，就是在基于教学问题意识的前提下，对教师在一定范围内开设的课进行深入交流，共同探讨，释疑解惑，明理求真。相对于常规课而言，开课教师、观摩教师（专家）对观察到的现象与本源的关系，本节课教学涉及的教材、教法、学生活动、课堂评价等与课程范畴相关因素进行交流、探讨是公开课最大的亮点。这种研究既是教师为不断提升教学质量进行的行动研究，又是在专家参与下的理论与实践相结合的质的研究。

首先，这里的课堂研究是基于真实教学问题的研究。真实的问题来源于课程、教材、教法、教师、学生等与课程相关的领域。有价值的教学问题应该是如何真正促进儿童有意义学习的发生。比如在新课程实施以来，围绕课程理念如何在教学实践中得到体现，问题情境设计中生活性与科学性的矛盾与统一，课堂教学中学生活动的有效组织与教师教学预设的张力，学生学习经验和教师教学知识之间的耦合，尤其是教师活动过程的有效管理及对活动结果的评价等，这些都是课程改革中教师遇到的普遍问题。公开课的开设如果能围绕教师在教学实践中遇到的困难和疑惑，那么这些来自教师工作实际中的问题或课题更能引起听课教师的共鸣，激发教师探究的欲望，也利于促进课堂教学的改进。因此，研究是基于课程理论的应用或尝试的主题式研究，公开课则是为探索课程理论的实践性以及如何在实际教学中渗透课程理论而开展的课程实验，包括研究课程理论在实践中运用的适切性，研究课程理论与实践结合的机缘等。因此，公开课的研究应是主题性的教学研讨。

其次，课堂研究也是一种基于探讨教学规律，推广教学经验，提升教学质量的研究。有人说，"公开课好看"，这就是因为公开课的目的之一就是总结、提炼、推广优秀教师的经验。这些优秀教师通过长期的实践、反思、学习，形成了独具个人教学风格的教学模式，需要通过公开课的形式推广，需要通过公开课的研究，引领其他教师开展教学研究。

当然，这种学习不是简单的移植，不是照搬照用，而是学习名师的研究精神、借鉴名师的研究方法，通过观摩学习建构个人的教学知识意义，并在实际教学中用于反思个人的教学实践。因此，说"公开课好看不好用"的教师，是没有明白公开课的研究价值取向，把研究等同于移植，这是错误的。公开课的研究是一种行动研究，是教师为了改善教学行为、提高教学质量、讲究教学艺术而进行的行动中的研究，所以对公开课的研究不能仅限于现场，不能只满足于学到一些"套路"，应在现场研究的基础上带着某种成功的雏形或者"变异"的问题，回到教学岗位上后，再进行深入、系统的反思性实践和提升。

因此，具有示范意义的公开课是在深入研究课堂教学逻辑的基础上完成的，在示范培训中，通常具有以下三个功能：

一是教学经验分享。作为一种培训方式，公开课提供了一个智慧交流、经验分享的平台。开课教师及听课教师既要运用个人经验阐述所观察、所思考的课程现象与本质，又要以开放的心态，怀抱共同学习和分享的愿望参与交流探讨。首先，通过公开课提炼教师个人的教学经验，由于知识积淀、观察视角的差异，教师对教学问题的感知、表征及剖析的策略存在差异。其次，在日常的教学过程中，教师经常处于孤立的工作状态。这种状况使得教师专业发展的层次受到局限。因此，以公开课作为课例研究，利用集体智慧碰撞，通过观察、反思、实践，不断审视个人教学经验的局限性，实现个人教学知识的转型。

二是对话交流。教师的专业发展离不开教师间的合作。公开课后的教师间研究，是一种为了解决共同面临的课堂教学问题、改进教学而组建的课堂观察合作体。它要求教师以求同存异、尊重多元的心态进行合作。首先，教师通过对话、倾听、讨论等交流方式，开展多样化的合作。教师之间的对话，不仅要"基于尊重、公正、欣赏的态度接纳他者"，而且要"坚持包容、尊重的价值理念，崇尚反思、批判、对话和理解不同观点的价值规范"。巴赫金认为，对话是"在各种价值平等、意义平等的意识之间相互作用的特殊形式"。其次，对话交流应建立在理解的基础上，开课教师、评课教师首先要理解彼此处理方式、思考设计的初衷。这种理解不是简单的肯定或否定，是基于人格宽容、学术自由研讨境界下的认同。第三，对话交流应有更多不同的声音，彼此有更多的批判意识。那种一言堂或简单用好坏来评价的评课，不是真正的研究。所谓批判，不是简单否定，应该是基于促进学生发展的课堂评价，是学术争鸣中的争锋，是带有理论指导或成熟经验下的批判。批判在于认清本质，在于寻求最优化的方法，进一步厘清教学实践与课程理论之间的关系。

三是完善自我。教学过程中知识意义的建构性和生成性，需要教师具有开放的心智模式，进行积极的自我建构。从心理学的角度来说，教师个人经验的反思和积累实际上是教师对自身已有知识结构的一种重组，是一种成人学习的发生发展过程，正是在这种"实践——经验积累——反思——再实践——经验改造、重组——再反思"的不断往复的知识结构重组与学习的从平衡到不平衡的推动过程中，教师获得了自我成长与发展。

二、研讨课

研讨课一般由名师主持，以体现教学的引导性。通常参与培训的教师人数比较少，一般为 6～7 人，体现小班化教学的特点。教学形式有阅读、讨论甚至是辩论、书面作业和专题报告等，体现问题研究的特征。通常是围绕某个专题，由名师布置学员在课下看一些资料和文献，作理论准备。课堂上名师和学员就阅读中的问题进行讨论并对分析问题和解决问题的方法进行训练。课题的理论和方法准备完成后，个人独立完成一项比较大的专题设计。

由名师主持研讨课，主要有以下目的：一是实现名师与学员之间的对话，架设名师与学员间沟通互动的桥梁，缩短学员与名师教授之间的距离，使学员从培训的开始就有机会观摩名师的教学艺术，亲身感受他们的魅力风范，在潜移默化中感悟为人、为学、为师之真谛；二是可以为学员创造一个在合作环境下进行探究式学习的机会，启发学员探求教学世界奥秘的兴趣，训练学员在团队中交流表达能力，初步培养提出问题、解决问题的研究能力和合作精神，使学员从入学伊始就体验研究型学习方法和学习氛围，尽快适应研究型教学培训的学习环境，为建立基于教师指导下的探索研究的学习模式奠定基础；三是尝试和创新一种以探索和研究为基础、师生互动、激发学员自主学习的研究型教学方式，并期望其成为农村教师培训的有效教学模式，以推动传统的以知识传授为主的方式向研究型教学培训模式的转变。

研究表明，要提高上述研讨课的课程质量，还必须注意以下几点：① 高质量的研讨课要有高水平的研究课题支撑，研讨课的重点在研究，只有高水平的研究课题，才能使学员站在高起点，从而获得高水平研究能力的锻炼。② 高质量的研讨课十分重视研讨材料的选择与组织，既要通过引导学员广泛阅读，将他们带到学科前沿；又要注意材料选择的针对性，训练他们的实际问题解决能力和课题研究能力。③ 高质量的研讨课具有民主宽松的学术研讨环境，为学员与名师的对话提供了一个很好的氛围，使学员能够直接接触课堂教学研究的前沿课题，并得到研究方法和研究思想的熏陶和训练。这种研讨课，名师和学员都以双重身份共同研讨，教师既是教育者，也是研究者，还是评价者；学生既是学习者，也是研究者，同时还是实践者。

以名师主持研讨课的教师培训，更加突出强调"以问题为载体训练基本研究能力，以名师引导激发研究兴趣，以互动启迪自主学习，以鼓励质疑倡导探索精神"的基本特点。因此，在培训方案实施过程中，我们对如下问题做出了明确规定。

一是课程定位。研讨课是在实践培训环节面向学员的必修课，主体是教学艺术高超的知名教师和参与培训的小组学员。研讨课不仅要让受训学员学习知识，更重要的是让学员经历认知过程，强调名师的引导和学员的充分参与和交流，启发学员研究课堂教学的兴趣，培养学员的研究能力。

二是课程专题。学员研讨课的专题选择是课程的关键。任课名师在选题时应考虑学员特点，重在激发学员兴趣和主动参与意识。所选专题可以涉及综合学科领域，鼓励交叉学科选题，由于课程学时的限制，一般建议结合名师承担的教学课题或项目，选择名师有一定深度研究的具体专题。

三是任课教师。学员研讨课的任课教师由热爱本学科教学的知名教师担任，要求在培训期间定期与学员见面，确保与学员接触、交流的时间。名师的主要责任，一是根据学员特点，选择能激发兴趣和主动参与意识的课程专题，介绍必要的教学知识；二是组织开展小组讨论，鼓励学员主动参与，指导学员学习和研究。

四是教学形式。在名师主持下，围绕某一共同感兴趣的专题，通过名师与学员之间、学员与学员之间的交流互动、口头及写作训练，以小组方式边学习，边讨论。可以根据需要，安排实验、参观、调查等教学活动。鼓励名师采取灵活多样的教学方式，增强培训效果。

五是考核方式。学员研讨课的考核方式由任课名师确定，一般不采用书面考试方式，而代之以灵活多样的考核方式，如说课、课堂观察、评课等书面报告。

研讨课作为一种培训方式，其课程建设处在不断探索、不断完善的过程中。对于授课教师来说，没有成熟的经验可以遵循；对于一直习惯于传统培训的学员来说，对这种新的培训形式与教学模式也不一定完全适应。从首次开课至今，师训部处始终关注着课程的建设与发展，不断推进有关的制度化建设，推广研讨课的课程理念。每学期课程结束，都会组织已经上课与即将上课的名师座谈会，交流经验，集体备课，已先后组织了五次交流研讨会，取得了很好的效果。为保证研讨课的不断发展，师训部向名师所在培训基地学校划拨专门课程经费，并将研讨课的开课情况作为考察基地教学工作评价体系的指标之一。在课程评估与质量监控方面，教学研究与培训中心设计了研讨课专用学员满意度调查问卷，并召开学员座谈会，倾听学员意见，同时还派出理论教师到学校随堂听课。

第五节 名师示范培训的反思

如上所述，作为教师教育的经典培训模式，名师示范培训具有情境性、示范性、引领性和反思性的特征，同时还具有直观生动、辐射面广和易于借鉴的优势，当然，由于在示范培训过程中，受到各种条件的限制和种种因素的影响。因此，该培训模式容易导致教师表演过度、对学生的伪表扬以及课堂教师中心等倾向或缺陷从而暴露出其难以克服的局限性。

一、名师示范培训的优势

由于名师师范培训一般通过现场教学的方式进行，因此，该培训模式具有以下优势：一是直观生动，由名师示范教学，可以直接观察名师如何设计、调控和评价课堂教学的各个环节，并与个人教学行为和教学方式方法进行对比，从而在名师与观摩者之间形成一种张力，而这种张力在一定条件下可以转化为一线教师追求个人专业发展的动力；二是辐射面广，名师示范教学的现场观摩人员一般少则近百人，多达五、六百人，通过该培训模式可以较快地推进教育先进理念的辐射和影响；三是具有可借鉴性，与一般专家报告不同的是，名师示范教学是名师将自己的教育理念、课程理解、教学设计和学情知识完完全全展示在具体的教学脉络和学习情境中，观摩者通过观察学习在名师教学示范行为与个人日常教学行为之间进行观照和反思，从而在自我调节的条件下促进教师专业意识的发展。

通过名师示范培训，受训学员在教学设计、课堂教学研究以及课堂教学评价能力等方面受到名师教学示范的启发，普遍反映修炼内功是提高课堂教学水平的必由之路。

二、名师示范培训的局限

由于名师示范教学现场环境的特殊性，这种特殊性主要源于“借班上课”、“观摩人数规模大”以及对名师期望过度造成“心理压力大”等因素，直接导致了名师示范培训模式难以克服的缺陷：一是教师表演过度，在名师示范教学过程中，名师往往容易追求教学过程中与非常规教学不同的亮点而导致了表演过度或失当，造成对课堂观摩者的误导；二是对学生的伪表扬，由于名师示范教学往往需要借班上课，名师为了迅速建立良好的师生关系，在上课前或者上课过程中出现没有教育意义的伪表扬，所谓伪表扬是指这种表扬所运用的溢美之词并没有与学生的学习行为发生联系，且学生无法揣摩教师表扬的原因，而在常规教学中可以使用的批评手段在这里缺席了；三是课堂教学以教师为中心，由于名师示范教学环境的特殊性，给名师造成了无形的心理压力，因此，在教学过程中，名师追求的效果是宁愿观摩者对课堂本身进行评价，也不愿其对教师教学能力或教师本身说三道四。因而，在通常的名师示范教学中，我们往往容易发现名师超群的教学智慧的发挥，却恰恰遗失了一颗平常教学心态的自然展示。

第七章

农村教师专业素质提升之“课堂模仿培训”

第一节 农村教师课堂模仿的背景、内涵及理论依据

一、课堂模仿背景

当今孩子的身心发展较以往有很大的不同，当前教师职业的特殊性日益彰显，教师面临着更加复杂的、不可预测的情境，面临着更大的挑战，具体表现为：

(1) 教师专业发展过程中，除了专业知识、技能习得之外，还应包括大量的缄默型知识、良好的情商、坚定的价值观和社会信仰，以应对复杂的教育情境与社会环境。

(2) 以往的教学的技能有“技”即可，但当今教师更讲究“能”，它更多的不是技术层面的东西，它的获得是通过“浸淫”而不是“训练”，或者说仅有“训练”是不够的，它更强调教师对实际教育情境的反思、探究、磨炼，教师之间的对话与交流，成长中的教师必须被置于一个教师文化的“场”中，天长日久地“泡”着，“养”着，才能有效地发展成长。

(3) 优秀教师的素养除了知识、技能之外，更多地体现在教学艺术、教学智慧、教学风格上。做教师到了这一境界，比的已经不是教学技能，更多的是比内在的教育思想，外显的教学风格——“风格消失的时候，思想也会枯竭”，而思想和风格的形成都有强烈的个体色彩，并不是简单地“学”到的。

这方面中外学者已有论述，美国教育学者布什(R. N. Bush)认为，教学技艺和其他社会技艺一样，都是从模仿他者开始的，初步的教学实践对一个教师日后能够达成的效能水平有重要影响，对支配他日后多年的教学生涯的教学态度有决定性的作用。[①] 傅道春也指出，教师在教学“探索期”中，有经验的教师对他们的扶

---

① 许明，黄雪娜. 从入职培训看美国教师专业成长. 教育科学，2002(1).

持、帮助和引导，其影响是一辈子的。[①] 但从目前的材料来看，这方面的研究还远远不够。

二、课堂模仿内涵

课堂模仿指初级教师通过学习模仿率先成功教师具有创新性的教学思路和行为，吸取其成功的经验和失败的教训，通过具体的课堂教学，研究其外在的教育形态和技能，内心的教育观念和思想，实行对自身的教育理念及技能的发展与改进等一系列活动。它是一种跟进性的行为，是一种从渐进走向根本性变革的教育创新过程。

模仿是人们相互影响的重要途径，是个体社会化的主要方式。在模仿过程中，因合理性与情绪倾向性作用，模仿者不仅获得相应的技能，同时也形成新的价值观，并对自己原有的行为和价值观起提升和促进的作用，造成潜在行为的外在化，从而习得新的知识或行为。美国社会学家 E. 罗斯认为，模仿是人类个体社会化最基本的过程，人的改造必须通过模仿才能形成，因此模仿遍布于整个社会之中。[②] 其次，艺术起源于模仿，其本质也归于模仿。模仿也是艺术创作的原理，罗斯从“移情说”出发，把作为艺术体验的内部模仿置于审美的中心，把模仿提高到一个全新的高度。教学不仅是社会性的活动，是一种职业技能，但它也是艺术，模仿在某种程度上说也是艺术模仿，因此本文的课堂模仿，指的是教师在专业成长过程中，以具体课堂为教学情景，对更具经验的、专家型教师的教学行为、教学艺术风格的模仿与学习，它既有社会性特点，也有艺术性特点。

三、课堂模仿理论依据

在当代知识理论中，人们将不能清晰反思和陈述的知识称为缄默知识（tacit konwlege）。它的特征是：第一，不能通过语言、文字或符号进行逻辑的说明；第二，不能以正规的形式加以传递；第三，不能加以“批判性反思”，因为缄默知识是人们通过身体的感官或理性的直觉而获得的，因此不能够通过理性加以批判和反思。无论是在日常生活中还是在科学活动中，不可言说的缄默知识大量存在，构成人们日常生活、实践的基础知识之一。[③] 同样，在教育情景中，缄默知识也大量存在，有学生的，也有教师的，由于教师在教育教学中的特殊作用，在某种意义上教师的缄默知识比学生的缄默知识对整个教学活动产生的影响更大。然而教师的缄默知识很难在以客观知识为主要内容的师资培训体系中加以直接传递，但人

---

① 傅道春. 教师的成长与发展. 北京：教育科学出版社，2001：48.

② 刘建明. 宣传舆论学大辞典. 北京：经济日报出版社，1993：358－359.

③ 卢尚建. 论教学中的缄默知识. 全球教育展望，2010(1).

们可以通过实践和直接经验的方式，通过“师傅带徒弟”的“学徒制”加以传递和获得，这一理论为课堂模仿的研究提供了理论依据。

第二节　课堂模仿的对象、类型与规律

课堂模仿的对象一般是教师中的佼佼者，是专家型教师（expert teachers）。这些人既所谓的“师傅”（master），或成为“领导教师”（lead-teacher）。他们优秀的教学实践成为其他教师的榜样，带动所有教师提高教学质量，这样就有助于优秀的教学经验的传播。

课堂模仿从最基本的实质来看，它也就是一种“看中学”（learning-by-watching）、“做中学”（learning-by-doing）的行为。初级教师通过对专家型教师的课堂观察、知识技能与风格的选择、借鉴和模仿，吸收大量的外部知识和蕴含于其教学行动中的缄默知识，在实践中提高自己的教学技能，渐进拥有教学知识和教育智慧。这是一条帮助新教师尽快适应教学生活，掌握教学技能，使新教师尽快成长为熟练教师甚至专家型教师的有效途径。

初级的课堂模仿表现为学习中的教师重视专家型教师在课堂上的教学内容的组织与实施，教学行为与过程，动作姿态、外部表情等，进一步的模仿表现为关注对象的教育价值观，思考和处理教育问题的方式、教师的情感态度等。相对于模仿者的年龄和层次来说有，一般的课堂模仿有三个层次：

一、操作型模仿

按照教育专家叶澜的说法，新任教师一般都处在教学活动的“模仿期”，时间多为1～3年。① 这一期间，新教师被要求参加具有明确指向性的岗位培训。多数新教师的主要目标是适应特定的工作环境，完成分内的教育教学任务，首先会进行最基本的常规课堂操作。往往自觉地把自己置于“徒弟”的地位，以优秀教师、有经验的教师为模仿对象，对具体工作环境中所接触到的规范化的教育教学方式、方法和手段进行选择和评价，较多地移用他人的成功经验。这一阶段从教的体验和获得的评价，对学员个体专业情感态度的发展和今后专业发展目标的确立有重大影响。

二、内化型模仿

傅道春在《教师的成长与发展》一书中，认为教师专业化发展过程表现出一定的阶段性，每一阶段的核心问题的解决对后续阶段都有很大的影响。他把教师专

---

① 叶澜主编.中国教师新百科（中学卷）.北京师范大学出版社，1999，“模仿期”条.

业发展分为 5 个阶段，学员处于“生存关注阶段”。这个阶段，教师有着强烈的专业发展的忧患意识，急于找到更有效的教学知识和能力，他们努力维持课堂纪律、激发学生动机、处理学生个别差异、评价学生作业、与家长建立关系。在处理这些问题时，他们又感到缺乏有效的教师专业知识和基本的教学能力，他们需要求助于有经验的教师，同时自己也在教学实践中进一步补充这些知识。

三、创造型模仿

维持课堂纪律、激发学生动机、处理学生个别差异、评价学生作业、与家长建立关系等等，通过课堂情景观察和仿效其他有经验的教师、专家型教师的教学行为，进而改进自身技能和学会新技能……我们可以看出，这些模仿都是技术层面的，可以说是低层次的，欲成为专家型的教师的，还需要第三个层次，即“高级模仿”。

19 世纪的法国社会学家 G. 塔尔德提出了“模仿规律”。他认为，由于人与人之间的交互作用，一方面是社会的同化，即模仿。[①] 另一方面是个人的创造，即发明。高级的课堂模仿，就应该有个人创造的成分——这时候的模仿已重在关注教育思想和教学风格，表面上看，他是在模仿对象，包括声音、措辞、表达方式、体态语言等等，但实际上他已经有这样的需要和能力，即将这些东西内化，经过咀嚼、反刍、发酵，再结合自己的特点而固化、外显，成为自己的风格，已经有了创造的特点。我们都知道，自主创新是指创新个体依赖自身所具有的能力和资源进行并完成的创新活动。自主创新中知识、技术或制度等方面的关键性突破是依靠自身力量实现的，但模仿创新是指在率先创新的示范影响，个体通过合适的手段消化吸收别人的创新成果，并在此基础上进行改进的一种创新形式。模仿创新并不是原样仿造，而是在原有范式内涵得以保存的前提下有所发展，有所改善。

四、研究型模仿

课堂模仿，让新教师和专家型教师一起工作和学习，一方面从他们那里获得一定的教育理论和实践知识，另一方面则获得大量的不可言说的缄默知识和教育实践智慧，这种形式，有利于初任教师的成长。课堂模仿也有其自身的弱点，即使是到了第三阶段的高级模仿和模仿创新，它也有跟随性和被动性的特点，归根结蒂，最后还应该有自己原创的东西，也就是说，需要有一种“研究型模仿”。宋代姜夔在《白石诗话》中说：“一家之言，自有一家风味……模仿者语虽似之，韵则亡矣。”欧阳修也在《学书自成家说》：“学书当自成一家之体，其模仿他人，谓之奴

---

① 刘建明. 宣传舆论学大辞典. 北京：经济日报出版社，1993：358－359.

书。”这些“诗”、“书”虽然与教育艺术有别，但它们在许多地方时共通的，我们也当引以为鉴。另外，对于课堂模仿中的“被模仿者”，我们也要有自己的认识，比如，他们的经验固然丰富，有许多可学之处，但旧的应试教育在他们的身上也打下了深深的烙印。他们的“权威”背景，容易形成这样一种暗示：有经验的教师讲的、做的，都是正确的，这就容易使人良莠不分，对一些陈旧、过时的东西，也全盘照搬，这些也当引起注意、研究和辨析的。

图 7.1 为课堂模仿与教师专业发展的模型。

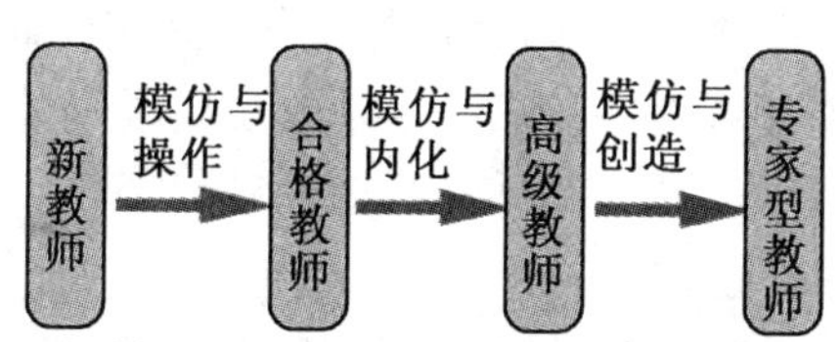

图 7.1　课堂模仿与教师专业发展

第三节　教师课堂模仿策略

一、教师基本素养的关注、模仿与固化

一个优秀的教师，表面上看他能说会道，有出色的课堂教学能力，但骨子里他一定是一个优秀的教育者，有丰厚扎实的人文和专业素养。仅仅学别人如何教学，不关注别人的内涵，能学到的也只是优秀教师的皮毛。苏霍姆林斯基说：“教师不仅是教书者，更是教育者。好的教学过程不单是传授知识，而是表现为多方面的关系——道德的、智力的、审美的、社会和政治的兴趣，把教师跟每一个学生结合在一起。”故课堂教学能力的学习与模仿，除了技术层面的教学能力之外，更多的要关注通过课堂体现出来的优秀教师的职业操守、交流沟通能力、更新和提高专业知识技能三方面的素养。

（一）隐性呈现的职业操守、人文素养

关于教师的职业操守，《教师法》中有明确的规定，其条款凡做教师的也耳熟能详，但作为知识层面的“知道”是一回事，在日常教学中践行、在课堂无意识下呈现的却又是另一回事，比如教学中潜在的道德意识和能力、尊重学生的隐私、个人权利及匿名请求的意识和能力等待，这方面有的老师有职业敏感，但有的老师就比较迟钝麻木。提的一个问题涉及个人隐私，或令人尴尬、让人难堪，导致学生所

不愿意回答，有的老师快感觉到了，改弦易辙了，但有的老师仍不以为然、我行我素。"我不愿意，我有权利不说。"这样的学生能被老师容忍吗？这样的现象在我们的课堂中是常见的吗？

相对于外显的、可以用条条杠杠归纳的职业操守而言，教师的人文素养是内敛的，在日积月累中养成，在不经意处显现，它是一种植根于内心的修养，一种无须他人提醒的自觉，一种以民主为前提的自由，一种能设身处地为别人着想的善良。"人文素养"往高层面说关乎国家的公平、正义，可以从理论上升华；往朴素的层面说，它就在我们的日常生活里，就在师生的关系中，就在我们的心灵深处。即使在课堂上，教师的举手投足、一颦一笑时也会偶露峥嵘，对于初级教师来说，这些只能通过多观察、多体会、进而去模仿、把握和习得。

（二）有效交流沟通能力

教师素养中，交流沟通的能力十分重要。沟通的能力实际上是根据受众、情境及文化背景，采取合适的语言的能力，但在实践中，有的教师往往把师生沟通和教师的单方表达甚至是训话混为一谈，导致的结果就是"你说我听"——因为你不在乎我，所以我不是用心听，而是用耳朵听，你的话我也左耳进右耳出。

结合我们的课题，就江浙地区的中小学情况来看，于年轻教师来说有两个问尤其值得注意，一是在课堂中，根据不同的情境采取有效倾听技巧的能力。倾听是积极、主动、努力地理解、保持、评价信息的过程，更何况是倾听孩子稚嫩的声音和思想，那就是在"倾听花开的声音"啊。但我们的许多课堂，焦点在教师如何传授上，总以为只要讲清了，学生也就接受了、听见了、听清了，结果就把"收听"、"听见"混同于"倾听"。"教师讲学生听"的课堂教学模式貌似看重学生的听，实质上是对听的极大误解和最大缺失，因为它缺失的是倾听。倾听的缺失自然导致师生沟通阻隔，交流不畅——单向的、被动的接听不可能反馈与对流。相反，倡导沟通与交流的课堂教学必然关注倾听，因为只有真诚的倾听才能实现深入的沟通与交流。

其次是关注优秀教师是如何在课堂上使用非语言符号的能力。无需凭借词语的信息沟通与交流我们称之为非语言沟通与交流，它具有超越语言而独自承担信息、情感和态度的沟通与交流的功能。在教学实践中，师生之间的交流除了语言交流之外，还常常通过神情、目光、体态、动作、环境来完成，有时候其作用大于直接的言语，例如我们提问时的神情，例如表现出期望、诚意、兴趣等等，就会直接影响对方的应答态度和表现。我们常常发现优秀教师在课堂上，当学生提问时，他的身姿前倾，主动走向学生，眼神表情都很专注，让学生感到他的问题是有价值的，能获得老师的兴趣，因此也有了进一步沟通与交流的愿望，这与人体动作学（kinesics）研究显示的，交流中动作和姿势是重要的信息源的理论不谋而合。

（三）更新专业知识和技能

相对于别的职业而言，“一劳永逸”、“一招鲜、吃遍天”这样的现象在教师中特别忌讳，你的工作对象是人，是在不断发展的，所以教师的专业知识和技能也必须“日新月异”。优秀的教师都有“教到老学到老”的特点，年轻教师应当引以为戒。结合本课题研究，窃以为以下几个方面应特别关注：

1. 拓展有关学习原理和教学策略的知识和能力

通过课堂模仿——在课堂上受指导教师的启发，如何更新观念、活化知识、强化能力。李镇西老师成名已久，是属于专家型的教师，本来可以“坐享其成”，但在最近他的一些文章和教学视频中，我们会发现他时时关注前沿信息，不断接受新知识，并将它们运用到教学实践。比如“接受美学”理论，这于我们传统的教学、特别是语文教学理论是“新生事物”——比如说，文学活动是作家、作品、读者三者互动的过程，作品的价值是作家的创作与读者的接受共同作用的结果，这样的说法在习惯于“挖掘文本意义”的传统教师看来就比较难接受。接受理论认为，文本本身是沉默的，它是一个“空筐”性质的召唤结构，呼唤着每一个读者参与，而正是“不确定性和意义空白促使读者去寻找意义，赋予作品意义的权利。”作品的意义来源于两个方面，一是作品本身，二是读者的赋予。伊塞尔说：“作品的意义只有在阅读过程中才能产生，它是作品和读者相互作用的产物，而不是隐藏在作品之中，等待阐释学去发现的神秘之物。”看李老师的文章、听他的课，你就发现这样的理论潜伏其中，时时彰显于外。我们都知道，入选教材的作品，都是经过时间检验、历久弥新的文学经典，内涵丰富，许多文本也包含着“意义不确定性”与“意义空白”，当学生带着“前理解”(个人的知识储备、生活经历、审美经验)来解读文本，对作品进行具体化，使鉴赏活动深入，建构自己的意义，同时也使我们的语文课和语文教材常教常新。

2. 不断更新知识和技能的能力

现代技术日新月异，教学领域亦是如此。网络游戏中有一种“外挂装备”，虽非必备，但有了它，主人公的能力和作用可以大大加强，上天入地也更加方便。作为初级教师，现代教育技术也是一种“外挂装备”，他们虽不陌生，但在具体的教学中如何充分地、恰如其分地发挥它的作用，就没有经验和把握，还须高级教师的示范。目前的现代教育技术已经超越一般的使用电脑、课件演示和上网络，还包括资源库建设、家校互动平台和班级主页的制作，以及优化多媒体设备和软件运用平台的管理能力。联合国教科文组织在《学会生存》的报告中说，必须从教育改革的角度来考虑教育技术的运用：“教育技术绝不是强加于传统体系上的一堆仪器，也不是在传统的程序上增添或扩大一些什么东西。只有当教育技术真正统一到整个教育体系中去的时候，只有当教育技术促使我们重新考虑和革新这个教育体系的时候，教育技术才具有价值。”就课堂模仿来说，透过技术层面的东西，关注那

些优秀教师是如何借此用自己专业素养、思想智慧去影响学生的情感、态度、价值观，就是核心所在。

二、教学计划与准备的关注、模仿与固化

（一）关注教学准备

初级教师对优秀教师的课堂模仿，不仅是在课堂上关注、模仿与固化，课前准备和备课也在其范畴之内。所谓备课，指的是教师上课前的准备工作，是上课成功与否的关键之一，也是提高教学质量的重要保证。不管是哪一种形式的备课，都要关注钻研教材、了解学生、考虑教法三个方面。① 其中对学生的困难和问题进行预测并做好准备的能力以及进行学生分析的能力尤其重要，拿浙江的特级教师王燕骅的说法就是“备课备课备学生”，不掌握学情的课堂教学，成功的几率就比较小。对于初级教师来说，确定关键知识点、相关实例、轶事及其他补充材料的能力十分重要，它是上好一堂课的基础和保证——即使不精彩，也能够让你的课丰富多彩，让学生增长见识并且容易吸引学生的兴趣，这也差不多是优秀教师的“杀手锏”，对此进行模仿和学习，也较具有可行性和操作性。

（二）关注教学方法和内容设计

关注优秀教师是如何设计教学方法和教学内容的，是课堂模仿的核心内容之一，以下几点须在课堂中特别关注：

(1) 教师是否具有随时随地设计或修改教学活动的能力，以适应学生、教学环境和呈现方式。有人说了句绕口令一样的话：“坏的学校是寻找适合教育的孩子，好的学校是寻找适合孩子的教育”，两者的区别是非常大的，体现的是教育观念落后的还是现代的问题。设计教学活动以适应学生就是那种好学校、好老师的所为。

(2) 是否掌握学生、其他参与人员和教学环境的相关特征的能力。2010 年 6 月中旬，是杭州市教育局发起的名师赴临安山区的支教活动周，由笔者带队的语文名师给当地的老师展示了两堂优秀的展示课。建兰中学的孔晓琳老师在上课钱，花了几分钟时间，和孩子们谈论临安的地方文化，特别是关于钱武肃王的故事，还结合我们的时代风貌和孩子们当下的生活，谈这些故事传说的现代意义。这些故事传说，就历史的角度说不一定是真实的，但附着在它们身上的精神和文化却完全具有真实性。现在地方文化教学处于这样的一种尴尬境地：谁都在说它很重要，但具体的教学中，鲜有学校和教师舍得在上面花时间，因为它和考试、和升学率没有关系。孔老师对这样的形势有精准的把握，在她看来两者并非对立或者是非此即彼的关系，她的教学中有一种将两者融会贯通、相

---

① 中国中学教学百科全书编委. 中国中学教学百科全书. 沈阳：沈阳出版社. 1991：144.

辅相成的愿望。她提的许多问题，不脱离孩子课本、教材的核心知识点，也照顾到当地文化，还将听课人也当做很好的教学资源，再结合孩子们的知识储备、审美经验和生活经历，所以尽管是陌生的班级、陌生的学生，感觉仍然是信息量大，各种文化知识水乳交融，课堂也不沉闷，没有一般讲地方文化课的材料驳杂、贪多嚼不烂的感觉。

(3) 明确目标、任务及次序的能力。有人路遇某小学老师，寒暄道："最近忙吗？"对方回答："小学老师有不忙的时候吗？""那么你们在忙什么呢？""我要是知道忙什么，我就不忙了。"这则对话虽然具有玩笑的性质，但也在某一方面说明了，我们有些一线教师，确实因职业倦态而呈现盲目、麻木的状态。美国电影《异乡琴恋》①中的老师很值得我们学习，他也很忙，但总有驾轻就熟、好整以暇的本事，他的课堂表面看起来松垮垮的，学生很自由，教学很"放羊"，但实际上内在很紧凑，教学的知识点扣得很紧，安排教学目标、任务及次序的能力非常强，值得我们学习。

(4) 选择合适的教学方法、策略和呈现教学内容的能力。古人说，"工欲善其事，必先利其器"，这一款是我们的课堂教学中最常见、也是最考量一个教师水平的能力。有此能力者，课堂上挥洒自如、左右逢源，无论如何繁重的教学任务，他都能够好整以暇。无此能力只见他忙忙碌碌、庸人自扰、焦头烂额但却收效甚微。

(5) 设计或修改课程内容、教师手册、评价工具和支持材料的能力。初级教师在课堂教学中往往"没有自我"，他们只起"传声筒"的作用，而优秀教师就不是这样，这差不多是两种的"分水岭"。王国维在《人间词话》中有关于"有我之境，无我之境"的论述，核心观点是"有我之境，物皆着我之色彩"。他还举例道："'泪眼问花花不语，乱红飞过秋千去'，有我之境也。'采菊东篱下，悠然见南山'，无我之境也。"王国维是针对作诗而言的，其实教书也应该是这样，能够做到课堂"皆着我之色彩"。

笔者曾经在杭州参与过一个教研活动，是青年教师和特级教师的"课堂 PK"（同课异构式的课堂竞赛）。两位老师上的都是《威尼斯小艇》，文章是游记性质的文本，青年教师循规蹈矩，按照教学要求和参考书进行，重在知识介绍和文本内容，看不到教师自己的个性和思想见解。但特级老师却有取有舍，重点只讲一段："商人夹了大包的货物，匆匆地走下小艇，沿河做生意。青年妇女在小艇里高声谈笑。许多孩子由保姆伴着，坐着小艇到郊外去呼吸新鲜的空气。庄严的老人带了全家，夹着圣经，坐着小艇上教堂去做祷告。"

为什么单单讲这一段呢，根据特级教师的分析，这一段文章很有"嚼头"：作者

① 原名：Running on Empty，导演：Sidney Lumet.

为什么先说“商人”的匆匆做生意，再说妇女谈笑，再说孩子到郊外玩，最后说老人夹着圣经去做祷告。从作者为何摄取这样几个点来写，为何这样的排序？仔细琢磨，从中都可以看出西方社会的缩影：孩子的天堂、成人的战场。威尼斯是一个商业城市，于男人是“战场”，所以要“匆匆”，但对孩子来说是天堂，他们可以充分享受童年的幸福。威尼斯是个开放自由的现代化城市，所以女人们可以放声谈笑（对比中国传统文化中的对女人要求的“笑不露齿、坐不动膝”）。但它又是庄严肃穆的古老的城市，所以“庄严的老人带了全家，夹着圣经，坐着小艇上教堂去做祷告”，但所有的这些活动，都离不开小艇。老师讲的内容，未必是作者想表达的，教材、教参的字面上也看不到这一点，但这样的分析确实合情合理，甚至是入木三分。这样的课堂，老师就不仅仅是在串讲作者的文章，而是老师只将文本当做材料，尽情地发挥自己的知识和智慧，在这样的课堂里，学生耳濡目染，会积淀文化意识，解读和分析文本的能力也会提高。

三、课堂教学实施的关注、模仿与固化

优秀的课堂教学，不光有精心的准备、严密的设计，还有良好而有效的策略实施过程。我们常说的教学紧扣“情感、态度、价值观，过程与方法”也包含这一元素，那么，优秀教师这方面的素养和能力也有许多方面值得我们关注与学习，在具体的课堂上，须高度关注进而模仿的有以下几点：

（一）激发并维持学习动机和学习投入的能力

这一方面的教师素养其实我们耳熟能详，比如去繁就简、提纲挈领，使学习目标清晰明确的能力；培养孩子们良好学习态度的能力；比较长久地维持学生注意力和学习兴趣的能力等等。有著名摄影师，他拍的儿童照片屡屡获奖，有人赞叹他的天赋，摄影师说：“让孩子们目光一致、聚精会神地盯着镜头不是容易的事情，我没有摄影天赋，但我有能让孩子注意我的技巧——我爱在自己的头顶上放个什么东西，比如摇摇欲坠的苹果，当孩子们都极其关心苹果是否会掉下来的时候，我就按动了快门。”其实我们做老师的也是这样，有的老师，知识能力并无过人之处，但他的课堂总是秩序良好、教学有效，小小的不同只在于，他在吸引并保持学生注意力方面比较关注，也有比较强的能力、比较多的方法。

就课堂教学而言，设计有效的、让学生感兴趣的问题，使其投入热情，有质疑的愿望，无疑是最重要的。比如针对教材的质疑，只要做个有心人，机会有的是。我们的许多教材，初看没什么问题，但细究起来都可商榷，而许多老教师已经在这方面作了很好的表率。比如某特级老师在上《说茶》一课时，在完成基本的教学任务之后，就抓住课文中的一句话不放：“从制作方法来看，茶可分为绿茶、红茶、花茶、白茶、乌龙茶和紧压茶六大类……”其中的分类因品种、工艺等标准不同而导致分类的重叠现象，绿茶与紧压茶，有交叉关系，但不细究看不出来。还有某特级

教师上《开国大典》，[①]抓住其中的一段话来质疑："参加开国大典的，有中华人民共和国中央人民政府主席，副主席，各委员，中国人民政治协商会议全体代表，工人、农民、市民、各学校师生、各机关人员、城防部队，估计总数30万人。"这里的问题也是在分类时，标准不统一，"市民与各学校师生"是交叉关系，这样分类是不合适的。在这里，到底是不是找到了错误、或者说找到了能否纠正教材其实并不重要，重要的是在过程中让孩子们养成一种不盲目崇拜权威的质疑精神，从小建立科学探索的精神和自信，"哇，原来专家也会错的啊！"这样的质疑，能促进了孩子研读教材的兴趣和愿望，对激发他们的学习动机大有裨益。特级教师沈大安说过，语文教学要培养孩子的钻研精神，师生共同"寻找文字中的缝隙"十分重要，[②]优秀教师在课堂上深入文本、带领学生建立自信、勇于探索的精神是很值得我们借鉴与仿效的。

（二）有效的促学技巧

身先士卒、事必躬亲甚至最后鞠躬尽瘁的"领头羊"式的教师当然值得敬佩，但从现代教育的观念看，这样的教师未必是最优秀的。现代性的好老师，更多地体现在如何利用参与者的知识和经验的能力、为全体学生指明方向的能力和使学习活动高度聚焦的能力，在课堂教学中，他是个"装疯卖傻"者，一个幕后的策划者、一个煽风点火者、一个使活动能够继续进行的资源和技术支持者。有人就曾说过：好教师就是那些善于挑动学生进行"思想群殴"的人。苏霍姆林斯基则说：教师不仅仅是知识的传授者，而且是塑造一代新人的"雕塑家"。他说："你不仅仅是活的知识宝库，不仅仅是一名专家，善于把人类的智力财富传授给年轻一代，并在他们的心灵中激起求知的欲望和点燃热爱知识的火花，你们是塑造一代新人的雕塑家，是不同于其他雕塑家的特殊的雕塑家。"[③]这里也提到了教师如何有效促学的问题。

曾经有这样一堂展示课，课文是经典的《给颜黎民的信》，执教者没有把过多的精力放在梳理课文上，而是着力挑起学生思想上的争斗：题目明确说信是写给"颜黎民"一个人的，可是在信的第二小节说"我希望你们不要放开科学"；第三小节说"我不知道你们看不看电影"；在结尾处却写"祝你们好"。对"颜黎民"一个人称"你们好"是否前后矛盾？鲁迅到底给多少人写信？

结果简单的一堂课变成了班级的"全民大讨论"，有的说是作者的笔误——鲁迅为什么不可以有笔误？有的说是鲁迅先生收到颜黎民的来信后，鲁迅身边的人对颜黎民的身份有种种猜测：或为教师，或为工人，或为青年学生，鲁迅则把他看

① 参见人教版第十一册。
② 沈大安．新课标小学语文阅读快车．杭州：浙江教育出版社．2008：78.
③ 苏霍姆林斯基著；毕涉芝译．育人三部曲．北京：人民教育出版社．1998：154.

成文学爱好者的代表，所以是“你们”。但有人在此反对，说这封回信毕竟是写给个人，在称呼中写“颜黎民君”，信中有的地方仍然用“你”……

在这里，到底答案是什么并不重要，重要的是，课堂里所有的人都参与并且投入到课文中来了。依据的寻找、观点的提出、思想的驳辩中自己的智慧和能力得到了提高，这才是课堂的价值所在。在这样的课堂上，教师是否有鼓励和支持合作的能力、引领学习活动及时终止的能力。监控、评价和适应动态变化情境的能力也都显露无遗，这些也都是听课的初级教师们应该特别留意的地方。

（三）有效的提问技能

《倪焕之》是叶圣陶的教育题材的小说，里面有一个讲述教师课堂提问的细节：“教员问的时候，不惮一而再，再而三，直到听见了他们预想的答语方才罢休。譬如问：我们天天吃什么东西的？回答说：粥。于是又问：粥以外，吃什么东西呢？回答说：饭。于是又问：饭以外，吃什么东西呢？回答说：面，馒头，大饼，油条。于是只得换个方法问：我们每天不是吃茶么？回答说：真的，我们每天吃茶。老师这才算满意，开始转入本题说：我们今天就讲这个‘茶’……”①

实在让人忍俊不禁，那么多年过去了，还是小说，但这样的滑稽场景在我们当下的小学、中学的课堂里不是屡见不鲜吗？

有人曾说，教师设计问题的水平也就是他的教学水平，这话有一定道理。提问是课堂教学的常用策略，也是最重要和最有效的教学手段，它在教学中起激发、提示、交流和评价的作用。现代教学理论认为，教学就是对话，而对话的基本内容是问题，也就是说，提问不仅是教学手段，它本身就是教学内容，具有自己的教学价值。教育家盖尔的“高质量学生回答”的5个属性：① 清晰性：学生回答问题时所用的语词完全叫以理解，不含糊，也不存在说话不完整或者思维混乱的现象；② 精确性：学生的回答不存在事实性错误，是以正确的信息为基础的；③ 确切性：学生很明确他（她）在跟谁说话以及在谈论什么话题；④ 支持性：学生提出各种理由、事实或例子来支持他的陈述，或者他会解释构成自身观点的标准或假设；⑤ 复杂性：学生的回答表明他意识到可以从多个角度看待正在讨论的问题，在达成个令人信服的看法之前，他必须考虑多重观点的影响。② 以上几点，都是初级教师可以在课堂教学中关注优秀教师提问的几个方面。

照理说，提问既是自我观念的表达，又是向对方请求帮助，它与陈述、祈使等言语形式相比更具有诚意。但实际上教师的提问都是“伪问题”——问题的答案此刻就在教师的心里，老师从不提不知道答案的问题，教师提问本身不是目的，目的是引出学生的问题并帮助他们寻找答案，如果说教师的问是在叩响孩子的心灵

---

① 叶圣陶.倪焕之.北京：人民文学出版社.2000：126.

② 高德胜.知性德育及其超越.北京：教育科学出版社，2003：178.

窗扉，那么孩子的答则是一个梳理思维、敞亮心灵的过程。师生通过问答，不仅是理性的、思维的层面，也要让孩子们情感涌动，达到精神和情感世界的依偎和融合，归根结底，能够导致学习活动的展开，也就是把把教师的问题转化为孩子们的问题，把理论的问题转变为可以通过实践寻找答案的问题，那样的提问就是有技术含量的问题。

在针对由教师引出的学生问题时，应特别要关注“诉求性问题”——这类问题除了字面意思之外，它其实是学生在向老师表明，我对这个问题很感兴趣，但我不懂，所以希望你给予帮助，因此它不是言语，而是“言语行为”。那些对“问题教学法”比较娴熟的老师可能更关注于这些方面，它包括具体为：① 通过联想使心灵前进到极致。② 将经验到的困惑理性化，使之成为可以找出答案的问题。③ 以不断联想作为假设，着手进行和指导观察，或者成为收集材料的活动。④ 推敲和推测。⑤ 通过行为检验假设。①

卡·波普尔说：“科学和知识的增长永远始于问题，终于问题——愈来愈深化的问题，愈来愈能启发新问题的问题。”应试教育的课堂价值重在知识记忆与再现，课堂的问答也重在正确答案的获得，提问的沟通与交流功能被搁置了，它成了一种辅助性的教学技艺。现代教育讲究发展学生的智慧成长、重视人的个性发展和社会性发展齐头并进，实践能力和沟通能力呈了教育的核心目标之一，所以提问的价值应该重新被认识。

（四）提供阐释和反馈的能力

传统教学中，教师拥有绝对权威，学生除了倾听，记下“知识要点”之外，没有多少话语权和言说欲。但现代教学理论认为，学习并不是由外到内的知识传递，学生不是被动地接受知识，而是通过对新信息的选择、加工，从而建构起自己的理解结构。优秀教师的教学能在学生的“启智、陶情、冶性、锤志、健体”中发挥作用，为学生提供问题阐释和反馈的渠道、机会和能力。

现代教学理念以为，课堂教学中，师生之间的“授受式听讲”，应该被“平等对话”所替代，对话不仅是教师与学生的，还有重要的第三者“文本”参与其中。文本就某种意义上说，只是个“框架结构”，其中的内容由读者填充。它自脱离作者后即存在于客观世界，具有开放性特点，教师和学生一样，也只是阅读者中的普通一员，对文本的理解也只是文本阐释的一面，学生同样有对文本进行阐释的权利——也即结合自己的知识储备、生活经验和审美体验进行“填充”的过程。在这个意义上讲，教师不再是传道、授业、解惑者，他是参与角色中的“平等中的首席”。

“好的教师就如同一个交响乐队的指挥，他不是演奏者，而是指挥演奏的人。”教师在课堂上授课，就要充分发挥这种“指挥”的作用。

---

① 约翰.杜威.我们怎样思维·经验与教育.北京：人民教育出版社.2005：82.

(五) 关注促进知识和技能的巩固能力

促进知识和技能的巩固,也就是指在教学中要求学生熟练地掌握所学的知识和技能,发展学习能力。巩固知识、技能的主要方法是复习和练习。复习和练习可以使学过的知识得到加深和充实,可以把前后知识联系起来,使知识条理化和系统化,同时还可培养学生运用知识的能力。组织好复习和练习,方式多样;重在教给学生记忆方法,发展记忆能力;注意已学知识的运用,以加强知识的巩固。在具体的教学过程中,有"序列阶段性规律"的问题,表现为学习者动机、感知、理解、巩固、运用、检查方面的习惯和能力。教学的目的不仅是要使学生掌握知识,以便将来能够把这些知识运用于实践,这样的课堂,学习者主要关注是优秀教师在以下方面的表现:首先是教师是否具有将学习活动与学生已有的知识联系起来的能力。其次,教师是否提供了让学生综合和整合新知识的机会与能力。第三,教师是否在课堂上提供了反思和回顾的机会的能力。

值得一提的是,这方面文科和理科,或者说理性的课程和情感性强的课程是有一定区别的。就文科课程来说,鼓励学生对概念和思想观点进行细化的能力显得特别重要,比如语文,我们通常说的,促进知识和技能是远远不够的,学习语文更多的意义在于通过课堂教学来寻找失落的人文意识,挖掘深厚的文化底蕴,张扬充满生命的个性,其中最好的方法就是诵读美读、涵泳。诵读可以披文入情,以己之情融作者之情,以己之情碰撞文本之情。宋代学者陆九渊有诗云"读书切戒在慌忙,涵泳工夫兴味长。未晓不妨权放过,切身须要急思量。"吟味涵泳指读书要细细体会,沉浸其中。是"潜心揣摩"的读,"反复品味"的读,是带有"反自性"的读。吟味涵泳正是主体深入感受、内化体验、建构意义的重要途径。

(六) 促进知识和技能迁移

迁移是学习的一个重要方面,原指先前的学习对后续学习的影响。根据《当代西方心理学新词典》的说法,迁移的类型很多,可分为一般迁移(一般观念原理的迁移)与特殊迁移(具体知识、动作的迁移)、正迁移(一种学习对另一种学习的促进作用)与负迁移等等。迁移的产生与教师的教法密切相关,这是心理学家的研究发现,①也是我们一线教育实践所证明了的。我们当前基础教育中,教师促进学生知识和技能的迁移一般在以下几个方面发力:一是重视知识的探求过程学习。学习即是新知识和旧在头脑中建立联系的过程。二是重视教学中的发散性思维,鼓励学生积极运用多元思维,从不同角度、不同侧面、不同方向、不同途径去观察、思考和分析问题。三是在教学探究的过程中注重知识的层次性。四是强化归纳与概括能力的训练。

在教师促进学生知识和技能迁移的能力中,示范知识和技能在真实情景中运

① 俞文钊,杨治.实用心理咨询.兰州:甘肃人民出版社,1978:87.

用的能力特别值得一提。有些教师不能得到学生的尊重，原因在于教师在教学中“没有自己”——他只会搬运教材、教参上的陈词滥调，而没有自己的思考、自己的语言，更不能在真实的、生活的场景中运用这些知识，示范给学生看。曾有这样一个例子，郭敬明是当下青少年追捧的作家，但在成年人看来，他的作品比较肤浅、故弄玄虚、无病呻吟的东西比比皆是。但你光这样说不足以服人，你得拿具体的例子给人看，但现在没有多少语文老师能够做到这一点——他们大部分人连郭敬明的书都没有看过几页。但能够做到的老师还是有的，有老师拿郭敬明的《爵迹》说事，具体挑选开头部分进行分析：“窗外的夕阳把坐落在福泽镇镇口的这家驿站笼罩在一片温暖而迷人的橙色光芒里，从门口望去，是一条笔直的小道，稀疏的行人背着各种行囊，偶尔有马车运送着福泽镇特产香料和手工缝制的皮革离开这个小镇，最近福泽的香料在南方靠海的港口卖得特别好。道路两边的绿草，在初冬的时节里，已经枯黄成一片了，风卷起枯草碎屑，扬在空气里，如金色的沙尘。阳光把初冬里的世界，刷成温馨的金色。”

在这样一段简单的文字中，从语文的角度说问题是很多的，比如“坐落”，一般地说，小的坐落在大的部位，才叫“坐落”。“坐落在福泽镇镇口的这家驿站”说法是不准确的。比如“橙色”，首先就艺术审美的“陌生化效果”来时不新颖，别人用烂了，但到了后来又成了“金色”，是作者健忘还是拿不定主意？“温暖而迷人”更是俗套。王国维先生曾说：“一切景语皆情语”，写景不是浪费笔墨凑字数，它是要和人物情节发展相呼应的，但这样的描写与后来出现的魔幻人物有点风马牛不相及。再看“初冬时节”累赘了，初冬本来就是时节，何劳你重复说。枯黄的绿草？是魔幻的刹那间的自然变化？各地来的行人带各色行囊那是自然的事情，从后文看没有特别指出的必要……

这样来分析郭敬明的《爵迹》，就能说明这不是严谨的文字，当然也不是高明的作家，这样的文字，表面看靓丽温情，实际上没有章法、呈现文字功底的粗疏，这样的分析就能证明该老师“示范知识和技能在真实情景中运用的能力”。

四、课堂教学评价的关注、模仿与固化

教学评价（teaching evaluation）指的是在收集各种信息的基础上，对教学过程及其结果进行价值判断，为执教者提供依据，以便对教学活动进行调控，有效完成教学目标的过程。值得一提的是，教学评价与教育评估是有所区别的，教育评估（educational evaluation）以包括教学活动在内的整个教育活动及其效果为其评估对象；注重从宏观上协调教育活动与其外部环境之间的关系，以能否满足经济和社会发展需要作为评估标准；但课堂模仿中的教学评价则比较侧重课堂的、微观的教学活动，注重改进教学活动本身，以协调学生的原有基础与国家教育目标之间的矛盾。这其中也包括课程评估——以课程教学条件、过程与效果为对象，依

据课程教学目标，系统地收集信息并给予价值判断，为优化课程教学提供科学依据的过程。如果要表示它们的关系，可以说，课程评估是教学评价的有机组成部分，而教学评价是教育评估的有机组成部分。

教学评价是一种多层次、多要素的评价系统，它没有绝对的标准，因此在课堂模仿研究与实践中，我们该向优秀教师学什么有一定的难度，但窃以为可以从以下几个方面加以关注：

(1) 关注该教师在课堂教学中进行教学评价时的价值标准。凡是评价，都须以一定目标、指向为标准来衡量客体效用的。有一则轶事说，当初卡拉 OK 的软件是“打工皇帝”唐骏做的，这个软件的功用是在卡拉 OK 机上唱毕一曲，电脑会自动显示你唱歌的分数。但那标准如何定呢？什么样的人唱的能够是 100 分？唐骏说，标准是我定的，以我的唱腔为准，我唱的都是 100 分，唱得像我的都得高分。但据听过的唐骏唱歌的说，他唱歌都是要跑调的。

在课堂教学评价中，依据同一价值观念标准对教学活动进行评价是必不可少的前提。优秀教师并不因为自己的好恶或者学生的成绩好坏、讨人喜欢与否来作出评价，而是有一个一视同仁的评价标准。当然，这个标准也不是绝对的，而是相对的，不是横向的，而是就个体而言是纵向的。小学语文教材中有一篇课文叫《爱因斯坦的小板凳》，讲的是爱因斯坦上小学的时候，老师让大家做手工，交作业时，爱因斯坦交的是一个制作粗糙的小板凳，教师举着这个板凳生气地说：“有谁见过比这更糟糕的板凳吗？”教室里一阵哄笑。但爱因斯坦举手说：“老师，还有比这更坏的板凳。”结果就从书桌下拿出两个更粗糙的板凳来。这时候文本的描写是“教室里一下安静下来”，这个“安静”也包括在场的教师——我们可以揣摩出教师的心已被打动，也就是说，他的评价标准已不再是作业，而是从学习态度的角度为爱因斯坦所折服。这样的评价标准的转变应该是合适的。

(2) 关注教学评价的多样化。教学评价的属性一般有过程性评价和目标性评估。目标性评价的目的是在教学过程中不断揭示现象与目的关系，并指导其达到阶段目标，直至逼进终极目标。而过程性评价，则属于指导性，它在达标过程中，重在过程，需要对学生不断进行指导，离开指导，评价亦就失去意义。

除此而外，我们需要关注的教师课堂教学中教师评价的系统性，比如他的评价关注到了认知层面的，但是否忽略了学生的态度情感，具体操作层面的，他能关注到检测个人和小组的绩效，但是否也关注提供自我评价的机会等等。

在评价标准的确立，不同学科知识背景的教师评价差异较大，有时候也掺杂一些情感性的主观因素，个人思维方式也关系到评价行为，影响到评价结果。有时候一些属于鉴定性的课堂教学评价，还有领导等但其他非专业领域的人员，但他们的评价未必就是盲评，也可能有宏观的、合理的、理性的成分，值得我们借鉴和关注。

优秀教师的评价能力，不仅体现在评价教学材料、评价教学方法和学习活动的能力，更多的是体现在评价别的教师绩效的能力，有些“教而优则仕”的现象起点是在这里。所谓绩效，亦即成绩和效益，指教师在教学工作中达成教学目标的程度和实现目标过程中利用资源的情况，包括教学业绩和教学效率两个方面。教学是师生共同参与的过程，教学效果不仅体现在学生身上，也发生在教师身上。因为教师通过教学，即使自己的专业知识、专业能力得到发展。在教学绩效中，教学的科学性、民主自由的氛围、艺术的趣味性是重要因素。科学性包括教学内容、教法和学法的科学性。民主自由的氛围指师生关系的融洽、生生之间的合作、课堂气氛的活泼等等。艺术趣味则表现在对话、交往、表演、组织活动的艺术性等。

“绩效”一词原来更多地运用在企业管理方面，原来指的是投入产出的情况。但某种意义上说，教学也是一种投入产出：我们投入的是时间、精力、智慧等资源，产出指的是学生在学生在知识的学习、道德的成长，智慧的增长等方面在数量、质量及效率方面的完成情况。教师绩效的特点有多因性、多维性的特点。多因性是指教师的绩效高低受个人智力、教师的需要结构、感知、价值观等）、承担某种任务的机会）、环境（包括文化环境、客观环境等）。多维性是指需要从多个不同的方面和维度对教师的绩效进行考评分析。不仅考虑工作行为还要考虑工作结果，如在实际中我们不仅要考虑教师的完成情况，还有考虑其合作态度、与其他教师的沟通协调等方面，综合性地得到评价。

五、课堂教学管理的关注、模仿与固化

这样的现象我们在教育一线已经屡见不鲜：看看这位教师，知识丰富，教学能力也强，但在具体的课堂上，他没有教学管理的经验和有效技能，结果是课堂秩序混乱散漫、师生关系紧张、课堂气氛压抑，教师的教学压力和学生学习的心理都负担重重，教学目标实现也无从谈起。由此可见，课堂教学管理能力在教学上非同小可，它几乎能决定教学的成败。一个缺乏课堂教学管理技能的教师，永远也不会成为优秀的教师。

“课堂管理”不等于“学生课堂纪律管理”，现代教育理论认为，它应该更多地指向教师在课堂上采取行动，制定规则，激励或激活学生合作学习，也即为学生提供良好的学习环境的过程，从中体现教师的教学策略和教学目标。它的核心在于促进学生同心协力地参与课堂活动，创建生气勃勃、卓有成效地完成教学任务。

关于教师课堂教学管理能力的构成，众说纷纭，有的说包括了解学生需求能力；建立良好的师生关系、同学关系的能力；提高学生动机水平的能力；制定课堂行为标准的能力；处理学生纪律问题、违规问题的能力；用问题解决法和行为矫正法正确解决学生行为问题的能力。有的说包括处事公平的能力；乐于倾听他人意见的能力；愿意适当地表扬孩子们的能力；营造融洽气氛的能力；激发学生学习兴趣的能力；计划和组织课堂的能力；理解孩子们心理的能力；在任何时候对教室发

生的一切全都了如指掌的能力；具有人格魅力，吸引学生的能力。

结合我国国情和具体教学实践的可操作性，我们以为当下的作为课堂管理者的教师所面临的管理一般有四个方面，即对教学对象的管理，对教学资源的管理，对教学环境的管理，对教学时间的管理。其中最主要的当然也就是对教学对象，也即对学生的管理，课堂模仿最重要的也就是关注以下几个方面：

（1）预测并处理可能影响学习和绩效情形的能力。

（2）确保学生能够获得所需资源的能力。

（3）与学生共同制定基本规章和学习期望的能力。

（4）采取合适的方式方法，及时阻止不良行为的能力。

课堂教学管理历来是教师最棘手的问题，也是最耗时间和精力的工作。如何有效地组织和管理课堂成为许多教师面临的严峻挑战，而有效的课堂教学管理常常构成有效教学的基础和前提。所谓管理出效益、管理促质量。

第四节 “课堂模仿”研究成效举偶

为了解课堂模仿效果，笔者制作了简单的考察测评工具，[①]对课堂模仿成效进行调查，调查内容如表 7.1 所示。

表 7.1 课堂模仿活动成效

分类	级别	特　征		赋值分
实践应用层	4	借鉴创新同化借用	对名师有模仿也有超越与创新	8
			内化名师的教学观念、“缄默型”知识与技能	7
精神文化层	3	文化认同心理感受	关注并趋同人格魅力、名师文化和艺术特性	6
			受到名师教学的文化和艺术特性影响	5
情感心理层	2	情感交流 2	通过课堂模仿，情感上与学生水乳交融	4
		情感交流 1	通过课堂模仿与学生有更好的情感交流	3
认知接触层	1	二级	通过课堂模仿了解、采用名师教学规律	2
		一级	通过课堂模仿感知名师教学技巧	1
	0	无	课堂模仿完全无效	0

① 此工具参考了霍尔和郝德(Hall & Hord)1987 年关于新知识和新技能体验与应用程度系列行为分类的研究成果.

层面的知识及其应用、解决问题能力、随机应变能力、课堂管理能力、运用测验改进教学的能力、对学生尊重以及对教师专业情意等等。

表 7.1 赋值 0～8 分，其中 0～6 为非应用层，7～8 为应用层，应用层是对课堂模仿活动内化之后的应用行为。调查对象是经我单位培训的、2010 年浙江省“领雁工程”的两个教师培训班，该培训班为期两个月，其中一个月为理论学习时间，一个月为教育实践，分组赴杭州市最优秀的小学，跟从小中高以上职称、乃至著名特级教师开展日常教学活动。在这样的教研活动中，有实践之前的“试行性研究”；也有实践后的“评估性研究”，既有关于学员教师的教学参与性研究和课堂管理的实验性研究，也有关于教师专业素养的诊断性研究——该研究侧重于对教师行为本身的研究，为专业素养改进提供参考。加上学员有大量的时间和精力用来随堂听课，开展利用课堂模仿提升教师教学能力的研究比较合适。在培训结束半年之后，要求学员根据调查量表，结合自己的教学实践活动和取得的成效，填表反馈。本次发放调查表 76 分，实际回收 74 份，有效问卷 73 分。经输入赋值得分和 SPSS 软件计算，其投射分布状况如图 7.2 所示

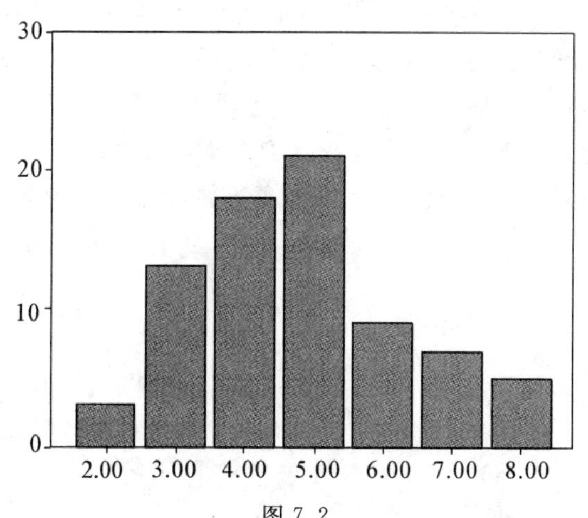

图 7.2

从图 7.2 大致可以看出，最高为得 5 分者，即“受到名师教学的文化和艺术特性影响”者频率数值超过 20，其次为“通过课堂模仿，情感上与学生水乳交融”者，7～8 的“内化名师的”内化名师的教学观念、“缄默型”知识与技能/对名师有模仿也有“超越与创新”也有几近于 5 的比例，而“对课堂模仿没有感觉”为 0，“通过课堂模仿感知名师教学技巧”的频数很低，说明不但大家都已经参与，而且不再如一般教师那样侧重于认知层面和技能层面，而是侧重于教学智慧与师生情感。以上调查和统计甚为粗浅，但也可充作我们进行课堂模仿活动研究的雪泥鸿爪。

【小结】 就研究实践来看，通过课堂模仿，促进教师专业成长最大的难点不在于理论接受或者操作技能层面，而在与内化了的、能贯彻与具体教学的教育观念的更新。教师在教学实践中所形成的对教育、学生和学习等的基本看法，是教师对教育本质的理解，然后经过选择、认可和确信这些基本看法，并以一种无意识的经验假设支配教师的教育行为，它一经固化，便有了自己的惯性，比较难以改变。而教师持有什么样的教育理念，将直接影响着教师活动和知觉、判断，进而影响到他们的工作态度和教学行为，甚至影响着未来教育的性质与状态。要通过课堂模仿，使普通教师能够如名师那样，将先进的教育理念立足于未来性、生命性与社会性，其中包括新的教育观、学生观和社会活动观，都不是可以一撮而就的事情。

就广义的层面说，模仿不仅是一种学习方式，它也是一种艺术的创造，模仿过程中能给人以快感，这也是模仿成为艺术创造技巧的内在原因。模仿行为的出现，大大促进了艺术的发生和形成。模仿对于人类来说，既是一种认识方式的实践活动，又是一种基本的、运用最为广泛的技巧，教学本质是说也是一种艺术，所以教学能力的学习，模仿是一个必需的步骤。但问题是，对于课堂模仿的评价问题，目前鲜有可行的方法。按照柯克帕特理克的“四层评价法”，一个完整的教师培训评价过程应该包括反应层、学习层、行为面、结果层四个层面上的评价。反应层评价指受训人员对培训项目的看法。学习层评价是测量受训人员在知识、技能和态度方面的提高。行为层的评价主要是检查他们是否在实践中运用了培训中学到的知识。就这四个层面来说，课堂模仿的研究还很不够，我们也还有很长的路要走。

第八章

农村教师专业素质提升之“同伴互助培训”

第一节　同伴互助研究的理论支撑

一、同伴互助的概念

（一）概念的产生与发展

同伴互助的概念最早出现在美国，在20世纪60年代前后美国对教师培训工作日渐重视，但是当时只有10％的教师将其在专业培训中习得的教学技能和策略用于教学实践，新知识的迁移率非常低。究其原因，人们将之归结为教师学习动机和态度方面的原因。

20世纪80年代初，美国学者乔伊斯和肖尔斯（B. Joyce，B. Showers）首先提出了“同伴互助（peer coaching）”的概念，他们认为，改变早期教师培训模式的设计和组织方法可能有助于教师将培训内容迁移到教学实践之中，过去将教师培训低效的结果归咎于教师自身可能是错误的。他们假设，教师可能需要一些持续的帮助和反馈才能够在教室里应用新的教学策略和方法。他们在随后的研究中验证了这一假设，并证实了同伴互助的效果，拥有“同伴互助者”的教师比那些独自工作的教师更容易运用新的教学策略和方法。因此，他们提出建议：学校应让教师组织和参与同伴互助小组，以使教师之间能够互相帮助、彼此支持和共同成长。

同伴互助对应于英语中的peer coaching，与peer instruction（同伴指导）、peer supervision（同伴监督）等是同一概念的不同提法。随着学术发展，出现了多种关于同伴互助的概念，本文选取了其中最具代表性的三种。

1998年，英国的托平教授和美国的尔利博士在《同伴互助学习》一书中提出：“所谓同伴互助学习，是指通过地位平等或匹配的伙伴即同伴积极主动的帮助和支援来来获得知识和技能的学习活动。”[①]在这里，同伴互助学习的涵义广泛，包括

① 吴秉健．国外教师同伴互助、伙伴指导研究综述．中国信息技术教育，2009(5)：81.

同伴指导(peer tutoring)、同伴示范(peer demonstration)、同伴教育(peer education)、同伴咨询(peer consulting)、同伴监督(peer monitoring)、同伴评价(peer assessment)。

2004 年,美国墨西哥州立大学约翰·密尔(Jon'a Meyer)和塔拉·格雷(Tara Gray)在《教学中的改革》一文中提出:教师同伴互助、伙伴指导活动是一项教学中的改革。这种方式可以使教师根据自己的意愿,在开放的环境中提高自己的教学研究水平。教师同伴互助、伙伴指导的首要目标,是给教师提供积极的反馈意见,不是平时大部分教师从学生那里听到的消极和负面的评论,而更看重的是教师个人的发展和变化。

2006 年,土耳其伊斯坦布尔马麻拉大学(Marmara University)英语系德琳·艾塔(Derin Atay)博士在其论文《研究中的伙伴关系》(*Partership in Research*)中,提供了一个关于伙伴关系的研究框架(见图 8.1)①。

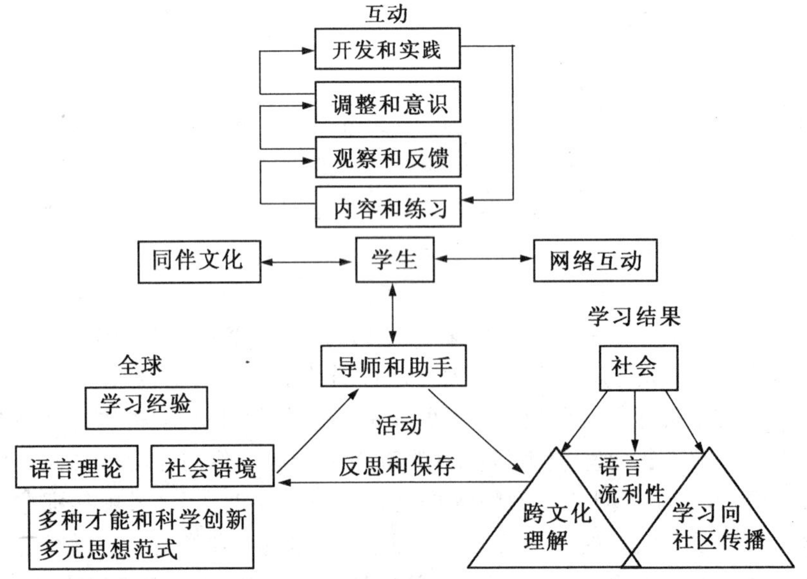

图 8.1 研究中的伙伴关系框架图

这个研究框架罗列了参与者之间通过一定的手段以多元载体实现相互之间的帮助,方便参与者对第二语言的教学实践进行系统地观察、评价和反思。这是同伴互助研究领域的一大进步。

上述有关同伴互助的概念的提出,更注重其方式性,认同这是不同于理论应用于实践的一种学习和培训的方式,但其内涵尤其是针对不同区域的教师的同伴

① 吴秉健.国外教师同伴互助、伙伴指导研究综述.中国信息技术教育,2009(5):81.

互助的内涵没有深刻研究。尽管同伴互助的含义会随着使用情景的不同而存在着一些差异，但是已经达成共识。

（二）同伴互助的本研究解读

本文研究的同伴互助是指在两个或两个以上教师间发生的、以专业发展为指向、通过多种手段开展的，旨在实现教师持续主动地自我提升、相互合作并共同进步的教学研究活动。[①] 是指教师间经常进行的一种切磋、合作、支持与分享的横向交流活动，它是化解教师在教学中的困惑、激发灵感的有效办法。而且同伴互助也适用于农村教师的素质提升。

在此，对"同伴"作进一步的解读，基于"同伴"关系，教师之间是平等的，相互合作，共同进步的，本研究把"两个或两个以上教师"称为同伴互助的交互共同体，教师的发展是在个体与个体的交互共同体中实现；本研究把这一"教学研究活动"称为同伴互助的交互内容，每个教师的文化差异性和多样性为这一学习共同体的学习内容提供了更大的学习价值；在这样的学习共同体中，教师彼此互相关照，共同发展，建立的是互惠关系。

本研究清楚了"同伴"团队中每个个体的情况和他们相互之间的关系，以及将产生的结果。

二、同伴互助培训开展的基础

寻找同伴互助培训的理论基础，发现有很多教育学、心理学理论对该活动有支撑，其中建构主义、教育行动研究、西方部分教育实践研究的观点有较强的说服力。

（一）建构主义的有关观点

建构主义揭示，学习活动的内在机理是互动，学习互动包括外部"个体一环境的互动"和内部"个体与自身的互动"，而且前一种外部互动促成后一种内部互动。同伴互助就是需要充分发挥教师的自主学习意识和能力，与周围的教师们互动学习产生自我促进。建构主义理论为同伴互助提供了理论基础。

作为一种特殊的学习活动，同伴互助学习的外部活动与交互还有其自身的特点。其一，活动双方主动参与。学习的外部活动都是与内部活动联结在一起的，因此学习的外部活动是具有主体性和主动性的。同伴互助学习更加强调学习主体的主动性，即指个体应本着自愿的原则来参与。其二，参与同伴互助的培训方式双方应掌握传达知识的技巧。要说明的是，"知识"在此并不是一般意义上的观念、概念、含义、事实、原理和理论假说等，而是指该教师个体所拥有的可传授给同伴的一切，例如，一个教师的客观的价值观、向上乐观的人生态度、敬业精神，学科知识、教学技能等等都是同伴相互学习的内容。同伴互助丰富了建构主义的具体

---

① 朱宁波，张萍. 校本研究中的教师同伴指导. 教育科学，2005(5)：30－32.

实施内容。

建构主义学习理论还强调学习的过程体验，认为知识是借助他人的帮助，通过意义建构的方式来获得的。皮亚杰(J. Piaget)认为要关注学习者的思维过程而非结果，重新认识到学习者在学习活动中自主积极的重要角色①。在同伴互助活动中，教师的发展更是在个体与个体的互动过程中实现的，在这个过程中学习者亲自感受和体验，过程体验给教师们留下深刻印象，同伴互助的过程让教师从各个方面获得有价值的信息。

（二）教育行动研究者的有关观点

教育行动研究者认为，根据人员的组成，学习范式可以分个人型、同伴互助型和教师——专家合作型三种。研究者认为“个人型”有很大的局限性，通过自我学习、自我顿悟来提高自己，与自身的素养高低有密切关系，往往自身素质高，上进的教师自学的愿景要强烈，反之，自学的意愿要低或者根本没有自学的愿望。教师——专家合作型受到专家条件、场地时间条件的限制，开展的容易度是三种范式中最低的。同伴互助具有多种优势和作用，同伴之间开展学习活动，场地时间具有随意和方便性，客观条件的限制少。而且，在相同的教学领域的同伴，对实际问题容易产生共鸣，对问题的解决的迫切感和渴求感是同向同量的；在不同的教学领域的同伴，可以寻求教学共性，可以探索并解决较复杂的教育教学的实际问题。其次，同伴互助型行动研究还可以更有效地促进教师个人和集体的共同成长。而且，对个体的素质要求没有像个人型学习范式那么高。教育行动研究为同伴互助的价值提供了很好的论证。

西方不少研究发现，无论教师参与校外短期培训，还是接受继续教育，通常并不能将所学的理论或教学技能及时转化为实践，但校内教师的互助式听评课和指导却能弥补这样的缺失。“同伴互助”的听评课，是指教师之间开放教室，让其信任的同事进来观课并进行课后评课，教师在自我反思的基础上获得同伴的指导和帮助，以提升课堂教学的质量与艺术。

佐斯和肖尔(Joyce & Showers)曾经对参与3个月在职培训的教师进行研究。受训教师被分为两组。第一组教师在受训的同时开展校内的“同伴互助”听课活动，第二组教师在受训时则不开展此项活动。结果发现，第一组教师当中，75%能在日常课堂中有效地应用所学的理论与技能，而第二组只有15%的教师能有同样的表现。研究表明，教师间的互助观课和指导是促进教师专业持续发展的一种有效手段。② 可见“同伴互助”方式产生的效果。

---

① Slavin R E. Educational Psychology：Theory & Practice. 7th ed. Peking：Peking University Press，2004：41－42.

② B. Joyce，B. Showers. The coaching of teaching. *Educational Leadership*，1998，40(1).

建构主义理论、教育行动研究理论以及西方教师培训方式研究的成果已经说明“同伴互助”是有理论支持的一种可行的培训方式。

第二节 同伴互助培训的开展途径

一、同伴互助培训的方式方法

同伴互助培训的方式方法多种多样，按照不同的划分标准，可以有教师个体之间互助和小组合作互助，还可以有课堂内活动互助和课堂外活动互助等等。最简单的一种划分就是按照组织形式分为一是有组织的，是指上级主管部门或者学校有目的、有计划组织的活动。二是自发的，教师与教师之间自发地开展相互学习、相互借鉴的专业学习活动。

在此着重选取按照同伴互助的交互共同体和交互内容不同划分的同伴互助培训的方式方法，有教授导师式、师徒结对式、主题沙龙式、专业对话式、课堂实践式、技能比武式、课题论文推动式、博客论坛式。

(一) 按照同伴互助的交互共同体划分的开展方式

1. 教授导师式

教授导师式是指培训中、各级教研活动中，邀请教授名师为教师讲课、点评，教授与听课学员和教师之间发生的同伴互助活动。

教授导师的专业精神和专业水平对教师和学员产生巨大的影响，他们的讲课、面对面的结业论文辅导、提问回答可以帮助教师们广开思路，促进教师尽快成长。被邀请讲课的教授导师们需要培训者精心挑选，往往由学科发展前沿的领军人物、高校学科研究人员、教研员、特级教师、学科带头人组成，人员组成越具有结构性，对同伴互助培训的影响面越广。

【例 1】 杭州市初中科学领雁培训班其中一期的授课教师的构成，师德修养培养模块由大学教授(陶行知研究学会副会长)、教育局局长、中学校长、特级教师主讲；科学课程理论研究能力培养模块由教学设计研究方向的博导、科学课程发展方向的大学教授、副教授、心理学研究方向的讲师、科学学科特级教师主讲；科学课程课堂教学能力培养模块由省级教研员、特级教师、课程教法教授主讲；学科科学研究能力培养模块由科研规范研究方向的博士、科学实验研究的学科带头人主讲；教学实践能力培养模块由各个实习基地的优秀教师主讲。

课后，各位学员纷纷向导师们请教各自的教学困惑，索取他们的 EMAIL。通过授课交流，建立了联络方式，在以后的工作和学习活动中，教授和特级教师的意见给了学员很大的启发。以研究工作为主基调的教授们与一线教师紧密联系，既可以直接宣讲自己的理论和观点，还可以通过实践的效果不断纠偏完善自己的理论。

2.师徒结对式

师徒结对，即在日常教学环境中中老年教师收青年教师做学徒，青年教师向中老年教师学习教学经验的一种教师之间为了提高专业水平而进行互帮互助的合作学习形式。师徒结对是一种历史比较悠久，目前仍具有较强生命力的教师互助形式。

中老年教师职业状态稳定，责任心强，经历的事多、见闻多、经验丰富，是一笔巨大的教育资源。新教师有一定的教育学心理学等的理论知识，但是教学执行能力、对教学行为诊断、反思和改进的能力、对教学资源的评估、选编和增补的能力以及对学生的学习和发展评价的能力，有待学习提高。作为师傅，帮助青年教师树立符合素质教育的学科教育观，充分认识学科教学的特殊性及其在培养学生个性、促进学生全面发展、提高学生综合素质中所起的重要作用；还要帮助青年教师充分体现学生的主体地位，以生为本，重视学生的人生体验，重视学生的发展。师徒结队最有效的工作是师傅诊断徒弟的教学，提升青年教师的教学执行能力，根据不同的教学对象、不同的教学内容、不同的课型，指导徒弟采用不同的教学方法，有弹性地教学。师徒之间经常展开共同备课、互相听课，开展一系列的说课、评课、评说课等活动，帮助徒弟尽快成长，走出生嫩，走向成熟，促进专业成长。这个过程对师傅更是一种压力，随着徒弟的成长势必对师傅产生了更高的学习要求。

【例 2】 摘自“唐军娜个人工作室”的一段徒弟对师傅王崧舟的感想。

有人说王崧舟儒雅，缘于他的苦读，他拥书六千，天天读，随性读，流行的读，不流行的也读，入世的书读，出世的也读，教育类的书读，非教育类的书也读，语文课程类的书读，非语文专业的书也读，学术类、国学经典类、西方经典，就连儿童的也读。除了大量阅读外，他还早早地“面壁参禅”，他就像掉在枯井里的驴子一样，不断抖断井上落下来的泥土，最后在人们的惊奇目光中，潇洒地走出了枯井。这就是王崧舟，为了一节《长相思》他准备数月，阅读数万字，**36** 字的《长相思》化作了繁华如三千东流水的课程资源。

可见，师傅的学习精神、学习状态、学习方法对徒弟产生了非常震撼的感受，对她的学习和工作产生了巨大的影响。

（二）按照同伴互助的交互内容开展的方式

1. 主题沙龙式

通过组织教学沙龙活动促使教师深度会谈，就教学中存在的问题与同事进行深层次研讨，实现教研经验的共享。沙龙活动是一种特别形式的主题讨论活动，要求设置沙龙会谈的固定场所，每次活动需要有主持人。沙龙可以是论坛、角色扮演、教师自建、成长园地、头脑风暴等等。它不拘泥于一种形式、一种内容。

开展沙龙活动的教学组织单位需要制订系统的教研计划，便于对某个研究问题划分层次和阶段来研究，一个时期的沙龙往往具有系统性，要求主持人对沙龙活动做好准备，可以引导沙龙活动的研讨发展方向，营造教研氛围为教学沙龙活动开展创设支持性环境。参加沙龙活动的教师自愿结合，组成小组，确定教研任务，合理分工，共同研究，整理成果，以便在教学沙龙活动中进行交流汇报。

每一沙龙都要确定活动主题，需要选择与教学密切结合的，教学中存在的突出问题，可以让每位参与者均有感而发，要有记录，教师参与教学沙龙活动要有总结。

在沙龙活动中，教师如果能获得专家的专业引领，可以加快自身的专业成长。专家参与可开阔视野，专家点评可以源于课堂而高于课堂。

【例 3】 2009 年第二期农村科学骨干教师培训班的学员“案例沙龙”，主持人确定的主题是“怎样是一堂好课”，要求是每个学员准备一个案例，用案例来说话，用案例来阐述观点。

同伴一：“用数据说话的课”

同伴二：“实验操作的规范的课”

同伴三：“具有难度梯度设计的课”

同伴四：“实验让学生设计步骤的课”

……

教师们不仅说出了自己的主张，而且还给同伴们带来了具体的示范案例。这样的活动由学员做主持者或者是召集人，他们有精心的准备，选择的话题都是农村教师教学上的困惑和想法，活动的主体是每个教师，教师分成若干小组一起交流教学和学生的学习情况，思想交流是自由的，许多实用和创新的想法正是在合作中生成的；在合作中不断受到一些启发。学员之间相互合作，共同反思教学实践，已逐渐成为促进教学的有效内部组织形式，也是建立统一的教学研究培训管理系统的重要措施。学员内部相互促进的教学成长的合作方式，更容易为学员所接受。

2. 专业对话式

专业对话是指教师在专业领域对教学活动涉及的各种问题，与同事们进行交流、切磋研讨，对一些问题相互理解，达成共识。专业对话是借助他人力量和团体力量的较好形式。对话的过程，是教师从各自理解的原有的知识背景出发，通过多向多次的互动所达成的一种视角交融，而视角交融的结果是教师认知结构的不断改组和重建，从而产生与创造新的知识、新的理念。对话的过程实质也是一种学会教学、学会研究、学会合作的过程。

教师进行最多的是校本专业对话，对话的方式可以是信息交换，例如教师通过信息发布会、读书汇报会等形式，彼此交换信息，扩大信息量，提高认识。还可以是经验共享，通过召开经验交流会，把成功的、典型的、具有效法意义的教学经验作为先进经验来介绍，教师可以通过借鉴他人的经验，反思自己的教学。还可以上网查询学习外地先进经验。更可以通过阅读教育刊物与过去的教育家对话，与同行对话。教师通过阅读经典教育著作，为形成与发展自我的教育思想打下良好基础。

专业对话还可以在培训活动中开展，安排已经取得阶段性的研究成果的学员，请他们来作讲座，一则可以供其他学员借鉴，二则可以帮助他们攻克研究瓶颈。开展这样的讲座，对培训者有较高的要求，要求培训者对前来培训的学员和学员所在的学校做大量的了解工作，有针对性地选择性安排内容。

【例 4】 杭州市某区一所农村初中，是一所把漫画作为校本课程建设的学校。这所学校的校长是教化学的，在领雁工程科学骨干教师培训班上，邀请他开设在学科教学中运用漫画资源的讲座。这位校长特别重视本次活动，专门向学员开放了学校的漫画博物馆，讲座后展开互动，打开了学员们建设校本课程的思路。

【例 5】 在培训前了解到前来培训的杭州江干区的一位教师的一堂课《大气压与人类生活》在校和区的教研活动中开设，而且受到好评。在培训中，在专家的“教学设计”的讲座后，安排了她的一个讲座“我是怎么设计这节课的”，同时安排学科教法的教授点评她的这节课，教学实践与理论紧密结合，这组培训讲座的安排受到非常热烈的反响。

3. 课堂实践式

课堂实践是教师专业素质的培养的一个重要手段，通过备课、上课、评课各个课堂环节的同伴互助，以获得比个体更大的教学实践的收获。

(1) 集体备课式

集体备课是同伴互助中开展得非常普遍的一种形式，把研究教材、研究学生、研究教法、相互观摩和相互学习有机地结合在一起。在每一次集体备课活动中，利用小组的集体智慧和集体努力，优化教学环节，讨论教材的设计，体会教材处理的意义，互相质疑组内教师设计的教学过程，尽量设计开放的课堂，为课堂教学的成功奠定了基础。一般采用“个人构思→先成初案→交流探讨→形成通案→实施定案”的备课方式，这样备出的课可以让教师获得了单独研究所得不到的东西，教师们充分发挥团队精神，群策群力，在互补共生中成长，在互动合作中发展。

（2）一课多研

是在集体备课、资源共享的基础上展开的课堂执行研究。可以有几种情况，一是同课异构，即采用同一节课内容2人以上上课，尝试不同的教学设计，共同评课，共同提高。一是分工合作，上一节课，包括上课、说课、评课、对话四个环节，在集体钻研教材备课的基础上，一人上课，一人说课，其余人评课。共同上课、合作教学，设置了一种同伴互助合作探究的情境，使教师们既有个体独立的体验空间，更有教师之间合作氛围，从而建立了多边的信息交流网，不知不觉地感受到了同伴互助的快乐。

一课多研的重点是是帮助教师培养“教什么”和“怎么教”的多种思路，这样的方式可以开阔教师研读文本的眼界，提高教师的教研能力。

【例6】 语文（原人教版教材）四年级的《拔苗助长》的同课异构，第一位执教者是一线教师，另一位执教者是从事小学语文教学法的高校教师。一线教师采用传统的文本解读的方法引领孩子们读懂文中的含义。高校教师从这篇课文的原文《公孙丑上》入手，设计了系列的问题，引导孩子们发现课文的错误。

同一篇课文上出了完全不同的设计，听课的教师们受益匪浅。

（3）特色示范

示范课展示是学校和教研部门常用的同伴互助的活动，邀请教学水平高、有教学特色的教师执教，他们的课堂在教学设计、教具制作、多媒体应用等方面给听课者启迪。

在培训中也经常采用这一种方式，安排在教学实践接近尾声时，通过一定的选拔手段选出通过教学实践的学习，上课水平进步快，上课有特色的学员上展示课，现场有专家点评。这样的汇报示范，是学员之间、学员和专家之间的听课和交流。可以使学员产生更多的共鸣，专家点评提升课堂，源于学员课堂又高于学员课堂的同伴互助，更容易被学员们接受。

【例7】 杭州市小学科学第二批名师工程的一个活动安排在学员所在的学校，这所学校的小学科学校本活动开展得非常吸引学生，学员介绍了“留宿式户外教育实践模式研究”的成果，还展示了《宇宙与星空》的活动案例。

杭州市小学科学第二批名师工程的另一个活动也是安排在学员所在的学校，这所学校的教具、学具制作很有心得，学员向大家展示了“钟摆”、“月相形成”等系列的工具，参观研讨后，学员们一致认为收获很大。

两个活动均邀请了专家现场点评。专家指出了留宿式户外教育模式的一般规律，把实践上升到了理论高度，并点出这个活动开展的建构主义的主张。专家还做了利用教具、学具如何“简约课堂”的讲座。

4. 技能比武式

技能比武是学校和教育行政部门经常开展的、通过比赛来提高教师素养的方式，比武的内容可以是学科专业技能、教学基本技能，比赛也可以进行单项或多项比赛，很多教师不是为了比赛而比赛，而是把比赛作为一次锻炼学习的机会，通过比赛前的演练提高自己，通过比赛中的相互学习充实自己。

技能比武也被运用在培训之中，旨在促进学员之间业务技能的比较、展示、学习，形成一种同伴相互之间的比、学、帮的氛围。

【例 8】 2010 年 5 月，浙江省领雁工程多个学科的培训班在杭州市中小学教师培训中心一起开学，学院领导制定了多学科教师技能的比武活动计划，各个学科的培训班通过所在班级的演练、选拔、比赛，推选出每个班级 10 位选手进行比武。

通过这个活动，很多学员看到了其他学员的技能水平，对自己的技能水平有了估量，看见了优势也看见了差距。这样的比武不仅仅是比武，而是以比武为平台，通过同伴互助，提高了学员的教学基本技能，这样的比武同样是一种提高教学技能的方式。

5. 课题论文推动式

在工作中研究，在研究中工作，是新课程理念下对教师的要求，鼓励教师收集、筛选、确定教学实践中产生的问题，开展课题研究，集体攻关，申报课题撰写论文。给实践以指导，解决实践中的问题，有效提升教育理论水平，同时增强合作意识和团队精神。

教育科研能力对一名教师的成长尤其重要，很多培训活动均特别安排有培训结业论文的答辩活动。

【例 9】 领雁工程的每个培训班级的学员都需要撰写结业论文，为此课程设计中为学员安排论文撰写的辅导专家，一般一个专家指导 5～8 位学员的论文，专家与学员面谈辅导的时候，学员自觉构成了一个小组，专家在评价指导一个学员的论文的时候，他的意见对其他学员产生很大的影响。

6. 博客论坛式

随着信息技术的不断深入，网络学习已经渗透到了我们平时的点滴学习中。许多学校开设有网络论坛、沙龙，以便获取更多信息。许多教师开设了与学科相关的博客论坛，随时记录自己的工作感想，既缩短了交流时空，又可避免面对面交流的尴尬，还可以多方面进行交流互动探讨。

【例 10】 选自一名农村教师“井位”博客的一篇随笔片段

矛盾发生时，避其锋芒①

与学生之间的矛盾总是难免的。

我们多半是从加强老师、学生的修养、沟通等着手，通过日常生活中的一些观察，我们发现其实更有效的方法是尽量避开人情绪容易变得恶劣的时间段更为有效。

建议自己尽量避免在这时间段跟学生进行有关矛盾和问题的讨论。如果硬要逆而行之，最多只图个人一时的痛快，对于问题的解决一点效果都没有。

我们是不是可以在学生犯错后或我们自己、学生情绪沮丧时，还能主动给学生一些心理上的关爱，送点问候等，等大家都冷静下来后，我们再来探讨问题，是不是会更有效呢。

避其锋芒，一个再有修养脾气再好的人，也会有情绪低落或烦躁的时候，这个时候的埋怨、批评，最容易引发争执、产生矛盾、种下仇恨的时候，主动避开，这是相处的技巧，也是爱的技巧。

像这样开通博客的学员很多，在培训期间，有的学员每天一篇教学感想，其他学员纷纷留言写出自己的看法，借培训的平台很好地开展了网络方式的同伴互助。

二、同伴互助培训的实施

（一）同伴互助开展所需条件

任何一种教师素养的培养方式顺利开展都需要一定的条件，同伴互助的开展同样需要条件。这些条件由主观条件和客观条件组成，主观条件主要指需要了解开展同伴互助的教师的情感、认知、意志状况，客观条件主要是指营造同伴合作培训的氛围和时机，即对同伴关系和搭配、培训者、培训专家提出了培训开始前的要求。

1. 主观条件

（1）了解教师的情感构成

教师情感可以大致分为积极的和消极的两个大类。对职业抱有积极情感的教师会敬业、乐观、自信、还表现出乐群性和智慧性。消极情感的教师表现为不思进取，对职业冷漠、没有主观能动性，不管工作内容多么精彩都无法提起他的参与兴趣。

前来培训的教师群体也有情感分离的现象，原因是多种的，原本对教育教学的情感、对学生的情感、对所教学科的情感、对具体教学内容的情感、对教学过程和教学效果的情感都会延续，影响对培训的情感；有的学员是学校教学骨干，承担了大量的学校工作，因一时放不下学生和工作，认为工作这么忙还要抽出时间去培训，又没有好的老师来顶岗，觉得培训耽误工作耽误学生学业，对培训工作不理

---

① http://user.qzone.qq.com/657568525/infocenter，2010-12-25.

解甚至抵触；也有的学校派不出培训人员，派了“边缘”教师来培训，学员自己认为自己是来凑数的；还有学员对短期培训抱有成见，认为短短几天培训只是个形式，等等。种种原因造成学员对培训的情感有个层次分异。

【例 11】 2010 年的 10 天的农村教师短训班一位学员的感想很好地反映出她的情感转变。

在没有来培训之前，我总觉得农村学校的老师是不被上级“惦记”的老师，所有的条件都是最末等的，其中 6 天的理论培训很快就会过去，会像走过场一样。可是，我的现在感受与原来的想象非常不一样！院长的报告让我重新认识这次培训，重新认识我从事的职业和地位，百感交集呀！

进行的分班级活动，班主任老师设计了系列的交友活动，先用 3 分钟认识前后、周围的老师后，用 3 分钟到你不认识的老师面前，再去认识他们。每位老师笑逐颜开、高声谈论，简直就是一群活泼的小学生。连我不善交友的人，也迅速地认识了好几位老师呢！的确像班主任老师说的那样，我们在这里将要组建一个新的团队，新的家庭，新的集体，是担负着特别的教育使命的一支队伍。

2. 了解教师的认知构成

教师的认知结构是指他们现有知识的数量、清晰度和组织方式，它是由教师能回想出的事实、概念、命题、理论等构成的。因此，通过同伴互助活动培训促进教师知识的数量、清晰度和组织方式的学习，首先要了解教师的同伴互助前的认知构成情况。

教师的认知构成具有一般性和特殊性的特点，教学经历 1 年至 20 年不等，学历、教学经历均不同，学科知识和教学知识的基础不一样，获得知识的方法不同，大部分教师达到平均水平，也有一些教师超过平均水平，也存在低于平均水平的状况。

前来培训的教师，了解他们的认知构成，尤为重要。

【例 12】 2009 年市级某学科领雁班 51 位学员的培训前的一部分调查情况，三个子项目的满分为 25、25、50，如表 8.1。

表 8.1 “2009 年农村教师培训需求”部分调查情况表

	样本 N	最小值	最大值	平均值	标准差
学科知识	51	4	25	14.53	5.95
教学知识		11	23	17.04	3.56
学习方法		19	46	32.86	7.88

调查不具有普遍意义，但具有代表性，同处一个培训班学员，认知结构存在较

大的个体差异，学科知识平均得分比教学知识的得分低，教学知识的分数分布比学科知识集中，学习方法的分数分布最分散。针对这样的情况，安排同伴互助的培训内容一要尽可能先传授学科中具有最大包摄性、概括性和最有说服力的概念和原理，以便学员能对学习内容加以组织和综合。二要注意同伴互助的活动渐进性，要安排培训学习内容顺序最有效的方法。三要构成学习内容的内在逻辑。

3. 了解教师的意志构成

意志是指决定达到某种目的而产生的心理状态，它使人类具有高度的主动性和创造性，从而在根本上区别于其他低等动物。意志的品质特性就是意志在对人的行为驱动过程中所表现出的动力特性，它主要取决于主体的行为价值关系变化的动力特性，反映了人的行为价值的目的性、层次性、强度性、外在稳定、内在稳定性、效能性、细致性等。

将教师的意志构成分层，可以有五个层面，分别是价值观、规划专业发展、制定实施细则、落实具体行为和修正意志动力。

作为一名农村教师，每个教师的教育价值观是不一样，有的教师是为了完成学校领导的要求而好好教书，有的是为了调到生活条件更好的行政区域好好教书，也有的是满足自身的争强好胜而好好教书，这些价值观可以保证教师的一种工作状态，但无法让教师选择更高级更系统的工作方法和状态，而同伴互助的培训活动需要学员具有高尚客观的价值观。

【例 13】 2009 年市级某学科领雁班 51 位学员的培训前的一部分调查情况，有关意志构成的五个方面——价值观、规划专业发展、制定实施细则、落实具体行为和修正意志动力，得分分别为 40 分、15 分、15 分、15 分、15 分。越利于教育教学工作开展的意志得分将越高。

表 8.2 "2009 年农村教师培训需求"部分调查情况表

	样本 N	最小值	最大值	平均值	标准差
价值观	51	7	32	19.63	7.29
规划专业发展		3	15	7.63	3.42
制定实施细则		0	15	7.22	3.24
落实具体行为		3	15	9.49	3.66
修正意志动力		0	9	4.22	2.47

从表 8.2 可以看出，来自农村的培训学员修正意志动力平均得分仅为 4.22，该项分数是最低的；规划专业发展、制定实施细则和落实具体行为的得分均不高，但可以看出学员们有具体行为，不一定有规划；价值观的分布状态是最分散的，可

见学员的差异。

价值观是意志分层中最主要的要素，它是一个人对周围的客观事物（包括人、事、物）的意义、重要性的总评价和总看法，是世界观的核心，对诸事物的看法和评价在心目中的主次、轻重的排列次序，构成的价值观体系是决定人的行为的心理基础，是用来评价行为、事物以及从各种可能的目标中选择自己合意目标的准则，决定着人们的行为取向，是驱使学员教育教学行为的内部动力。

要让培训学员主动积极地开展同伴互助的培训学习活动，关键在于培养学员的价值观，一是对教师教育工作价值的认识，二是对同伴互助培训价值的认识。只有树立促进农村学校学生的全面发展为教育价值观，才能意识到学生成长的复杂性和艰巨性，才能很好地认识到学生全面发展是一个连续的、整体的和协调的系统的教学教育工程，才能接受和采纳较高质量的研究成果来有效解决学生学习和发展的问题，才会主动接受同伴互助的培训方式。

对"同伴互助"培训的价值的理解可以有三个维度，利于学员专业发展、利于学生发展和利于学员所在学校发展，同伴互助培训可以发展学员教师专业，从而促进学生发展，促进学校发展。同伴互助培训的层次和质量比较高。多名学员教师合作就有能力选择更大更复杂的课题来学习，这必然使培训学习从一开始就处于比较高的层次上。同时，学员之间可以互相取长补短、进行优势互补，从而可以更全面地收集资料，更深入地分析问题，可以制定更合理更有效的行动方案，可以在实施过程中互相帮助、互相配合、互相交换意见和指正缺点与不足，从而提高培训的质量和效果，真正改善学员教师的教育教学水平，提高学校的办学水平，从而实现促进学生发展的目标。

（二）客观条件

1. 建立同伴"共同体"

开展同伴互助的教师，首先要建立"同伴"关系，何谓"同伴"？有两种解释，一是"犹同伙，谓共同参与其事"①，二是"伴侣，同行者。今指在一起工作或生活的人"。② 可见，"同伴"不只是称谓，还是相互关系的程度表现，教师两两之间需要"共同参与其事"，要有共同的专业愿景，需要建立相互信任、相互理解、相互支持的"伴侣，同行者"的关系。

但是，教师与教师之间未必是"同伴"的关系，这就需要我们的组织者首先建立教师之间的"同伴"关系，建立"互助"的平台机制。

以培训者为例，刚来到异地参加集中培训的学员心理上是警觉的，要让一个警惕性高的农村教师马上开展同伴互助的培训是不现实的，需要结识——了

---

① http://baike.baidu.com/view/2095035.html? wtp=tt,2010-9-15.

② http://baike.baidu.com/view/2095035.html? wtp=tt,2010-9-15.

解——信任——理解——支持这样一个过程，但是这个过程需要时间，往往培训结束了，学员之间才认识，这就需要培训者设计“破冰之旅”人为来缩短这个过程，建立一种“同伴”的关系。

【例 14】 学员进入会场时，领一张卡片，是一张四分之一的卡片。进入会场后，需要去寻找其他三位会员手中的卡片，将其拼合成一幅完整的图片。大家需要采用礼貌用语积极地询问、展示、合作，最终才能达成“联盟”，只有找到其他的三位朋友，才可以找一个位置坐下来。把组合成的图片放置在桌面前方。还可以设计类似的许多活动来消除陌生。

【例 15】 分为几组，分别为 A1，A2，B1，B2，C1，C2。每组 3～4 位成员。先在组内进行学员间的自我介绍，要求是姓名、工作单位、职位和爱好等。然后推举一位小组成员代表小组进行介绍。要求将组内每一位学员的情况介绍完整，还可加上自己的评价。（大家可以提问）

当 A1 小组介绍完，B1、C1 小组代表要对 A1 小组的发言做一句话的评价。（只可以是正面的：如 A1 小组成员都很年轻，非常有朝气；或者 A1 小组成员看来经验很丰富；或者 A1 小组成员都是女孩子，都很漂亮。）当 A2 小组介绍完，B2、C2 小组代表要对 A2 小组的发言做一句话的评价。以此类推，直到所有小组介绍完毕。

【例 16】 打乱顺序，围一圈，确保前后左右是新朋友，任意提名一位学员自我介绍单位、姓名，第二名学员轮流介绍，但是要说：我是＊＊＊后面的＊＊＊，第三名学员说：我是＊＊＊后面的＊＊＊的后面的＊＊＊，依次下去……，最后介绍的一名学员要将前面所有学员的名字、单位复述一遍。

通过破冰活动使培训学员在最短的时间相互认识和了解，进入“同伴”关系，建立一个人际关系和谐、管理制度民主、学术氛围浓厚的环境，建立同伴互助的互惠共同体，才能促进教师之间的交流互助。

2. 同伴互助对组织者的要求

开展教师的“同伴互助”，对学校或者教育机构的组织者也有要求，组织者应做到正直、心胸开阔、开拓创新，本着“以人为本”的思想，从教师的现实出发，减少刚性的限制处罚，增加柔性的关怀尊重，经常组织开展教师们喜爱的活动，在良好向上的氛围下，才能带出一支热爱校本学习、团结友爱、踏实学习的和谐队伍，使教师间积极主动的互助成为可能。

开展“同伴互助”还需要组织者合理搭配同伴，要本着有利于教师交叉和多方合作的原则，制定灵活的分组制度。人数可以是两个也可以多个。同伴的确认形式既可以由组织者指定的，也可以自主合作的互助搭档。其中由组织者指定安排的互助组，一般以组内教师间的差异作为互助的动力，可以为同年级学科的教师互助组、以促进新手型教师教学技能提高为目的的高带初教师帮扶组、由业务能力强的骨干教师负责的中心学习组等。另外，培训期间的互助可以是同一个班级学员组成，也可以是不同班级学员的组队，例如，选择“领雁工程学员”①和“名师工程学员”②组成互助小组，使组内形成知识结构、教育教学经验互补，气质、性格互补，教学风格互补的互补性结构。

培训中开展的同伴互助学习方式不同于日常教学工作中的同伴互助，在农村工作的中小学教师往往缺乏先进的教育理论和观念，这极易使同伴互助的开展停留在同水平的反复上，这个时候就需要专家的参与。而在集中培训期间，专家的全程参与和及时指导既是同伴互助培训向纵深发展的关键，也是帮助学员加强理论素养、提高理论指导实践的自觉性及能力、提高反思能力的一种有效促进力量。

（三）同伴互助的基本要素

同伴互助开展的方式方法多种多样，但仔细分析后可以发现，各种方式方法都具有四个基本要素（环节），即反思、对话、协作、帮助③，如图 8.2 所示。

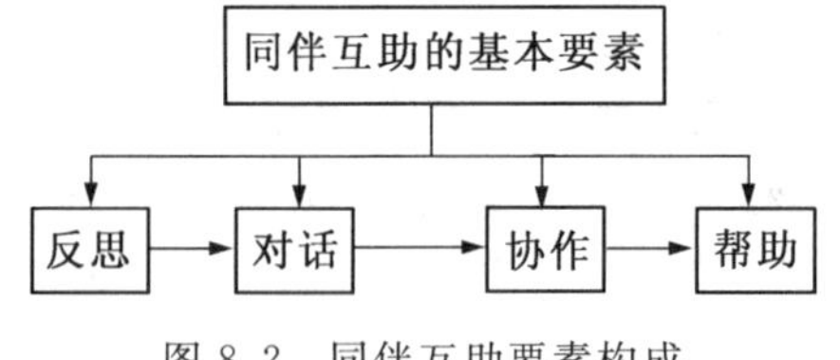

图 8.2　同伴互助要素构成

1. 反思

反思是指教师以自己的曾经的教学活动为思考对象，对自己在职业中或培训中所做出的行为以及由此产生的结果进行审视和分析的过程④。反思的实质就是自我认识——自己与自己对话，并借助自我对话来认识自己、肯定自己、检讨自己，产生改变自己的意愿，是教师开展的同伴互助的第一个环节。对于来自农村的中小学教师来说，他们反思的内容更多指向于自己实施的教学活动，对自己教学活动过程中所发生的“行为与效果”进行一番审视与分析。

反思的路径有三种，一种是对教学准备的反思，反思教学目的、学生学情、教

---

① 浙江省教育厅以科学发展观为指导，以提高教师的执教能力为重点，坚持“统筹规划、突出骨干、倾斜欠发达地区”的原则，统筹规划农村中小学骨干教师、骨干德育教师和骨干校长三支队伍建设工作，整体设计农村中小学教师培训工作，整合培训资源，创新培训模式，增强培训实效，提高培训质量的一个培训工程。达到“领雁工程”目标，全省在 2008 年至 2010 年，要完成 3.3 万名农村骨干教师的培养和培训。

② 浙江省杭州市为大力实施科教兴国和人才强国战略，打造教育强市，共建共享品质教育，建设一支高素质的教师队伍，推进基础教育改革与发展，办好人民满意教育，在全市实施多批次的中小学名师、学科带头人培养工程，简称“名师工程”。

③ 余文森. 论以校为本的教学研究. 教育研究，2003(4)：53 - 58.

④ 余文森. 试论教学的开放性. 教育理论与实践，2004(17)：37 - 42.

学方法，能有效提高培训学员的教学预测和分析能力以及学员的前瞻能力；一种是对教学过程的反思，及时、自动地在行动过程中反思，有助于提高学员的调控能力和应变能力；还有一种是对教学后的反思，能促使教师教学体会经验化，提高教师的教学总结能力和评价能力。

下面这个案例是2010年第二期杭州市初中科学教师领雁学员有关家长会的反思。

【例17】 我们平时的家长会，模式是介绍各科教师；分析这次考试的情况，学校前50位与前100位的学生名单，班中前10位学生名单，进步的同学与退步学生名单；讲解班中的现状，存在的问题，努力的方向等等，最后是个别学生的家长留下单独交流，着重介绍他们的孩子的一些不良情况。留下来的家长脾气大一点的，暴躁点的，一回到家，就对孩子一顿骂，而且拳打脚踢的。所以不少学生怕开家长会，家长也不喜欢开家长会，家长会就成了一个永远的痛。其实，在批评学生的同时，教师的心情也是沉重的，一次一次的家长会后基本保持原来的班级状况。①

2. 对话

对话是指在宽松的环境中，对话者保持一种相对自由的心态，相互间用语言交谈。教育对话是指达到教育主体之间以及个体与人类文化之间生命精神能量的转换，促进个体生命质量的不断提升。教育对话是一种民主平等的“我—你”关系，是一种“共享”关系，是一种人与人之间相互理解和自我理解的过程，也是一种个体与人类文化之间生命精神能量的转换和创造性生成过程。② 同伴互助培训的对话也遵循上述涵义。

对话可根据所谈内容的深浅度分为两种类型。一是信息交换，如教师把自己拥有的信息公布给大家。在参加了各种研讨会后，将有关的教育教学信息通过一定途径发布和传达，彼此交流看到过的书、观点以及心得体会等等。二是经验共享，教师们把自己的成功事例和体会、零散的、甚至连自己都意识不到的看法和意识表达出来，这是一个来源于实践又高于实践的对话，这个过程也最具有生成性和建设性，会产生和形成很多有价值的新见解。

【例18】 2010年杭州市初中科学领雁学员来到杭州市采荷中学听《运动和力》，这节课分三个模块，第一模块惯性及其应用，第二模块牛顿第一运动定律，第三模块二力平衡。每个模块由两个学生到前面讲解自己制作的PPT，并设计相应

① 家长会原来可以这样开．见：杭州市教师教育网，http://www.hzjsjy.com/cms/NewsInfo.aspx?ID=30269&LMID=150，2010-10-2．

② 张天宝．北京大学教育评论．2005(3)：102-106．

的学习问题。课后，上课教师、听课学员和点评专家的一段对话。

上课教师："角色转换，学生变成老师。课前，学生自我就针对该章内容进行知识点的归纳整理，然后选择其中某个知识点制作课件，在课堂上展示并讲解。"

学员："如何把握教师的参与？"

上课教师："让学生充分发言、提问讨论。当大家受困于一个问题，无法走出时，教师应该及时出来引导、点评。"

点评专家1："这种模式的复习课新颖，是一种大胆尝试。学生和老师在课前都花了很多的精力查找和整合资料。课堂上学生能够积极参与讨论，能力强的学生在知识的掌握方面情况较好，制作课件、表达、交流和讨论都是对学生的一种锻炼。"

点评专家2："但是学生对科学问题的预设、现象表述的合理性方面有所不足，这是个难点，也正是大部分学生的问题，也是这种复习模式遇到的最大问题"

3. 协作

协作是教师寻找伙伴共同承担责任完成对某个问题的研究学习任务，既有共同的研究目的，又有各自的研究责任，它强调团结精神，群策群力。如集体研卷、集体备课等。

开展协作往往需要一些必要条件，一个条件是协作对象之间有着密切的联系，相互制约、相互影响，必须有良好的协作和密切的配合，各项工作同步进行，才能完成分管的教育教学任务，组织管理系统需要严密。另一个条件是协作者需要完成的总目标和分目标之间是连锁关系，形成环环相扣的连接，如果其中一环脱节，都会影响整个链条，从而影响总目标的实现，目标体系需要完整性。最后的一个必要条件是实现教育目标是专业化和综合化程度很高的工作，需要多个部门、多个岗位的共同努力、相互支援，不是只靠一个教师不靠外界的帮助就能实现，实现目标具有复杂性。

可见，同伴互助培训期间的一切教学活动的目标与教育总目标是一致的，即使暂时脱离了教学岗位前来参加培训，但培训的目的是为了更好地站在教学岗位上。

【例19】 观摩杭州市某著名教育集团科技节的筹备、开展和评奖，节选学员对观摩活动记下的感想。

……

每个年级有各不相同的人人参与的必选项目，从一到六年级分别是环保科幻画、环保宣传卡、科学小制作、电脑绘画、七巧板电脑绘画以及环保小课题研究。除此之外，科技节要计算班级总分的项目还有黑板报宣传。还特别新增了一项：科技游园会，活动结束，还将根据每位同学参与活动项目的多少和参与成绩的好坏，每班评出10位"科技小达人"。这个活动历时一周，活动内容十分丰富，活动具有很强的针对性、趣味性、参与性，整个节日非常有序。

这样的活动组织，可以看出集团的协作能力十分强大，先由科学教研组长负责由教研组提出科技节的方案，经集团班子讨论定稿，召开全体教师会议，布置每班、每人工作。开幕前2天检查准备的工作是否到位。

……

从上面的案例可以看出，协作不是合作，它的目标不限于协作，而是有更大的愿景，通过科技节“培养学生的科学素养”；整个集团的各个校区、教研组、年级组、班级和老师对协作的范围、协作的内容、协作的程序以及协作应遵循的规范和规则，通过多次会议后，全体达成了一致，才能确保整个协作的顺利开展。

4. 帮助

帮助是指教师之间相互出力、出主意或给予其他教师教学业务上的支援。帮助按照两两帮助的对象不同，可以分为对照式帮助、合作式帮助、引领式帮助等等。

对照式帮助是指同伴互助的小组成员用自己的眼光和见地真实地说出被观察对象的教学行为，例如，领雁工程实习手册中的“同伴听课实录”，还有对教学实践指导教师的教学行为的观察记录，不对观察对象提供任何的主观解释和建设性意见，只是对课堂关注点作出真实反映。这是同伴互相帮助的基础，只有看清楚、弄明白他人的真实的教学活动现象和目的，才能进入下一步。

合作式帮助是指教师建立了合作的关系，对共同关注的问题探讨关注，解决或者协助解决教育教学问题。

引领式帮助往往是有专家、资深教师或者有教学科研特长教师参与的同伴互助培训活动，和教师分享传授他们的成功的教育教学经验，引导教师把握教学设计，解决教学问题。例如，“师徒结对”就是帮助的一个具体形式，新教师学员听名师培养对象的课，感受良好的教学过程，学习成功经验，缩短自己成长的路线。

【例20】 一位培训学员听“浙派名师”经典课堂艺术展①中北大附中副校长、全国知名特级教师程翔老师的课后感“轻轻的你来了，悄悄地你走了”②。

……

---

① 杭州师范大学继续教育学院院长童富勇教授于2005年率先提出并携众专家倾力打造的一个在全国享有一定声誉的知名教师培训品牌，业已成为长三角地区乃至全国的教师教育的一面旗帜。“浙派名师”经典课堂教学艺术展活动迄今已成功举办了三十一届，窦桂梅、王崧舟、程翔、马骉、张化万等全国372位来自北京、上海、江苏、湖北、浙江等地的著名特级教师、名师、专家在此展示他们精深的教学思想和精湛的教学技艺，引领广大中小学教师进行智慧火花的碰撞、思考和争鸣。“浙派名师”为展示、宣传、示范、推广全国名师精深的教学思想和精湛的教学技艺，引领新课程改革走势，引发思考和争鸣，推动基础教育更快更好地发展起到了积极作用。

② 轻轻的你来了，悄悄的你走了. 杭州市教师教育网，http://blog.hzjsjy.com/baoming/show.asp? id=157，2010-10-4.

比如课堂的朗读指导："荡漾"是什么意思？如何能在心头"荡漾"？你们"荡漾"过吗？"荡漾"该怎么读？哪个同学读读？大家试一试。这样读"荡～～漾～～，好不好？

再比如："放歌"是什么样的动作？同学们"放歌"过吗？你什么情景下"放歌"的？你当时唱的什么歌？"放歌"时该是什么动作呢？大家试一试。"放歌"应该怎么样来读？大家试一试。此时，程老师故作自我陶醉，抬头，抬起双手，在"放歌"，

课堂始终以类似的问题细致巧妙地启发学生联系实际进行联想和想象，从而理解意象，达到深刻体会诗人的用词之妙。

正因为这位教师很好地开展了对照式帮助，如实详细地观摩了程老师的课，惊叹于程老师的课堂处理，由此程老师的课堂对她的帮助也是巨大的。

【例 21】 我不知道程翔老师课堂上提出的上述问题有多少是提前设计的，又有多少是临时生成的，只是我惊叹，这些问题在文本和学生间跳跃得多么令人心旷神怡，过渡得多么水到渠成！更令人叫绝的，相信大家还记得，上课一开始，有一学生说，不喜欢徐志摩，因为他喜欢的女人太多！我想大家都会捏把汗，程老师怎么回答是好？等到课堂将要结束时，对"为什么不带走一片云彩，带走一点又何妨"的问题，老师这样解答道：诗人是很清醒的，让感情留在心里，委婉地表达了诗人既多情又不滥情的特点。文学与生活还是有区别的，程老师很睿智地处理了开头那棘手的问题。

我们常常说解读诗歌要知人论世，清楚诗歌的创作背景，对理解诗歌的内涵有很重要的作用。而程翔老师独辟蹊径，认为讲背景"太落实"，反而会缩小诗歌的表现空间，妨碍学生进行文学形象的再创造；认为对诗歌的主体领会透了，以形式取胜的首尾所抒发的情感就会不言自明。对诗歌创作背景舍弃，对诗歌首尾分析舍弃。这是听课者不敢想象的。可是背景的舍弃，丝毫没有影响对诗歌语言的理解、对内容的把握，通过语言文字触摸到了另一种诗意的内涵，可见互助中的帮助功能。

第三节　同伴互助培训开展的成效

农村教师专业素质提升七环法——专业愿景培训、实践教学培训、名师示范培训、课堂模仿培训、同伴互助培训、展示突破培训、反思提高培训，在培训过程中环环相扣，有机结合，缺一不可。同伴互助的开展极具有人文性和社会性，不仅需要采用质的研究方法来研究其成效，还需要量化来说明问题。

一、随机调查样本的情况

随机抽取参与2个月的领雁工程培训的30位教师，他们在培训期间进行了大量的同伴互助活动，对他们进行了培训前和培训一年后的调查，调查维度为“教师的反思状况、教师素养、学校教学质量、教师关系”四个方面，“培训前状况”编码为“A1、B1、C1、D1”为一队数据，“培训后状况”编码为“A2、B2、C2、D2”为另一对数据，采用SPSS 10.0软件处理，得到培训前后情况的统计（见表8.4、图8.3），反映出同伴互助对他们的影响情况（见表8.5）。

表8.4 配对样本的统计

		均值	样本数N	标准差	标准误
Pair 1	反思（前）A1	2.27	30	1.80	0.33
	反思（后）A2	4.07	30	1.44	0.26
Pair 2	教师素养（前）B1	3.27	30	1.34	0.24
	教师素养（后）B2	4.27	30	1.26	0.23
Pair 3	教学质量（前）C1	3.80	30	1.42	0.26
	教学质量（后）C2	3.80	30	1.32	0.24
Pair 4	教师关系（前）D1	2.87	30	1.36	0.25
	教师关系（后）D2	4.47	30	1.25	0.23

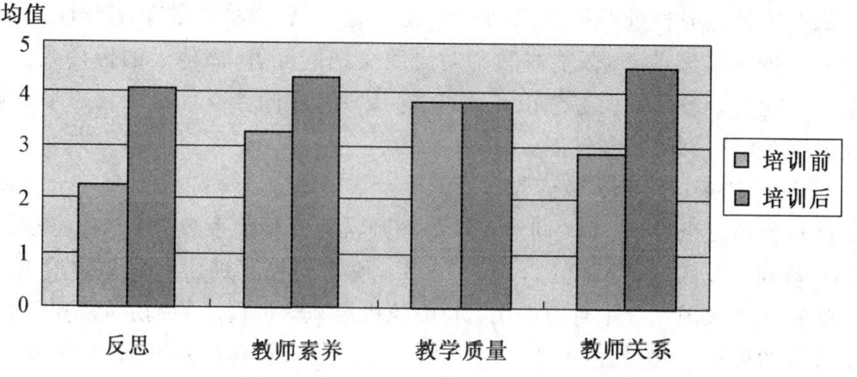

图8.3 培训前后四个方面情况统计图

表 8.5 配对样本的相关性分析

	样本数 N	相关系数	显著值
Pair 1	30	0.526	0.003
Pair 2	30	0.448	0.013
Pair 3	30	0.710	0.000
Pair 4	30	0.565	0.001

二、随机调查样本的数据分析

(一) 同伴互助促进自我反思

从量化角度而言,表 8.5 同伴互助与教师反思的相关系数为 0.526,显著值 0.003<0.05,说明同伴互助对教师反思有显著影响。从表 8.4 和图 8.3 中可以看出,30 位随机样本培训前后的“反思”情况发生了很大的变化,得分均值由原来的 2.27 提高到 4.07,标准差由 1.80 降为 1.44,经过同伴互助后的 30 位教师提高了得分,组别分数的分布状态趋向于集中,个别差异在减少。

从质性角度而言,同伴互助所有的方式方法的第一个基本要素就是要求教师反思,经过系列的同伴互助活动之后,首先增强了教师的自我反思意识,经过互助得到的专业进步,使教师们意识到反思的重要性、必要性和作用性,产生了强烈的反思的驱动力;其次是增强了教师的反思能力,经过系列的互助活动后,受到同伴的反思交流的启发,教师们反思的路径客观而成熟,充分体现以生为本的理念,研究教学过程与效果,分析学生在学习过程中出现的问题,反思的程度全面而深刻。

反思是教师专业成长的重要基础。教师的知识结构一般包括理论知识和实践知识。就教师成长过程中知识结构的改善而言,更为重要的是实践性知识,而这类知识的获得和改善,只能靠教师对自我实践的反思,靠他人的传授或给予似乎是不可能的。教师的反思意识和反思能力,只有在同伴互助这个反思型教师教育模式中才能得到改善和发展。

(二) 同伴互助提升教师素养

从量化角度来看,表 8.5 同伴互助与教师素养的相关系数为 0.448,是四个层面相关系数中最低的,显著值 0.013<0.05,说明同伴互助对教师素养有显著影响。从表 8.4 和图 8.3 中可以看出,30 位随机样本培训前后的“教师素养”情况发生了较大的变化,得分均值由原来的 3.27 提高到 4.27,标准差由 1.34 降为 1.26,经过同伴互助后的 30 位教师提高了得分,组别分数的分布状态趋向于集中,个别差异在减少。虽然变化趋势与“反思”情况一样,但是变化的幅度没有“反思”这么大,可见“教师素养”是一个比“反思”更复杂的系统,同伴互助可以促进教师素养

的变化，但不是唯一的变化驱动力，全面提高教师素养是一个综合问题。

从质性角度分析，同伴互助可以矫治教师的教学行为，同伴互助中教师之间相互合作，有目的地对课堂教学进行观察、分析、讨论，由骨干教师、学科带头人组成的同伴小组中，教学水平高的教师指导年轻教师改进教学实践，提升课堂的教学执行能力。

同伴互助引导教师成为研究者，教师拥有大量的教学案例，但不擅长把案例进行概括、提炼、升华到理论层面，通过教授导师式、师徒结对等活动教师们可以把直观体验，在专家、师傅的指导下，体验课例所蕴含的教学理念和教学技能，共同探讨科学的教学策略，促进教师综合素质的发展，形成教师发展的持续后劲。

（三）同伴互助促进教师关系

由量化分析可知，表 8.5 同伴互助与教师关系的相关系数为 0.565，显著值 0.001<0.05，同伴互助对教师反思有显著影响。从表 8.4 和图 8.3 中可以看出，30 位随机样本培训前后的“教师关系”情况发生了很大的变化，得分均值由原来的 2.87 提高到 4.47，标准差由 1.36 降为 1.25，经过同伴互助后的 30 位教师提高了得分，组别分数的分布状态趋向于集中，个别差异在减少，但是集中趋势也没有“反思”大。

就质性分析而言，同伴互助改变了教师教学研究中各自为营和孤立无助的状态，以促进教师专业发展、提高教育教学质量为宗旨，以解决教学实际问题，总结和提升教学经验为出发点。有效开展教师间的交流与合作研究。

解决教师们在教学中急需解决的热点、难点，让他们感觉到校本教研就像一场及时雨，对自己的教育教学很有帮助，很有启迪。同伴互助研究探讨的问题是教师自己的问题、真实的问题和实际的问题。在同伴的帮助下使得教师能够站到更高的高度审视自己的教学，并在自我反思和教育研究中，尽可能进行理性思维；并在校本教研中加强教师之间的合作交流，进行群英攻坚，克服个人的局限性和片面性，拓展自己的视野，促进教师综合素质的发展，形成教师发展的持续后劲，教学研究能力的提高无不包含着同伴的智慧。

（四）同伴互助提高学校教学质量

量化分析，可以从表 8.5 看出，同伴互助与学校教学质量的相关系数为 0.710，显著值 0.000<0.05，同伴互助对学校教学质量有显著影响。从表 8.4 和图 8.3 中可以看出，30 位随机样本培训前后的“学校教学质量”情况没有变化，得分均值没有变化，均为 3.80。标准差由 1.36 降为 1.25，既然有“显著影响”，但是均值不变，分析原因，这 30 位随机样本是来自 30 个学校的教师，一所学校的变化无法依靠一个教师的变化来反映，这是本次调查的局限和遗憾。但是标准差的变化还是能够反映出学校教学质量的分数分布趋向于集中。

从质性分析而言，同伴互助强调教师集体的互助合作研究，因为一个教师群体中有不同的思想、观念、教学模式、教学方法，可以弥补他人研究的多种局限性，诸如知识、能力等等，实现教育资源的共享。教师在教育教学实践中进行自我探索的同时，加强与本学科或跨学科教师的专业切磋、协调和合作，互相学习，实现双赢。总之，同伴互助发挥作用的机制而言，是教师集体的研究，教师集体参与形成了一种研究的氛围，一种研究的文化，一种共同的生活方式，这样的研究真正提高了学校的教育能力和解决问题的能力，改造了学校教育的情境，使学校真正成为一个民主、开放的讨论领域，提高了学校的教学质量。

总之，同伴互助对教师的反思产生的影响是最大的，其次是改善教师的相互关系，还能提高教师的素养，与学校的教学质量有显著相关性，但影响程度需要另辟蹊径进行说明。

【小结】 “同伴互助”概念的产生与发展，为我们在教师培训中的迁徙和采用同伴互助奠定了良好的基础，本研究在前人研究成果之上提出了同伴互助是指在两个或两个以上教师间发生的、以专业发展为指向、通过多种手段开展的，旨在实现教师持续主动地自我提升、相互合作并共同进步的教学研究活动的概念。并对“同伴互助”进行了解构化分析，认为同伴互助是交互共同体进行交互内容交流研究的过程，交互共同体是平等的，相互合作，共同进步的，而交互内容的丰富程度由每个教师的文化差异性和多样性决定。

同伴互助培训的方式方法多种多样，按照同伴互助的交互共同体和交互内容不同而划分的同伴互助培训的方式方法，有教授导师式、师徒结对式、主题沙龙式、专业对话式、课堂实践式、技能比武式、课题论文推动式、博客论坛式，并提供了我培训中心已经开展过的案例参考。

同伴互助的实施是需要条件的，一则需要了解开展同伴互助活动的教师的情感、认知、意志状况，只有了解了“伙伴”，才能有人际关系和谐、管理制度民主、学术氛围浓厚的环境，才能建立同伴互助的互惠共同体，才能顺利开展同伴互助。二则对培训组织者有较高的要求，要求培训者有较高的素质，还要求培训者营造同伴合作培训的氛围和时机。

同伴互助的实施效果由随机抽样调查和质性分析来说明，随机抽取参与 2 个月领雁工程培训的 30 位教师，他们在培训期间进行了大量的同伴互助活动，对他们进行了培训前和培训一年后的调查，从“教师的反思状况、教师素养、学校教学质量、教师关系”四个方面来了解情况，研究发现同伴互助对教师的反思产生的影响是最大的，其次是改善教师的相互关系，还能提高教师的素养，与学校的教学质量有显著相关性，但影响程度需要另辟蹊径进行说明。

第九章

农村教师专业素质提升之“展示突破法”

农村中小学优秀教师专业发展及成长需要内外的各种因素促成。若“天时”、“地利”、“人和”诸多因素顺利达成并促使，一般教师的专业发展及成长速度会加快、时间会缩短，能较快地成长为优秀教师。在上述三因素中“人和”尤为重要。就教师个人的“人和”这方面来说，把握并利用教学展示的机会，充分发挥并展示自己课堂教学的能力与技艺，做到这样的突出表现，既是突破了自身的原有水平与教学状态，又使自己在一般教师的队伍中脱颖而出，为自己的专业化成长进一步发展创造了美好的前景。

这样的“展示—突破”，为农村中小学优秀教师专业成长的有效途径之一。从一般教师成长与发展为优秀教师的过程及其经历来看，这样的“展示—突破”的应用至少有两次：一次大约在新手教师或一般教师成长与发展为“教坛新秀”期间；另一次大约在“教坛新秀”成长与发展为“教学名师”期间。这两次发展：“一般教师→优秀教师→教学名师”，是教师专业化成长与发展的关键性阶段，均离不开或可借助于课堂教学“展示”这一途径或形式，在自己的课堂教学中有所“突破”，在自己的教师生涯中有所蜕变，而跳跃式地使自己有两次突破自我、更上层楼的提高与跃升。

第一节　“展示—突破”培训的理论依据

“展示—突破”形式往往对农村中小学优秀教师的成长与发展很有成效。这种形式或途径之所以有显效，有赖于它有着充分的理论依据，或者说有扎实的理论基础。它在哲学、心理学、教育学和教师成长学等方面有较强的理论支撑。

一、从哲学角度看

人们对客观事物的认识是基于对客观事物的实践，即“实践→认识”的一般认知特点。而人们的不断实践，对客观事物的认识也就逐渐地由全面而深入。这就是实践论与认识论所昭示的“实践→认识→再实践→再认识”的认知规律。

人们对客观事物的认知过程特点及其规律，在农村中小学优秀教师的成长与发展过程中也得到确切无疑地印证。刚出校门的专科或本科毕业生加入中小学教师队伍后，在学科教学与班主任工作实践中印证了大学期间学过的教育教学相关理论。然而要确切而深刻地理解教书育人的这两方面的教育教学理论，还需在学科教学与班主任工作中反复实践，不断体会，才能逐渐领悟教育教学的一些规律的丰富内涵。

尤其在一般教师发展到“教坛新秀”这时期内，在学科教学课堂展示或班会活动研讨展示的过程中，用心更多，体会更深，自己往往在教学或班主任这两个方面认识提高快，而且有深度并有所突破。当他们由“教坛新秀”发展到“教学名师”这时期内，在展示学科课堂教学探讨课的过程中，或展示班级活动研讨课的过程中，他们往往在备课或设计教学时，加深了对教育教学的认识，又产生了自己的一些想法，因而能突破自身原有的认识和做法，使展示出的教育教学课堂或活动过程中，有独特的见解和新颖的设计，既突破了原先的自我，又突破常人一般的设计思路和施教理念，展示出教学名师的应有风采。

总之，在“一般教师”→“教坛新秀”→“教学名师”的两次重要的实践与认识、展示与突破的层递级提升的历程中，使农村中小学优秀教师在较多较长的学科教育教学和班主任工作实践中，对教育教学有了新的认识与理解。或相对以往来说，理解得更到位，认识得更深入了。这样的理解与认识，基于他们的学科教育教学和班主任工作实践的体会与领悟，基于他们的教育教学实践的积累与经验，并且在学科教育教学和班主任工作实践中展示出来，突破自己。

二、从心理学理论来说

在农村中小学优秀教师的专业成长与发展过程中，一般都是经历两次重大而关键的时期。一是 25～30 岁左右，即工作三五年至七八年之间的青年教师；二是 35～40 岁左右，即工作十余年至二十年之间的中青年教师。根据心理学家马斯洛需求层次理论，[①]这个时候的青年教师比较在意归属社会的需要，即归属于学校一个群体的感情，希望成为群体中的一员，并相互关系和照顾，此外还希望有地位、有威信，受到别人的尊重、信赖和肯定及赞赏的评价。而这个时候的中青年教师，比较看重外部尊重，希望自己有地位、有威信，受到别人的尊重、信赖和高度评价，同时更在意自我实现的需要，要求努力实现自己的潜力，使自己越来越成为自己所期望的人物。

处于第一次重大而关键时期的农村中小学青年教师，其成长与发展的空间一般仍在任职学校里，他们正在由“一般教师”向“教坛新秀”发展与成长；处于第二

---

① 荆其诚．简明心理学百科全书．长沙：湖南教育出版社，1991．593．

次重大而关键时期的农村中小学中青年教师，他们正在由“教坛新秀”向“教学名师”发展与成长。他们成长与发展的空间一般不局限于任职学校，而是县里、市里以及省里了。在学校里，不同的教师个体其个人需要与人生追求是不一样的。一般教师的个人需要与人生追求，可能因为“高原现象”等干扰和滞留，或止于“教坛新秀”，或止于“教学名师”，这时候要设法疏导、点拨与引领。而极少部分“教学名师”的眼光可能已经锁定“特级教师”这一目标了。一旦实现，那是海阔凭鱼跃，天高任鸟飞了。

农村中小学中青年优秀教师在几次重大而关键的时期心想事成，自我实现时，往往会产生出一种“高峰体验”的情感。[①] 这个时候是人处于最激荡人心的时刻，是人的存在的最高、最完美、最和谐的状态，这时的他或他们具有一种欣喜若狂、如醉如痴、销人魂魄的感觉。

这一现象，往往在优秀教师获得成功，修成正果时，或滔滔不绝地与学生交流而听不到下课铃声，或洋洋洒洒地挥笔千言万语而停不下来而得到佐证。“高峰体验”的情感和现象，作为教师同仁与培训院校须设法滞留及利用，尽量使之延长，发挥应有效益。

三、从教育学学科来说

农村中小学教师的教学不光是教给学生各学科的知识，又要培养学生形成各学科的技能，还得指导学生形成正确的情感态度价值观。这就是人们常说的教书育人。教育的本质即是育人。中小学教师担负着育人的责任，而育人又是通过教书来实现的。当大学毕业分配到各中小学去任教的新教师，如是分配在城区学校，可能还有个中年或老年教师带着你；如分配到农村中小学，可能一去就独当一面了。刚开始的几年是艰难的，任务重，经验少，学生淘气，家长盯着。实践积累经验，经验需要积蓄。三五年后有志于教学者、教学有心者，可能有机会展示自己，且在课堂教学展示成功，成为校级及以上教坛新秀。这时，他们对教育的理解大多为把课上好，学生听得懂，评价好些，较关注“教书”这一方面。教学展示中相对一般教师来说，大多为教学设计精巧，教学方法新颖而突破自我，获得成功。

之后经历过高原期，由教坛新秀成长与发展为“教学名师”时，他们对教育的理解不仅仅是“教书”了，相当分量放在“育人”上了。因而，在教学展示中的教学设计较为实用，教学方法常为巧妙，巧妙地把“育人”渗透、寄寓在“教书”中了。一般说来，这就是“教坛新秀”与“教学名师”对“教书”与“育人”的理解的不同。这个不同，体现了这两个层次的教师教学经验积累得多与少，教学感悟积蓄得深与浅，也体现了这两个层次的教师对教书育人的理解，对教育本质的认识有无真正到

① 荆其诚. 简明心理学百科全书. 长沙：湖南教育出版社，1991. 147.

位。这些对我们认识与把握“教坛新秀”与“一般教师”之间的主要区别，以及“教学名师”与“教坛新秀”之间的主要区别给予了有益的启示。

四、从教师成长规律(理论)来说

一个教师成长与发展的关键期是大学毕业后的3～5年，在这新手教师至称职教师的3～5年的时间里，教学能力的发展情况决定了他一生的教学效果。美国教育学会发表的《谁是优良的教师》一书也表明了同样的观点：教师服务成绩评定的趋势是曲折前进的。在教学的头几年，随着教学经验的增加，教学效果显著上升；当教了五六年以后，习惯于已有的教学程序，进步的速度就不像以往那样快。这个过程时间长而且进展缓慢，甚至有逐步下降的趋势，在心理学上被称为“高原”现象。[①] 如不学习进修，即使再教二十年，也不会有多大的进步，到后来就会出现衰退的现象。

为了使年轻教师的教学能力在最初的五六年里得到迅速发展，拉长第二高峰期的持续时间，必须克服“高原”现象对农村中小学称职教师向优秀教师发展的制约，使农村中小学称职教师较快而扎实地形成并具备优秀教师的教学素质与能力。这样一来，对在职教师的继续教育即教师培训自然而然地提到议事日程上来。教育部早已作出中小学教师五年一轮的周期性全员培训，此外，各级教育部门还对中小学骨干教师的培训作出规划并付诸实施。在对农村中小学骨干教师的培训中，我们感觉并认识到通过课堂教学展示活动，能较快地提升骨干教师的教育教学能力与水平，还能较快地发现优秀教师的人选在突破自我、成长与发展中的素质与品性。

第二节　“展示—突破”培训途径的现实基础

我国的中小学教师数以千万，大量的中小学教师，尤其是农村中小学教师往往是通过课堂教学展示、教学设计评比或教坛新秀赛课等途径突破自我，闪亮登台的。当然，这样的那样的”展示—突破”渠道和途径对城区中小学教师来说是比较多的，对农村中小学教师来说，渠道和途径还有以下几种，农村中小学教师还是有机会展示并突破自我，使自己更好地成长与发展的。

一、农村中小学教师“展示—突破”而成功的典范性人物

20世纪70年代末改革开放不久，我们中小学语文教育界就有两位平凡而普通的语文教师分别在中小学的语文教学研究会上通过展示而突破自我，通过展示

---

① 荆其诚.简明心理学百科全书.长沙：湖南教育出版社，1991.148.

而大放异彩并成为中小学语文教学的领军人物。他们是广东潮州市六联小学语文教师丁有宽老师和辽宁锦州盘锦实验中学魏书生老师。

丁有宽老师在1982年的全国小学语文教学研究会上宣读了“读写结合”的实验报告。由此，人们一下子认识、领略并佩服丁氏的简便易学、行之有效的“读写结合法”，使小学语文的阅读与写作收获双丰收成为可能的现实。丁老师的教研展示突破了囿于村小、无人赏识的局限，也突破了野人献芹、含金量难测的局限，更是突破了自己不为人所知的教育贡献与社会价值。通过展示，我们不仅认识到这位默默无名的小学语文教育专家；后来也是通过教研展示以及他的《我与顽童》，人们还认识到丁老师还是班主任工作的专家。

魏书生老师为当教师打了百余份申请报告而当上了教师。之后，通过20世纪80年代初的一次中学语文教学研讨会，魏老师展示的“导读自学法”，即“语文知识树”做法及其高质量的教学效果。这一下，震惊并激动了与会的同行。这对于作为非专业出身的他来说，是一次非凡而重大的突破。魏老师也是通过教研展示，突破了语文靠教师讲授、靠学生做题来实现教学目标的普遍认识。魏老师也是通过教研展示，突破了自己。他还突破了一般教师做班主任的工作遇到的瓶颈——“既很吃力又不讨好”。他展示的“班级岗位责任制”的做法及实效，又一次震撼了与会者：“原来班主任是可以这样当的”。可以说，通过两次“展示”，魏老师突破了“初中语文教学如何学得有效”、“初中班主任工作如何做得有效”这两大瓶颈，也突破了自己“身在辽西无人识”的困境，更是突破了做“语文老师和班主任工作”的难关，使自己在这两个方面在全国同行中发挥了引导与指引作用。

以上两位老师是当时平凡而普通的中小学教师，其中的丁有宽老师，是广东农村六个自然村合办的六联小学的语文教师。他们通过展示，突破自身，突破了当时语文教学工作的瓶颈，也突破了当时班主任工作的瓶颈，为全国同行作出了表率，一鸣惊人地成为中小学语文教师和班主任工作的专家乃至大师级人物，为教育界、为社会各界敬重，为各级政府表彰、奖励。假如他们不来与会、或与会时不愿或不敢“展示”，亮出绝活，可能至今他们还是如同过去那样平凡而普通。幸亏他们敢于展示，善于“亮剑”，为自己有所突破，为全国同行的有所突破作出了贡献。可见，农村中小学教师也可以通过教学展示，能较快地提升自己的专业成长与发展，能较快地跃升到课堂教学或班级工作的新台阶。而这新台阶，又为自己能更快地提高专业，更好地提速发展，更好地展示自我，创造了突破自我，向前向高发展的基础与前提。

二、农村中小学教师“展示—突破”的渠道和途径

我国的中小学教师数以千万，大量的中小学教师，尤其是农村中小学教师往往是通过课堂教学展示、教学设计评比或教坛新秀赛课等途径突破自我，闪亮登

台的。这是农村中小学教师“展示—突破”的主要渠道和途径。此外，农村中小学教师还可以通过教育科学研究课题成果、教学研究论文或报告等渠道和途径，来“展示”成果，“突破”自我而取得成功，使自己更好地成长与发展。

(1) 中国教育学会省市县三级教育学会机构组织的教育教学学术年会论文交流及论文评比活动，或实验教育研究会机构组织的“集中赛课”和“论文答辩”等“教坛之星”评选活动。

(2) 中国高等教育学会下设的中小学各学科教育专业委员会组织的“优秀教师示范课”和“优秀教学论文评比”活动。

(3) 省市县三级教师继续教育培训院校或机构组织的“教师素质竞赛”、“优秀教学案例评比”、“送教下乡”和“汇报展示”等活动。

(4) 省市县三级教研室组织的“教坛新秀”、“教学设计”评比或“教研论文”评优等活动。

(5) 省市县三级教科院所组织的“教育科学研究课题申报”与“教科研成果评比”等。

除此之外，还有一些中小学学科教育专业报刊经常性组织的中小学科教师教研论文评比与教学设计评比等。

以上这些分别由各学术团体、各级政府及教育部门组织的活动，农村中小学教师都有可能脱颖而出。因而都应有积极参加、热情投入的意向与行动。尤其是本校组织的此类活动，得以更大的热情与认真的态度积极报名，精心准备。或备好课，或写好论文，力争冲出学校，走向县、区级或省、市级的舞台。因为只有你认真准备，才有“展示”的时空，而展示的时空，即是“突破”自我，谋求专业成长与发展的更大时空。

是金子总会发光的。教师的职责是教书育人，虽然在我国当前的社会阶层中处于不低的位置，可是我们教师的收入与我们为教育事业的付出是不成比例的。但是，作为教师，总不能依此来消沉自己，我们还得忍辱负重，爱岗敬业，做好本职工作。为孩子、家长和社会，我们还要尽量做得更好。在平凡的工作岗位上努力做出不平凡的业绩，尽力体现并彰显教师职业的人文价值和社会意义。作为青年教师，更要通过自己的勤奋刻苦，巧思多干，奉献尽职，不失时机地展示自己的教学，突破自己的教学，使自己早日脱颖而出，成名成家，在教育界、在社会中发挥更大的作用。

功夫不负有心人。教育不是一蹴而就的事，要多下工夫。教师不是急功近利的职业，要有心去做。史学家范文澜“板凳要坐十年冷”的话语对教育、对我们教师还是有提醒与告诫作用的。一个教师的成长是分时期、分阶段渐进完成的，这就需要在教育教学中做个有心人，使自己逐渐地成长与发展。如经常反思自己的教学，不论是成功的还是失败的；多琢磨名师的教学，不管是哪个地方的、哪个级别的。有机会就展示自己的课堂教学，追求不断地在教学中突破自己，哪怕从点滴做起。要有不积跬步无以至千里的毅力，要有行百里者尚需半九十的心态，坚忍不拔，有心去做我们自己教育教学的事。没有做不成的事，没有做不成的事业。

第三节 “展示—突破”培训的实践案例

针对农村中小学教师的学科教学能力状况，我们在2005—2007年间在两种不同类型的骨干教师群体尝试过“展示—突破”的培训途径，效果非常显著。以下略作介绍与评议。

一、2005—2006年间杭州市农村中学骨干教师培训班

杭师大继教院2005年上半年先于浙江省教育厅的“农村教师素质提升工程”，就开始举办了杭州市农村中学语文、数学、英语三学科骨干教师培训班。在培训的课堂教学实践时，就要求每位学员在教学实践中必须开设两节课堂教学展示课。具体实施的过程中培训学员认真准备，指导教师精心指点，学员尽情展示才干，实践班级的初中学生配合较为默契，教学效果出乎意料。此后搜集并归纳了学员的反馈有以下几个方面：

(1) 两次课堂教学展示，锻炼了自己的胆量气魄。我们安排学员必须完成两次课堂教学展示：一次是在本校主动开出一节课堂教学展示课，并由教研组长和同行评议(口头的和书面的)；另一次是在杭师大继教院安排的教学实践学校开出一节课堂教学展示，由指导教师组织同组学员、实践学校同行，先进行口头评议交流，再写出书面评议材料。绝大部分学员反映从未在外校上过课，更不用说在实践的学校里(都是杭州城里的市、区级名校)“斗胆”展示了一回课。经历过这么一回“展示”，自己也有所“突破”了。上课的胆量练大了，自己的气魄也大了不少。有的学员还放出豪言壮语：下次如果需要外出上课，哪里都敢去展示了。

(2) 两次课堂教学展示，明确了自己的教学特长。经实践指导教师和理论指导教师的指引与点拨以及实践小组同行的帮助与提醒，学员们通过两次课堂教学展示的磨炼，都进一步突破了自我，明确了并发挥出自己在教学中的特长。例如初中语文班的学员中，有的擅长上引导学生朗读为主的课文，有的长于叙述类的课；有的非常适合指导学生的随堂作文，有的为语文教学与信息技术整合的高手；还有善于教学设计精细实施的，指导学生课外阅读效果显著的……学员们为自己能发挥一技之长，将识见和才干运用于课堂教学展示，使自己的教学有所突破，因而自信心满满的，很有成功感和自豪感。

(3) 两次课堂教学展示，找准了专业发展方向。培训学员在教育教学理论的

引领下，经师生互动，小组讨论，个人反思，都有所收获；在这个基础上进行的两次课堂教学实践过程中，他们都认真展示了两节课堂教学探讨课，在教师的专业化成长与发展方面找到了自己的优势和不足。其优势，是学员突破过去而取得的，更是学员突破现在的自我的“本钱”与基础；而其不足，正是对学员继续努力学习与勤奋工作的鞭策，更是学员继续不断探索与突破的动力。当每位学员清楚了自己的优势和不足时，他们就找准了自己的教师专业化成长与发展的方向了。

二、2006—2007 年间中国新农村小学骨干教师培训班

在我国数以千万名教师的这个群体中，农村中小学教师占的比例很大。他们肩负着农村教育的重任，肩负着民族复兴的厚望。然而他们的生存状况、工作环境和教学景况亟待更大力度地改观。我们杭州师范大学校友、企业家马云先生拿出自己税后收入 100 万元，委托杭师大继教院培训一百名农村小学教师。杭师大继教院通过网络、报纸、公函等多种渠道，恭请杭州市内外、浙江省内外有志于农村教育、有志于做新时代的“陶行知”的农村小学教师自我推荐，经学校及当地教育部门同意，杭师大继教院审核，即可来杭师大继教院免费培训 40 天。[①]

之后的百名学员分别来自甘、陕、辽、豫、皖、滇、川、渝、赣、江、浙十余省，分成小学语文、数学和英语三个班，分别在 2006 年和 2007 年暑期各 15 天，2006 年下半年 10 天这三个时段完成培训。培训期间，杭师大继教院请魏书生、马云先生，院长童富勇教授作教育理论专题报告，请檀传宝、高金英、李镇西等作班主任工作及德育工作专场辅导。更多的培训时间是各学科教学理论的进修辅导。同时，还安排学员到杭州市区名校进行教育见习与实习。每位学员都在导师指导下，为浙江省或杭州市名校的小学生上课堂教学展示课，这对他们触动很大，推动更大。他们对此的反馈有以下几方面：

(1) 勇敢地展示教学素质，名师才能把脉诊治。来自十余省市的农村小学教师，有年过五十的，也有二十出头的，教学素质参差不齐，但他们都有为农村教育、为农村孩子服务的真心实意。他们觉得到名校实习，就要做到不怕露丑，不怕怯场，在实习的学科教学和班级活动指导中，尽情展示自己方方面面的素质，让名师把把脉，正正骨，从而使自己扬长避短，脱胎换骨，在课堂教学中有所突破。

(2) 要将杭州名师巧妙的教学方法与自己质朴而实用的方式结合起来，做一个智慧型的乡村教师。见实习期间，学员们也常议论：自己在农村教书时教学方式方法往往是朴实的，而且往往很少考虑学法指导。自己教得累，学生学得也累，教学效果却是事倍功半。而杭州名师非常重视对小学生学习方法的指导，教师对

---

① 童富勇. 我的乡村教育改革之梦. 杭州：浙江大学出版社，2008.

教学方法的运用非常巧妙有效。学科教学如此，班级活动也如此。这一手我们得学习，得掌握，要将巧妙与朴实结合起来，使教育教学效果做到事半功倍。这样的认识，正是在教学实践的课堂教学展示的过程中形成的，同时，这一认识又是使教育教学方法观实现“双突破”的内在动因。

（3）更大的自我突破是回到原任职学校上了公开展示课，并且在本校乃至本地区逐渐起到示范与辐射作用。三次集中培训的前两次返程回校后，学员都能按照要求开足2～3节课堂教学公开展示课，展示学习培训的成效，且都能在本校学科教研组成为骨干教师并成为3～5名青年教师的师傅。有的学员说，从未在本校上过公开展示课，必须得一炮打响；有的学员说，从来都是人家带我，现在我也能带“徒弟”了。课堂教学展示突破了学员原先的形象与才干，“带徒”更是突破了学员原先的作用及地位。这一些都使我们的学员突破了自我，更上层楼。

综上所述，我们感受到，在教师继续教育中，尤其是农村中小学优秀教师的培训中，通过教育教学实践的“展示突破法”途径，推动并促使学员的专业化发展与成长，获得理想的培训效果。我们的体会和认识有三个方面：

（1）培训必须“展示”成效。培训不能按计划操作，实施完毕就走人，必须安排课堂教学展示活动。旨在使学员通过理论进修、实习教学，要拿出“产品”，让人检验。这样来培训，来验收，其培训效果往往是明显的、有效的；不然，则是似风如雨般走过场。那样的话，培训的人力、财力、心力及时间、场地等资源无疑是浪费了。当然，展示成效不仅仅只是“展示课堂教学”一种途径与形式，还可以是教学论文、教学比武、素质竞赛等途径或形式。我们只是强调展示课堂教学是检验学员培训效果的最简便、最准确、也是最为有效的一种途径或形式。

（2）培训前要有“突破”的压力。无论脱产培训还是边工作边培训，对培训学员来说是一种学习与进修的福利。对农村中小学教师来说，脱产培训是以前很难做到的事情，现在好事轮到自己身上了，自己也得给自己加加码，取点真经，学些真功夫回去；培训院校也是要把学员逼上梁山。教学实践时必须要展示课堂教学，突破原先的自己。学员对此有压力，自然努力拼搏，调动全部智慧与经验，认真准备，反复切磋，在教学设计、教学实施和教学评价方面，相对以往来说，大多往往有所创新。这对他自己是个“突破”，当他的课堂教学展示成功时，对学员来说，突破了过去，突破了自我的成功感、自豪感、成就感，油然而生。这种刺激、这种激励，学员对自己的要求与期望自不待言，一般都会以更高些、更远些的目标要求自己不断努力，再次突破。

（3）培训后需有“持续”的动力。当学员的课堂教学展示获得成功，自己在教学方面有所突破后，跃上层楼的他会静下心来仔细反思并认识到自己的展示与突破离不开多方面的合力。首先是自己的努力探索，破旧立新；其次离不开理论导师和实践导师的引领与指导；再次离不开小组同伴对自己的帮助与提示。当然，还得到全班学生的认真学习或练习、踊跃提问或争议等等。至此,他在以后的教学生涯中,在以后的教学展示前会整合这些资源与因素,认准目标,继续努力前行。如果说"突破"的压力就是压得学员不断去努力、去突破的话,那么,"持续"的动力,指的就是突破自我跃上层楼的学员,明确了成功的缘由,认清了前行的方向,他会自觉地在自己专业化成长与发展的路上不断"展示"自我,不断"突破"自我。

第四节 "展示—突破"培训途径及方式

在近几年的浙江省和杭州市农村中小学教师"提素工程"的全员培训与"领雁工程"的骨干培训实施过程中,结合杭师大继教院的研究课题,我们对"展示—突破"这一培训途径及方式有意识地作了多方面地尝试与探索。在培训与研究的实践中,我们觉得以下几种培训途径与方式的成效较为显著,现简介如下:

一、汇报展示

汇报展示课堂教学,是杭州市农村中小学教师培训学员展示才干,突破自我的重要途径。它有培训学员在汇报培训阶段成果以及结业前汇报培训成果这两种方式。前者一般回学员任职学校,后者一般在教学实践结束阶段进行。这是学员理解并运用培训学习的教育教学理论,在理论导师和实践导师指导下,突破"原我",树立"新我"的转折点。这个转折点,相对学员过去的自己来说,其教学理念及教学设计等近乎改弦更辙。他向原任职学校、实践学校及培训院校的领导、教师和同行充分展示出他的教学才干、特长,智慧、能力;他往往突破了自己过去教学的经验、模式和做法;他显示出之后阶段将逐渐形成教学特点的某些品质。当汇报课顺利进行,取得成功,这时学员的喜悦、激动,成功感油然而生,并且由此激励自己继续努力展示,不断努力突破。汇报展示课堂教学,可以说是农村中小学优秀教师专业成长与发展的重要途径,也是其专业成长与发展的重要阶段。作为培训院校来说,这个"抓手"得紧紧抓住不放过。

二、同台上课

同台上课,学习展示,指培训院校邀请一位名师下乡支教,同时组织当地的一位农村中小学优秀教师培训学员与名师在一个讲台上各上一节课的方式。拿现在的时髦话语来说,可以称之"拼台上课",或干脆称之"拼课"。同台上课,学习展示,对培训学员来说,既是学习的好时机,又感觉到压力较大。杭师大继教院领导和带队教师往往及时提醒他们:你有什么压力啊,名师才有压力呢!一句话可以释放他们心中的压力。这时候的培训学员往往胆子大、点子多,放得开、上得好。

往往能展示出近阶段来自己教学的最佳状态，并在教学方法的实用性与艺术性方面有所突破。当然，相对名师来说还是有一定差距的。这样的同台上课，学习展示，培训学员的确可以从名师的一节课堂教学中学到好些东西，还可以激发他们争强好胜的进取心，以及看好自己的自信心，这一点很重要。同台上课的另一成果是培训院校作红娘牵线，培训学员与支教的名师往往结成一对师徒。这样的做法师徒双方都很乐意。同台上课的整个过程，对培训学员的教师专业化的发展与成长非常关键，成效特殊。如拿魏书生老师的话来评价，我们的学员“大大地赚了一回”。

三、送教下乡

送教下乡，一般指城区教师到乡村学校去上示范课的方式。这里的送教下乡，特指杭师大继教院组织农村中小学优秀教师或骨干教师，由此地此校，到彼地彼校上示范课的方式。这些送教下乡的农村中小学教师往往都是我们的培训学员。当他们得知要去送教下乡时，绝大多数非常乐意，欣然前往。他们往往把这样的送教下乡活动，当作汇报培训成果，反哺农村教育的好机会，当作向农村的教师同行展示自己的教学及其特点，同时向同行请教，与同行切磋，使自己的教学有所突破的好机会。送教下乡的课堂教学展示活动中，大多数学员的确在展示自己的教学才华，尝试在某一方面有所突破上取得成绩，赢得农村同行的赞赏。送教下乡这一形式在农村中小学优秀教师培训方面是非常有必要的。这一举措及其活动过程，促使我们的培训学员不能忘记自己的“根”，不能忘记自己的“兄弟姐妹”。作为农村的优秀教师或骨干教师更需经常的不断地送教下乡，展示自己的教学，突破自己的教学，引领农村的教师同行，惠及农村的中小学生，这才是对这片土地的感恩与回报。

下面一则报道就如实地记载了杭师大继教院组织的一次送教下乡、同台上课的活动。

“新陶行知”反哺新农村
“新农村教师专业发展计划研修班”学员展示活动始末

浙江《教育信息报》记者　蒋亦丰

【背景】

2006 年 7 月，一个完全由民间教育基金支持的“中国新农村教师专业发展计划”，在杭州师范学院悄然启动。经过报名、推荐、筛选、专家评审等程序，来自全国各地的 100 名乡村教师，成为“中国新农村教师专业发展计划高级研修班”的首批学员。

首期培训按学科组班，实行集中学习、自学、实践考察、课堂教学、团队研究、自我反思、网上互动等多种手段和形式。时间从2006年7月至2007年7月，其中集中学习时间为40天，分3～4次进行。首期招收小学英语班30人；小学语文班35人；小学数学班35人；合计100人。

教育信息报《教师周刊》作为该项目的全省独家协办媒体，全程参与和报道了计划实施的全过程，并协同杭师院一起接受小学农村教师的报名。在《教师周刊》的积极推荐下，徐梦华、童永才和其他共100名农村教师觅得培训良机，开启了他们“改变农村教育”的梦想。

如今，培训日程已经过半，“新陶行知”们进入一个自我检验、反思的阶段，学员展示课活动为他们提供了舞台。

【备课】

时间：2007年1月30日

地点：杭师院、杭州市天长小学

这是一个晴朗的冬日，记者在杭师院再次遇见了淳安县梓桐镇叶家小学教师徐梦华。半年前，记者曾随杭州市教育局、杭师院的相关负责人赴淳安实地考察选拔两位教师。从最初的腼腆、紧张，到眼前的从容、自信，他们身上正悄然地发生着一些变化。

“半年多来，听课笔记记得满满的，专家讲座课件在我的邮箱里也是满满的，要想使它们成为自己的东西，还得通过实践去消化。这不，今天就是来商量开公开课的事情。”两位教师道出此行的原因。在杭师院会议室，继续教育学院院长童勇富将“杭州市送教下乡暨中国新农村教师专业发展计划小学语文研修班学员展示课”的实施计划娓娓道来：作为“中国新农村教师专业发展计划高级研修班”的一项内容，他们定于2007年3月12日在淳安县两所农村小学，童永才、徐梦华与省特级教师，杭州市天长小学校长曹晓红同台亮相，每人上好一课时，齐心协力完成一篇课文的教学。“不挑课，不搞形式主义，根据当地课程进度和学生实际安排教学，考察并且农村教师的真才实学和应变能力。”童院长特意补充了几句。

最终，公开课程选定地在小学语文五年级第十册的《草船借箭》。会议结束后，童永才与徐梦华马不停蹄赶往杭州天长小学，接下去的2个多月里，曹晓红校长成为了他们的“导师”。

或许是第一次公开亮相，未知造成的茫然笼罩着童、徐二人。在去天长小学的路上，他们的思绪没有离开过《草船借箭》：这节课的重点是什么？哪几个人物需详细交代？多媒体要不要用，课件怎么做……

“你们来啦，请坐！”曹晓红的问候打断了俩人的思绪。闲聊片刻后，谈话的正题落在了公开课的备课上——

“曹老师，《草船借箭》一课该怎样抓住人物的形象？有人用诸葛亮的神机妙算来抓,您觉得合适吗?"

"你的提议是可取的。但我要强调,上好语文课应立足自身条件和土壤,有自己的思考,尤其得考虑农村孩子的接受能力和理解能力,这是一个大前提。"

"课堂导入如何做到'一石激起千层浪'?"

"语文教学切忌形式花里胡哨,求真务实更合适农村孩子的特点。简单的导入,还原语文教学的本色就可以了。"

"曹老师,课件该怎么做?"

"很高兴看到你有使用多媒体的意识,课件可以做,完后我帮你把把关。"

……

1个多小时的交谈一晃而过,思想的碰撞擦亮了智慧的火花,《草船借箭》雏形显现:第一课时童永才交代故事背景,带学生认生字、学生词;第二课时徐梦华解析文本内容,提炼人物形象;第三课时,曹晓红拓展课文,补充交代一些片段。

在此框架下,之后的2个月里,三位教师完成了各自的教学设计,经过多次交流、修改,一场即将上演的教学大戏的"剧本"出炉了。

【亮相】

时间:2007年3月12日

地点:淳安县威坪镇叶家小学

天蒙蒙亮,淳安县唐村小学教师方丽红匆匆超出家门。赶了几里地后,路上的行人越来越多,一打听,都是来威坪镇叶家小学听课的。

为此,叶家小学腾出最大一间教室,教室后面比平时多放了几十张小板凳,调试好刚配置的多媒体,还在黑板上方拉起长长的横幅——"杭州市送教下乡暨中国新农村教师专业发展计划小学语文研修班学员展示课"。8点过后,教室已入座近八十名学生和教师,很拥挤,但无需维持秩序,每个人都在自己座位上静静地等待着。

上课铃响起,西装笔挺的童永才在掌声中登场亮相。"同学们好,今天是植树节,我们一起在知识的土壤里植上一棵树,好吗?"童老师巧妙地利用"天时"作为开场白。

"许多人都知道三国的故事,谁能说上几个三国的成语、歇后语?"童永才抛出第一个问题。可是,学生有些拘谨,只有两人回答出"周瑜打黄盖""三顾茅庐"。现场气氛尴尬,童老师马上转换话题:"上学期,我们学了赤壁之战,大家知道三国是哪三国吗?他们之间又是怎样的一种关系?"在童永才的步步引导下,学生温习了"赤壁之战","草船借箭"的故事也渐渐浮出水面。

结束5分钟的全文朗读,童永才在多媒体大屏幕上显示出课文里的生字、新词标注着特别的颜色,代表着不同的学习目标。由于学生基础薄弱,识字环节进展缓慢,甚至有位学生连续多次将"管保"念成"保管",让来自城市的听课老师大跌眼镜:"学生念得辛苦,老师教得更辛苦啊!"

课后,童永才长舒一口气:"下两个课时将围绕'神机妙算'展开。这节课不足的是,识字花了太多时间,以致最后草草收尾。"

之后的十分钟休息时间,几乎成为一场小型教研活动,有为童永才叫好,有抢着向他要课件的,还有人忙着和童永才交换不同的意见。直到铃声再次敲响,现场才恢复平静,徐梦华的课开始了。

"草船借箭中的草船是啥样的,它是怎样来借箭的呢?"徐梦华先在课文的标题上做起文章。带着两个问题,学生又一次朗读全文。一遍下来,答案跃然而出,徐梦华随即在大屏幕上显示出草船的模样。

第二个问题来了,为什么诸葛亮要如此装备这些船只呢?学生的回答五花八门。"看来诸葛亮的神机妙算远非我们常人能及啊!这样吧,我们再次熟读课文,找出诸葛亮下达的6条命令。"很快,6条命令被学生找了出来,徐老师的"为什么"又来了——诸葛亮下达这些命令用意何在?

就在一次又一次的"读一问一答"中,草船借箭的精妙之处被一一点破,诸葛亮神机妙算的形象清晰起来。尤其在分析最后那条命令时,徐梦华在黑板上画出双方交战图,并用地理知识解释诸葛亮为何命船队驶向南岸,令学生大开眼界。

"徐老师的课有新意,他以诸葛亮的6条命令为主线串联全文,比我们平时常用的分段落教学高明得多。"淳安县唐村小学教师商桔琴说。

省特级教师、杭州市天长小学校长曹晓红的亮相有些另类,她没说三国,也没讲课文,而是先和学生们玩起了小游戏。"我说举左手,你们就举右手,以此类推,动作与命令相反,能玩吗?"曹老师话音刚落,就有学生兴奋地从位子跳了起来,一旁的听课老师们却不知是何所谓。

玩过,闹过,笑过之后,曹老师问道:"同学们,现在你们对我有什么印象?"学生的回答五花八门,饱含着对曹老师的喜爱之情。这时,老师们恍然大悟:原来曹老师是在拉近和学生的距离啊,特级教师果然不同凡响。

接下去的教学过程如行云流水,教室里不时发出学生的敲桌声、呐喊声(模仿草船借箭的现场),每个人的神经都被刺激着、调动着,仿佛回到了那段呼啸沧桑的英雄岁月,心潮难平,意犹未尽。

11点整,上午的最后一次铃声敲响,《草船借箭》一课就此划上了句号。

【声音】

农村教师群体的现状喜忧参半,喜的是,农村教师有"三好",即起点好,大专、本科学历持有者已占大多数;基本素质好,目前在农村教学一线的中青年教师大多受过正规的教师教育,普通话、教学基本功、现代教育技术扎实;师德好,农村教师教学负担很重,但广大教师还是兢兢业业,教书育人,为人师表。

农村教师群体也存在诸多不足，比如，教师接受在职培训、继续教育的量不足；教师之间开展教学竞赛、教研活动不够，此外目前农村教育的环境也不利于农村教师的专业成长。这也是造成城乡教师差距的一个主要原因。

所以，我认为促进新农村教师发展的对策是关注教师的专业发展，增强教师归属感。在“中国新农村教师专业发展计划高级研修班”里，我们采用了名师示范——观摩研讨——公开上课——反思提高的培训模式，这次来淳安送教，就是其中的一项内容。

——杭师大继续教育学院院长、教授　童富勇

两位教师给我的印象是踏实、努力，尤其在前期的准备阶段，他们向我请教了许多问题，看得出他们对这次公开课非常重视。

从开课的具体情况来看，第一课时的朗读时间很充分，但在字词认读上的时间花得太多，建议先把文中4个主要人物罗列出来，分析清楚之间的关系后再认读字词。第二课时，徐老师准备很充分，建议适当提高提问的深度，训练学生的思维能力。

总的来看，两位老师还得在教学设计上多下工夫，临场的变通、反馈、应变的能力有待提高。

——省特级教师、杭州天长小学校长　曹晓红

我们参加培训的第一堂课就是魏书生先生的讲座。也正是从这一堂课起，高级研修班为我们学员准备了精神的盛宴；孔子与陶行知精神的学习，语文教学的语感培养，识字教学，作文指导，板书设计……从最初的以听课为主，到第二期的理论加实践，内容丰富，形式多样，很受我们学员的欢迎。

这次展示课，我们两位学员在曹老师的指导下，三个人同上一堂课，感觉对自己帮助非常大。假如我们在一起探讨交流的时间再多一点，我想我们的进步会更大。将自己的课和曹老师的一对比，我看到了自己缺少的不仅是经验，更多的是态度——认识与和蔼，以及全身心的投入。

感谢《教师周刊》给予我们的这个宝贵机会，我们也会更加努力地完成后期的学业。

——学员　童永才　徐梦华

今天村民们大开眼界，他们第一次坐在教室里听老师的精彩讲课，还接受了杭师院领导赠送的家庭教育用书。希望今后有更多的好老师来我们农村上课，村里的孩子在盼望着你们啊！

——淳安县威坪镇钱家村党支部书记　胡越凤

这样的送教下乡活动、这样的同台上课支教，杭师大继教院自2005年在全省首次举办面向农村的中小学骨干教师的培训班以来，不知道已组织过多少次，也不知道已有多少农村教师与名师同台亮相，汇报乡亲，反哺农村；或展示教学，引

领同行，影响当地。这样的一次次展示，这样的一次次亮相，推动我们的学员较快地校正自己的教学，突破自己的“瓶颈”，促使我们的学员信心倍增，底气更足，特长显现，成长更快。上述两位年轻的教师都已成长为当地的小学语文学科教学带头人。

四、名师舞台

通常的名师舞台，顾名思义，为名师执教，展示风采的特殊场合。我们这里的名师舞台有两种含义，亦即两种方式。第一种是2005年杭师大继教院院长童富勇教授首创“浙派名师”的美誉，与此同时举办“浙派名师”课堂教学艺术展示活动来培训中小学学科教师。具体地说，每年进行小学与初中五大学科（语文、数学、英语、科学、思品）两次课堂教学艺术展示，以浙江省的名师为主，还邀请江苏、上海以及北京的特级教师、省市名师、教坛新秀、大赛的优秀奖或优胜奖获得者，来杭州、来杭师大继教院上教学艺术展示课，接着反思并开设专题讲座。这些名师有部分就来自农村学校，并且还在农村学校。这对前来听课的农村中小学教师震动较大，富有教育意义。

第二种是为使我们的农村中小学优秀教师有机会展示才智，突破自我，我们特地在“浙派名师”课堂教学艺术展示中选择一些出类拔萃者，来名师舞台，上“浙派名师”课堂教学艺术展示课。这些学员或在培训期间教学实践的“同课异构”中胜出，或是指导教师极力举荐而确实表现不凡。让来自农村学校的一线教师跃升至名师舞台，展示风采，进一步突破自我，的确是给农村中小学教师创造机会，提供“展示”与“突破”的机遇。几年下来，二十余届的“浙派名师”展示大舞台上，来自农村的培训学员，与特级教师、与省市名师和新秀同台献艺，展示了院校培训及自我进修的不俗成效。他们一而再，再而三地突破原先的教学，逐渐形成各自的教学特长与风格。他们凭借“浙派名师”这个展示大舞台，百炼成钢，终成大器，迅速成长为名实相符的“浙派名师”中的一员。凭借“浙派名师”这个展示大舞台，他们还会再接再厉，一鼓作气，继续“展示”，不断“突破”。这样的话，特级教师的称号就与他们越来越近了。

上述农村中小学教师培训的“展示—突破”途径及方式，为近些年我们培训农村中小学优秀教师的实践与认识。其理论依据已在前面涉及，恕不赘述。需要指出的是：“展示—突破”并非是培训教师专业化的唯一途径与方式。杭师大继教院还有“教师专业素质竞赛”、“教学设计评比”、“教学案例评优”，还有“课题申报及成果评比”，以及“教研论文评奖”等多渠道、多方式地提升农村中小学教师专业化发展与成长等有效地培训形式与举措。

第五节 “展示—突破”培训途径的相关策略

农村中小学优秀教师培训中“展示—突破”的途径及方式是多种多样的。杭师大继教院在实施多种多样的“展示—突破”的培训途径及方式的同时，也认识、实践并积累了一些与此相关的培训策略。

一、分群体，定目标

前面已经提及农村中小学教师的专业成长与发展过程中，一般都是经历两次重大的“展示”而“突破”的时期。一是25～30岁左右，即工作三五年至七八年之间的青年教师，可在学校里成长与发展。当然，有的可能大器晚成于毕业后十余年。二是35～40岁左右，即工作十余年至二十年之间的中青年教师，可通过“展示”而“突破”高原期，并再次突破自己的教学，成长而发展为县(市、区)的名师。针对这两类不同教龄与阅历的教师群体，可以粗略地制定或选择有些区别的“展示”途径与方式，使之“突破”自我，逐渐接近并达成专业化成长与发展的不同层次的目标。

针对上述青年教师与中青年教师两类群体，可以预设不同的“展示突破法”的途径与目标。若培训对象是青年教师，那么，可以通过组内或校内的公开课来中“展示”自我，而有所“突破”与发展。“展示”的途径与方式有：同行赛课、探讨课、观摩课、公开课；送教下乡、支教交流；与名师同台上课等，努力从某一方面“突破”自己的教学，并积少成多，聚小成大，逐渐发展与成长为校、县、市、省的“教坛新秀”人选。若培训对象是中青年教师，那么，可以通过校际之间、县(市、区)内的公开课来“展示”自我，而谋求“突破”与发展。“展示”的途径与方式有：探讨课、优胜课、研究课、观摩课；送教示范、支教带徒；与名师同台“打擂”上课等，努力在某专题、某课型等方面优胜“突破”，并逐渐发展与成长为校、县、市、省的“名师或学科带头人”人选。

二、抓机遇，促发展

抓住机遇，是农村中小学优秀教师的专业成长与发展过程中的重要契机与发展关键。机遇稍纵即逝。假如教学展示机会来临时，不能及时把握，错失良机，就错失展示才干，突破自我的难得的机遇。作为献身教育教学的农村中小学教师来说，教育教学生涯的道路是漫长的，关键时、要紧处只有几步。譬如前面提到的教师专业成长与发展的两个关键时期。一旦巧遇良机时，还要做到不谦让，不胆怯，不退却，不放弃，你才有可能在同行面前、在专家面前展示自己的教学才干，才能通过努力拼搏，突破自己的教学程式，使自己的教学水平跃升到新的高度。

尽情发挥，指的是农村中小学教师一旦把握住展示自己课堂教学机遇时，务必集自己、同行与前辈的好传统、好经验、好做法，以及新理念、新技术、新方法于一炉，并作些认真选择与提炼，精心设计出既合乎学生“最近发展区”的学情，又尽可能发挥出自己的才智与特长，尽可能地展示出自己对教学内容的组织与利用、对教学方法的选择与创新、对学生学习过程的引导与掌控的功力与技巧。由此展示出自己在课堂教学某一方面的特长与突破，促使自己迅速成长为优秀教师，同时自己的专业化发展与成长也跨上一个新台阶。

三、有气度，多支持

名校，有的因校长有名而称为名校；大多数的名校是拥有较多的名教师而获此殊荣的。农村学校也是这样的。农村中小学校的校长要有气度，要有远见，更要识人。要让更多的青年教师和中青年教师，拥有展示课堂教学，突破自我经验的锻炼与提升的机会。这就需要校长等相关领导既要“有意栽花”，又要“无心插柳”。

首先须是“有意栽花”。即学校选择一批有资质、有能力、有水平的年轻教师，同时聘请本校或别单位的名师带徒指导。指导他们的课堂教学、班级工作和课题研究。其中的聪慧而努力者，有了名师的指点与引导，还有同伴和学科团队的帮助与切磋，其专业化的成长与提升的速度定然加快。只要有机会能展示课堂教学、班级工作或课题研究成果，他或他们将会为学校、为导师、也为自己跃上台阶，突破自我，赢得荣誉。

其次还得“无心插柳”。即学校宽容并等待一部分脚踏实地、默默无闻相当长一段时间的，看起来似乎资质不甚理想，乃至几年或十年了都没有显示出什么专长或特色的教师。如有合适的机会，也尽量支持一下，放手让他们尝试“展示”课堂教学等，“突破”一下自己。这样的做法，这一类教师“展示”的结果，往往不会让同行、让领导失望的，因为常常会出现意想不到的“突破”。这也势必让学校领导“突破”了对他或他们的看法与认识的。

“展示—突破”的培训途径，是杭师大继教院近几年培训农村中小学教师的实践中逐渐感受并认识到的，也是本课题研究过程中认真探讨与研究到的：它是较快地提升农村中小学优秀教师专业化发展与成长的一条有效途径。它较经济，无需斥巨资、烧大钱去高校进修学历，去国外考察培训；它较便捷，不花哨、不复杂，走的是展示课堂教学，教师自我突破的便利路径；它有实效，实实在在地展示课堂教学，突破“原我”，又展示“新我”，效果凸现，执教者和观摩者一目了然；它易学习，这样的“展示—突破”容易为农村中小学优秀教师学习、模仿与尝试，无需大场地、多观众，在校内、在校际间就可进行；它较普适，对校、县、市、省的教师培训及成效评估都普遍适用，具有借鉴的意义与推广的价值。

【小结】 本章首先介绍并总结了我们在教师培训中探究并提炼出的有效提升农村教师专业素质的培训方式“展示—突破”；其次从哲学、教育学、心理学和教师教育四个视阈阐述“展示—突破”的理论依据；再次介绍受益于“展示—突破”而一举成名的丁有宽和魏书生两位老师，并例举适合农村教师“展示—突破”的教学、教研、教科研三大类各级别渠道；第四概述杭州市农村中学骨干教师培训班与“中国新农村教师专业发展计划”行动培训两次实践，侧重介绍了两位培训学员“展示—突破”的过程及体验，得出培训必须“展示”成效，培训前要有“突破”的压力，培训后需有“持续”动力的三点认识；第五结合杭师大继教院的研究课题，我们在培训的实践中有意识地作了尝试与探索，觉得“展示—突破”培训有四种具体方式的成效较为显著：汇报展示、同台上课、送教下乡和名师舞台，其间着重介绍了两位培训学员的体验与感受；第六论述了与“展示—突破”相关的三个策略：分群体，定目标；抓机遇，促发展；有气度，多支持。我们在培训实践与研究中确信：“展示—突破”为有效提升农村教师专业素质的培训途径之一。

最后，为完善“展示—突破”培训，特推荐“个人化教学要求精确性，而精确性要求教师不断地学习”的教师培训新的工作思路。迈克尔·富兰等加拿大和澳大利亚教育专家，几年前为教育界提供了以课堂教学为中心的教学模式，指以3p模式来驱动，“即个人化教学（针对每一个学生的个体需要开展教学），精确化教学（教学要精确到学生的需求相联系），以及教师、校长的专业学习（这种专业学习是嵌入到学校每天的日常文化里去的）”。① 这是他们为提高中小学课堂教学质量而开出的一帖良方。我们的农村中小学教师培训工作何尝不能这样呢，遵循“个人化教学要求精确性，而精确性要求教师不断地学习”的模式及思路，要是我们把每一个培训学员放在学习的中心，精确到个体的学习需求，因人而异，因材培训，学员的专业学习的提升的可能就会增大，教学能力的加强就会快速；而培训学员通过课堂教学来“展示—突破”，展示自己的教学才能与专业水平，突破原先自己的教学状况，跃升至每个个体理想的境地，更不是一件难事了。

---

① [加]迈克尔·富兰等著．孙静萍等译．突破．北京：教育科学出版社．2009．

第十章

农村教师专业素质提升之“反思提高培训”

近年来，我国加大了农村师资队伍建设力度，国家及省市级农村中小学教师在职培训覆盖面广、参训人数多、成效明显，农村教师素质普遍有所提升。但总体而言，农村教师专业素质现状仍然不容乐观，普遍存在着学历层次较低、教育观念较为落后、专业知识结构不够完善、教育教学能力不足、教育研究能力薄弱等问题。有学者指出，当前我国农村中小学教师素质令人忧虑，农村教师献身农村基础教育事业的精神缺失，业务素质较差，并且存在着较严重的心理状况。① 我国学者王瑜、孙果对陕西省中小学校长和教师的抽样调查显示，73.50％的教师对教育学、心理学和学科教学法理论没有系统的了解，79.85％的教师对先进的教育思想和新课程改革的理念没有较全面系统的理解和把握，89.80％的教师对当今国内外教育发展趋势不甚了解或根本不了解。② 教育大计，教师为本。因此，积极开展农村教师培训工作，努力提升农村教师专业素质，从而进一步实现城乡教育均衡，是当前我国教师继续教育的重点。为此，杭州师范大学继续教育学院进行了一些有益的探索，以“中小学教师专业素质提升七环培训法”创新培训模式与方法，本章就“七环培训法”之“反思提高”环节展开探讨。

第一节 “反思提高”培训的内涵与基础

在教师教育领域专业术语使用中，反思性教学（或反思教学）与反思型教师使用频率之高足以表明“反思”在教师教育中的地位。“反思”的本质与内涵究竟是什么？教师继续教育中“反思提高”的理论基础有哪些？本节试图对这些问题展开思考与剖析。

---

① 陈启文. 论农村中小学教师的素质与继续教育. 中国教育学刊，2005(1)：56－59.

② 王瑜、孙果. 农村教师专业化发展的现状与需求调查. 教育探索，2009(10)：112－114.

一、"反思"的内涵

我国学者杨子均认为当代是反思的时代，反思是当代社会最普遍的现象和认识最本质的特征。① 在日常生活层面，人们经常使用"反思"一词，对个人行为的反思，对集体事件的反思等等，"反思"和"反省"经常通用。我国传统文化中的"吾日三省吾身"也是反思的表达。但是日常语言中的反思终究是一种表象思维，是浅层次和自发性的，缺乏哲学意义上的深刻性和自觉性。

反思一词(英文是 reflection)在《大辞海》(哲学卷)中的释义是"西方哲学中通常指精神的自我活动与内省的方法。"②反思是人们思维活动的一种思维形式和思维方法，但它又是一种特殊的思维形式和思维方法。杜威将反省思维(reflective thinking)视为较好的思维方式。与一般思维相比，反思是一种"二级性"的反映形式，它是认识基础上的再认识，思考基础上的再思考，有着较大的客观性和深刻性；反思是一种批判性的反映形式，能突破原有认识局限，推动认识的发展。③ 从认识论的角度观之，反思思维是一种认识论的思维方式，其实质是对思维与存在这一对矛盾关系的思考。④

在哲学领域，康德在其《纯粹理性批判》中首次对反思概念做出了较为明确的界定。康德认为，反思是关于我们已获得的表象对认识来源即客观对象的关系的意识。黑格尔赋予反思概念以更加丰富的内涵和规定。反思作为一个重要的哲学概念反复出现在黑格尔的著作中，并使"反思"获得相对独立的地位。马克思使反思进入到实践认识论。"马克思的哲学变革，既是哲学世界观的变革，也是哲学思维方式的变革，这就是由马克思所创立的实践论的反思方式。"⑤思维活动是人类实践活动的反映。在马克思看来，人是历史的人、现实的人，人要对自己实践活动及其结果进行反思，才能在自己创造的实践世界中认识自己。反思作为一种思维方法，是主客体之间的中介。这避免了"单纯主体"思维与"单纯客体"思维的简单对立。行动与反思具有同一主体，通过实践行动反思实践的对象(客体)，即"人类生活形态"、"现实生活过程"，探索人与自然、人与社会之间的辩证矛盾关系。实践活动是有对象性和指向性的，同时，实践活动又是反思的对象。反思成为主体在实践中领导、掌握、管理与调控活动过程及结果的工具。马克思主义哲学的反思，是立足于劳动、实践，人的自我生成、自我超越基础之上的，以人与自然、社

---

① 杨子均.论反思思维.四川师范大学学报(社会科学版)，1995(7)：30－35.

② 大辞海(哲学卷).上海：上海辞书出版社，2003：415.

③ 杨子均.论反思思维.四川师范大学学报(社会科学版)，1995(7)：30－35.

④ 马克思恩格斯全集(40)，人民出版社，1982，203.

⑤ 孙正聿.简明哲学通论.北京：高等教育出版社，2000：211.

会的关系为基本内容的批判的反思，同时也是人与社会的自我反思。①

在教育学领域，杜威一再重申反省思维的重要意义。反省思维"意指对某个问题进行反复的、严肃的、持续不断的深思，这种思维较之其他在杜威看来是一种最好的思维方式。……它使人的经验、行为、行动具有自觉的目的，估计行动的后果，使整个行动更加审慎，更趋于合理，更富成效。"②

二、反思提高培训的理论依据

(一) 实践理论

教师培训指向教师教育教学实践，美国学者舍恩(D. A. Schon)、阿吉里斯(C. Argyris)等提出的专业实践理论树立了反思在提高专业效能方面的重要地位。舍恩从对专业实践危机的思考中发现专业工作者是"反映的实践者"，认识存在于行动之中。他批判技术理性人为地把知识分立为理论与实践，认为专业工作者既能对行动进行反思，也能在行动中反思。专业实践中不存在解决所有问题的普适方法，专业工作者的专业成长有赖于其在不确定或独特的情境中的反思性实践。舍恩将反思置于实践认识论的视角来观照，他认为"行动中反映"消除方法与目标隔离、思考与行动隔离，避免了技术理性认识论割裂理论与实践二分法的限制。

舍恩提出的"反思性实践"思想在教师教育领域中引起了巨大的震动，人们开始越来越多地关注教师反思与教师专业发展的关系问题。美国心理学家波斯纳(G. J. Posner)曾提出教师的成长公式是"经验＋反思＝成长"。我国著名心理学家林崇德也提出"优秀教师＝教学过程＋反思"的成长公式。"反思"一词成为教师教育理论与实践中使用频率很高的专业术语。人们逐步认识到"反思"对教师教育及教师专业发展的重要性。在教师专业发展过程中，反思成为促其发展不可或缺的关键因素。

人的理性、人的自我意识是不可能脱离人的实践而独立存在。实践是认识的对象也是认识的来源，反思作为促进主体认识实践、揭示实践、推动实践的工具，从实践认识论的视角打破了人与世界、思维与存在、理论与实践的二元对立。"所谓实践论的反思方式，就是从人的思维的最本质、最切近的基础——实践出发，以实践观点的思维方式去揭示思维和存在、人与世界之间的矛盾关系，从而达到对思维与存在、人与世界之间的否定性统一的辩证理解。"③

(二) 复杂理论

著名物理学家霍金曾断言，21世纪将是复杂理论的世纪。复杂理论不仅在自

---

① 陈祖华.论反思.江汉论坛，1999(9)：36-39.

② 褚洪启.杜威教育思想引论.长沙：湖南教育出版社，1998.215-216.

③ 孙正聿.简明哲学通论.北京：高等教育出版社，2000：11.

然科学界受到关注，在社会科学领域也逐步受到重视。法国思想家莫兰(Edgar Morin)认为复杂理论表明“复杂性的挑战”形成了当今科学认识的普遍问题。他指出，“复杂性的挑战”要求我们的认识方式的改革和复杂化，这引起了思维方式的变革。它致力于提出和发展的认识手段要求能够把研究对象连接于其背景、其环境，能够把整体与其每一个部分相连和设想整体与部分之间的相互作用，还能够包容和超越在经验—理性的认识深化的过程中所遭遇的逻辑矛盾。①

复杂理论所指出的世界统一性与多样性的融合、个体与环境的交互、有序与无序的交织，这是我们认识教育现象时尤其需要的复杂思维方法。复杂科学所主张的事物发展具有错综性、不确定性、非线性、非平衡性等特征要求我们在看待教育现象时要不断反思以便反复深入地认识教育活动，在实践中运用复杂思维和策略开展教育活动，从而适应教育活动的复杂性和开放性，把握教育活动的特殊性和多样性。教师专业的实践特征在于其真实教育教学情境中不断变化的复杂性。教师、学科、学生构成了教学中复杂的三角关系，并且这三角关系总是处于不断地变化中，多重的学习目标、多样的学生背景、多种的知识整合等等。在教育活动中，学生的认知结构与情感态度、课堂的动态特征、师生交往关系、学校与社会的文化影响等等，这都蕴含着诸多困难、错综性、不确定性和不完备性。美国学者兰普特(M. Lampert)这样描述教学的复杂性：“教学是一种复杂的实践，原因之一是许多教师必须处理的问题往往是同时发生的，因为这种同时性，几个不同的问题必须在一个行动中处理。而且教师的行动不是独立的，要与学生个体和群体进行交互作用。在同一时间框架中教师要按不同社会安排行事，教师也要在不同时间框架、不同观念水平中行事以使每堂课保持和谐……”②基于教育教学实践的复杂性，反思成为教师应对挑战的有力武器。在教师培训中突出反思意识的培养与反思能力的提升亦是应对挑战的有效策略。正如莫兰所言，反思……是思想的最深厚的能力，是使思想能够自我考察、能够上升到元系统的环节。③

三、反思提高培训的特征

反思训练是提高教师素质的有效途径。许多西方发达国家的教师在职培训试图通过反思训练来提高教师的教学水平，改进教师的教学实践，提升教师的专业素质。通过反思训练培养反思型教师，是使经验型教师成长为研究型、创造型、自我发展与更新型教师的重要途径。反思培训重点主要在于以下三方面：一是培

① 埃德加·莫兰. 论复杂性思维. 陈一壮译. 江南大学学报(人文社科版)，2006(10)：18－21.

② L.D. 汉默顿. 有力的教师教育：来自杰出项目的经验. 鞠玉翠等译. 上海：华东师范大学出版社，2009：30.

③ 埃德加·莫兰. 复杂思想：自觉的科学. 陈一壮译. 北京：北京大学出版社，2001：274.

养教师反思意识，经常以审慎的眼光、批判的意识反省自我教育理念、教学活动与行为；二是培养教师反思习惯，反思贯穿于主体认识与行动的始终，让教师时时处处对自己所学的理论、在教学中所采用的“理论”、教学行为等进行认真细致地观察分析、敏锐周密的思考探究；三是培养教师反思能力，不断提高自我觉察水平、自我认知能力、自我调控能力和自我发展信念。与其他培训形式相较，笔者认为“反思提高培训”具有以下几点主要特征。

（一）主体性

目前中小学教师继续教育中存在着“厌学”病理或“被培训”现象，究其原因是没有把教师放在培训的主体地位。体现终身教育思想的教师继续教育，其本质应当是让教师成为学习的主人、自己专业发展的主人，而不是等待别人来安排自己的命运。教师继续教育要激发教师的主观能动性。人的主观能动性的重要体现之一就是人具有反思能力，可以对自己的内部心理和外部行为活动加以认识和省察。反思，不仅指事后对所发生的心理和行为进行思考，而且指所有对自身心理和行为的认识。①

教师继续教育虽然有一定的外因推动，比如中小学教师培训制度的保障，但外因须由内因起最终决定作用。因此，中小学教师继续教育应以突显教师个体的自主发展意识和自主发展能力为主要目标。教师应立足于自身的专业发展来看待职业培训活动，主动把握专业发展自主权。反思让教师成为自身职业实践的活动主体的价值得以显现，反思的过程是一个积极主动、充满个性的过程。杜威把反思习惯的获得看作是教育的一个根本目的，教育就存在于形成清醒敏锐、谨慎细致和周到缜密的思维习惯之中。这亦应当是教师教育的一个根本目的。“反思培训”作为教师教育的新模式，其有别于传统培训模式之处即在于突出教师主体能动性，促进了教师自我意识的觉醒与教师主体意识的张扬。

（二）建构性

建构主义理论主张人对世界的认识是能动的、创造性的认识过程，学习是个体建构自己的知识经验的过程，并且学习是在具体情境中发生的，具有社会协商性。反思实践将立足点置于建构主义学习理论基础之上。反思培训包含三个方面：第一，参与培训的教师接受新的知识和理念时运用、改造、重组已有经验（通过对以往教学实践的反思）建构新的经验；第二，以问题为中心，以案例为载体，在培训中设置真实而复杂的教学情境，通过教师在具体现实情境中的反思来建构新的经验；第三，教学情境的独特性与不确定性导致教师个体理解的多样性，在培训中往往不存在唯一标准的理解，而通过教师群体反思，即通过学习者的合作与协商

---

① 俞国良，辛自强，林崇德. 反思训练是提高教师素质的有效途径. 高等师范教育研究，1999(4)：69－73.

能够使理解更为丰富和全面，促进参训教师整体提高。这就需要利用小组讨论、学员论坛等形式促进培训者与参训者、参训教师之间的社会性互动，以利于参训教师反思建构能力的提高。参训教师，作为成人学习者，自主建构性应是其学习的主要特点。

（三）批判性

选择性是人作为主体存在的重要内容，人在认识事物、开展实践活动的过程中有无数次的选择。人的认识过程是充满选择活动的过程。教师在教育活动中总是要选择那些他认为最合理、最有意义的事物。随意选择、简单选择还是有目的、有系统的选择，这就需要教师带着批判性的眼光，从复杂多变的事态中作出明智的判断。反思培训着重对教师知识、经验、价值观进行批判性分析。批判性反思除了有助于教师做出合情合理的选择，还要帮助教师审视既有经验和既定的信念，清除自己的误解和偏执。教师的反思过程就是要揭示和考察各种假定或信念，并试图审视更深层次的信念或假定，批判那些隐含于教学行为中、妨碍课堂生活和合理实践的潜在假设、信念，以创建更加和谐的、高质量的教学生活。[①] 反思培训增强了参训教师独立思考能力和批判反思精神，让教师不自大、不迷信、不盲从。

在西方发达国家教育研究者眼里，成为批判反思型教师意味着教师教学领导力的增强。教师不仅要反思教学行为，更要反思存于教学行为背后的伦理道德问题和社会文化背景，将教师对教育教学活动的反思置于宏观社会发展的大背景下来审视，洞察教学中的公平、公正与正义，挑战压迫性的社会力量，例如师生权益的保障、课程领导的实施、课堂公平的维护等等。如是，反思培训将使教师能够突破传统教师角色所限，实现教师专业自主的真正解放。

四、反思提高培训的意义

（一）促进教师的自主发展

教师通过专业发展提升自身素质，教师专业发展是教师不断提升专业信念与专业能力的过程。教师被动专业发展已不适应知识社会的要求。教师作为一个终身学习者，学习的原动力来自于自身内在的需求。有学者认为如果真正提高教师的内在素质，教师在职教育应该由教师被动专业化向强调教师自身积极性的教师主动专业化转变。教师作为专业发展的主体，既要具备强烈的自主发展意识，还要去探寻促进自身专业成长的有效途径。这就要求教师不断地尝试、不断地实践、不断地反思，在自主活动中反思，在反思中成长。反思显示了教师自主发展过程中的主动性和自觉性。反思的主体是人，反思的对象是人的

① 赵昌木. 教师在批判性教学反思中成长. 教育理念与实践，2004(5)：42－45.

主体实践活动。在教师教育活动中，行动与认识的主体是教师自己，教师在行动中反思，在反思中行动。教师自身的专业信念、专业知识和专业能力通过反思这一专业发展途径获得积极自主的建构与提升。教师通过对自身信念与实践的思考不断完善自我，成长为更为成熟和优秀的教育专业人员。美国学者卡伦·F.奥斯特曼和罗伯特·B.科特坎普认为反思实践是一种实现专业发展的不同方式。“在反思实践活动中，学习目的不再仅仅是获取知识，而是以适当有效的方式实现知识的创新与应用。更为特别的是，反思实践通过行为的改变来提高专业实践水平。”①

杜威十分重视反思品质的培养。他认为反省思维是连续性的，具有自觉的和有意的努力。他还进一步探讨了培养反思的品质特质，其中最重要的是专心、开放性以及责任心。他认为专心是一种情感特质，它促使意向不局限于特定的教学情境和学科，而贯穿全部教学活动。开放性是一种认知特质，意味着在教学领域里追求并构建机动策略的意向。责任心则是一种伦理道德特质，促进教师不仅思考行动的短期结果，而且考虑长期结果。这里涵盖了教师的道德、情感与认知发展，是一个成熟教师所应具备的人格品质与专业特质。由此可见，培养反思型教师与教师专业特质相契合，与教师的自身需求相吻合。教师不限于在外界给予的专业压力下谋发展，从更高层次上看，教师对自身信念、行为和活动所具备的时时反思、处处反思的意识和能力是教师走向自为自由境界的基石。

（二）消解教育理论与实践的二元对立

长期以来，传统哲学一直持世界是二元的观点，人的身体和心灵是分离的，精神和物质是分离的，思想和行动是分离的，并且在层次和境界上思考的对象是高于实际工作的对象的。这种二元对立引起知识与行动、理论与实践的两相脱离。而事实上这个问题完全是人为造成的割裂和分歧，应该对此加以消解。

在教师教育中长期存在着教育理论与教育实践不能很好融合的现状。职前教育培养模式突出知识的传授，课程设置与培养方法在一定程度上脱离中小学教育实际需要。职后培训也往往将参与培训的教师置于被培训者角色，开设一些专家讲座或者去中小学走马观花式的考察，教师被动地接受系统知识或教育理念的灌输。中小学教师常常感到自己教育经验一箩筐，但苦于缺乏教育理论的引领和提升；教育理论工作者生产了很多教育研究成果却不被中小学教师认可，中小学教师认为这些理论或过于高深或脱离实际，缺乏指导意义。我国学者研究发现教师们急需系统理论和方法论的指导。如进行教学设计的理论、教学反思的理论、

① 卡伦·F.奥斯特曼、罗伯特·B.科特坎普.教育者的反思实践——通过专业发展促进学生学习.郑丹丹译.北京：中国轻工业出版社，2007：17.

专业发展的理论、教育科研的理论，以及相应的方法理论体系等。许多学校常常进行理论培训，但是零散、无计划，非持续性，也缺乏对实践应用的指导。教师们在工作中理论与实践结合不利，遇到问题不知如何反馈信息并获得进一步的指导，降低了理论的实践价值，也使教师们求解无门。① 这种知识与行动、理论与实践的二元对立如何被消解？事实上，教育实践活动不是一个单向的理论输入与行动输出的过程，即教与学的行为不是简单的教育理论运用于教育实践的行动模式。

反思或可使知识与行动的联结成为可能。反思是教学理论与教学实践之间的对话。在教育活动经验中结合学科理论进行反思是必不可少的环节。有意义的经验离不开反复的、严肃的、持续不断的反思。由大卫·科尔伯(David Kolb)发展起来的经验学习理论强调反思在学习过程中的作用。科尔伯构建了经验学习的理论模型，包括四个循环反复的环节：具体的经验、观察与反思、抽象概念的形成、在新情境中检验概念的意义。在这里，反思成为沟通知与行、理性与经验、理论与实践的津梁。由此，理论与实践的相互作用是一个不断发生和发展的循环无尽的过程。从马克思主义实践认识论的视角看，反思成为消解人与世界、思维与存在、理论与实践的二元对立的工具。对教师这样的专业工作者而言，舍恩提出反思消除了专业实践中方法与目标隔离、思考与行动隔离，打破了技术理性认识论割裂理论与实践二分法的限制。

当反思成为教育理论与实践走向融合的桥梁时，它对教师专业素质提升的意义就由此得到彰显。教师专业素质包含知识、能力、信念三个维度，其中知识构成中十分重要的是专业理论知识。美国教育家范斯特马切尔(G. D. Fenstermacher)指出，离开科学和理论的实践者是注定要处于奴役状态的。② 换言之，教师要获得专业上的自主权就必须掌握科学理论。但是单纯地学习科学理论而不能将之与教育实践结合起来，教师的专业理论知识就成了点缀，无助于教师专业能力的形成和提高。

第二节 反思提高培训的内容

近年来，我们在教师培训中先后实施了“中国新农村教师专业发展计划”、“浙派名师”经典课堂教学艺术展、“浙江省农村教师素质提升工程”、“浙江省农村中小学骨干教师领雁工程”、杭州市第二轮“名师工程”等大型培训项目，并利用培训

① 李玉.新课程背景下中小学教师专业素质现状调查.继续教育研究，2009(9)：129－132.

② 洪明.“反思实践”思想及其在教师教育中的争议——来自舍恩、舒尔曼和范斯特马切尔的争论.比较教育研究，2004(10)：1－5.

过程中积累的资料展开教师培训规律的研究，初步总结出一套“中小学教师专业素质提升七环培训法”(见图10.1)。七环培训法环环相扣，每个环节又能自成一体，是一个不断循环往复的过程，而反思作为一种思维方法又是渗透于每个环节之中的。

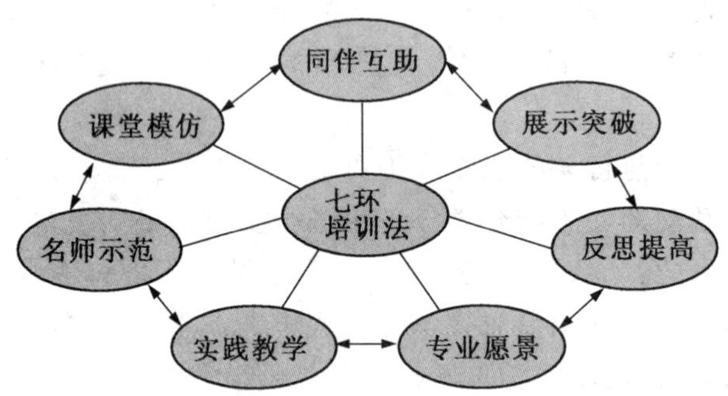

图10.1　中小学教师专业素质提升七环培训法

教师反思是指教师对各种教育观念、言论、教育方法、教育活动、教育事实和教育现象进行的自主判别和认真审视，特别是对自己的教学实践进行检视和反省，舍此，教师的专业成熟、教师的不断超越自我和发展自我，就将成为一句空话。[①] 教师继续教育通过培养教师反思意识、反思习惯和反思能力提高其专业素质和专业发展水平。

一、教师专业素质的构成

在农村教师专业素质提高过程，反思作为一个非常重要的现实途径。然而通过反思究竟要提高哪些教师专业素质？或者说在教师培训中需要针对哪些方面提高教师素质？这是我们首先要厘清的问题。在教师专业发展研究中，哪些专业素质是教师专业必备的？教师专业素质主要由哪几方面构成？有关这些问题的研究不胜枚举。

林崇德、申继亮教授认为，教师素质就是教师在教育教学活动中表现出来的、决定其教育教学效果、对学生身心发展有直接而显著影响的心理品质的总和，主要包括：职业理想、知识水平、教育观念、教学监控能力以及教学行为与策略。教师的职业理想是其献身于教育工作的根本动力；教师的知识水平是其从事教育工作的前提条件；教师的教育观念是其从事教育工作的心理背景；教师的教学监控能力是其从事教学活动的核心要素。[②]

王长纯教授认为，教师不仅应具有良好的职业道德、学科知识、教育教学能

① 肖川.论教师的专业成熟及其途径.高等师范教育研究，2001(7)：49－53.

② 林崇德，申继亮.教师素质论纲.北京：华艺出版社，1999：30－34.

力，还要成为研究者，对自己的工作具有反思态度和积极探索的能力；教师还应是一个成功的教育合作者，善于和学生、同事、领导、社区、家庭沟通与联系；教师还应是学校管理的积极参与者。①

童富勇教授认为，教师专业素养应包含以下几方面：一是多层复合的专业知识，指的是普通文化知识、所教学科的专门知识和教育学科知识的结合与交融；二是专业技能，一般指教师的教学技巧和教学能力；三是专业态度，包括专业理想、专业情操、专业性向以及专业自我。②

叶澜教授等从教师专业发展角度认为，教育信念、知识、能力、专业态度和动机、自我专业发展需要和意识等因素至关重要。教师的教育信念是指教师自己选择、认可并确信的教育观念或教育理念。教育信念在教师专业结构中位于较高层次，它统摄着教师专业结构的其他方面。教师教育信念系统的改变是一种较深层次的教师专业发展。教师知识包含普通文化知识、专业学科知识、一般教学法知识、学科教学法知识和个人实践知识等几方面。教师能力包括一般能力（即智力）和教师专业特殊能力，后者包含语言表达能力、组织能力、学科教学能力、教育科研能力等。专业态度和动机是教师专业活动和行为的动力系统。教师自我专业发展意识至少包括教师对自己过去专业发展过程的意识、对自己现在专业发展状态、水平所处阶段的意识以及对自己未来专业发展的规划意识。③

从众多研究成果来看，对教师专业素质构成虽然分类有别，表述各有侧重，但基本上都包含了知识、能力、信念三个维度。专门的知识和技能是教师职业区别于一般职业的前提，教师作为一名专业人员，应该拥有与其专业要求相应的知识与能力。也有的学者将教师的专业知识分为本体性知识、条件性知识和实践性知识或内容知识、教学法知识、实践的知识等。本文参照我国学者陈向明的分类法，将教师专业知识分为“理论性知识”与“实践性知识”两大类。前者来源于系统地理论学习，包括学科知识、教育学、心理学知识、一般文化知识等的理论学习，并在教育教学实践过程中得到进一步深化、拓展和更新；实践性知识更多地来自教师的教学实践，是教师教育教学经验的总和，同时实践性知识也来自教师对理论性知识的理解、运用和扩展。教师的专业能力指的是教师教育教学能力，如教学技巧与策略、教学监控能力、教学设计与组织能力、教学研究能力等。教师专业信念应涵盖教育理想、教育信念、教育态度、对自我的认识和自我发展的愿景与动机等等。教师专业信念在整个素质结构中处于中心位置，引领着教师的专业发展方

---

① 王长纯. 教师专业化发展：对教师的重新发现. 教育研究，2001(11).

② 童富勇，黄文芳. 试论教师专业素质及其发展. 教育评论，2004(5)：54－57.

③ 叶澜等. 教师角色与教师发展新探. 北京：教育科学出版社，2001：231－241.

向，教师专业知识与专业能力在专业素质结构中处于基础地位，是教师专业发展的重要内容。

二、“反思提高”培训的内容

本节从知识、能力、信念三个维度来说明教师专业素质的构成，反思提高培训目的是要提高教师专业素质，虽然教师知识、能力、信念是一个不能分割的整体，但为便于深入分析，本文从教师专业信念、专业知识、专业能力三个方面入手探讨“反思提高”培训的内容。

（一）对教师专业信念的反思

教师专业信念是教师专业素质构成中的核心要素，农村教师参训后在思想信念方面有了不同程度的转变。

1. 树立正确的专业思想

农村教师待遇低，农村学校条件差是困扰农村教育的顽症，并且形成了一种恶性循环。农村优秀教师不甘于现状，不愿固守原职的现象比比皆是。要建设新农村必离不开新农村教育，而新农村教育必离不开新农村教师。时代需要陶行知精神，农村教育需要新陶行知。“杭师大中国新农村教师专业计划”旨在通过培养“新陶行知”——高素质的农村教师去改造农村，建设新农村。“中国新农村教师专业计划”让参训教师坚定了践行陶行知教育思想、坚守农村教育园地的信念。

这一年的学习中，太多的感动，太多的反思如汩汩泉水流淌在心田，散发着醇美、香甜，滋润着我，荡涤着我，激励着我——我深知这不是结束，而是新的起点。面对明天，一切将“从头再来”。这一年的培训感到迫切需要解决的是：更新一个观念——教育观念；增强两个意识——危机意识、发展意识；树立两个为本——以育人为本、以教师队伍建设为本；强化两个注重——注重课堂实效性、注重提高教育教学质量；守住教育的根本——献身农村教育、享受人生快乐。

在今后的教育教学工作中，做一个新时代的“陶行知”。把所有的感激化为教育教学的动力，继续播散种子与爱心，扎根农村教育，教师的工作是“树人”工程，虽功在千秋，却难以取得立竿见影的收效。自己虽然不能诠释“捧着一颗心来，不带半根草去”但一定会在自己的教书生涯中用爱去教，用爱去体会。在农村这块需要有奉献精神的教师的土地上扎根下来，守住心灵的宁静，建设精神家园，献身农村教育，享受人生快乐。

——“中国新农村教师专业发展计划”小学语文班　李红琼

浙江省农村中小学教师“领雁工程”是杭州师范大学继续教育学院承担的农村骨干教师培训重大项目，旨在提升浙江省农村中小学教师整体素质。参加培训的教师在接受始业教育、聆听了童富勇教授《新陶行知精神与农村教师专业发展》讲座之后，激起了激烈的内心冲突和自我反思：

我出身于农村，成长于农民家庭，在农村接受了启蒙和初级教育，大学毕业后回到农村任教，但是一直没有扎根农村教育的信念。相反，脑海中总有这样的想法：希望通过自己的努力，争取成为一名优秀的英语教师，然后争取调入城区工作，做一个城里人。我知道这是我们农村学校中很多老师的想法。我们努力学习，提高自身的执教能力和教育水平，然后想到的是调入拥有更好的教学环境、更优秀的学生和教师团队，可以享受更高的教学"荣誉感"(比如我是某所知名学校的老师)的学校。然而，我们都忘记了成就我们的土壤——我们朴实的学生，我们充满朝气的校园和更希望依靠我们帮助来改变他们家庭命运的充满泥土气息的家长。为此，我感到很愧疚。

现在，就在这安静的夜晚，我扪心自问：什么是我最应该做的？心底有很坚定的声音在回答：走行知之路，教农民孩子；践行知之路，扎根农村教育。我深知：中国现在最广大的地方还是农村，最多数的民众还是农民，最薄弱的教育还是农村教育。农村急需我们，"领雁"培养我们，我们应该把我们的最大热量发散到最需要的地方。我们要做有责任心和使命感、有信念和情感、有动力和激情的新陶行知，长期服务于农村教育，扎根于农村教育，为农民子弟提供最好的教育。

做一个新陶行知——我一生努力的方向！

——浙江省萧山瓜沥中学　孙亚利

对于农村教师而言，除了要拥有扎根农村教育的专业信念，还应拥有远大的专业理想和良好的职业心态。因为一个教师引领着数百学生的成长，而教师职业辛苦繁重，农村教师待遇低下，在重重困难面前，没有良好的职业心态和远大的理想，不可能培养出心智健全、富有理想的社会主义建设接班人。

教师个体的自我反思，自主发展是教师专业成长的重要力量。只有教师真正树立起"自我发展和自我完善"的意识，保持积极的进取心态，真正感悟到工作的意义在于追求自己的生命价值，追求心灵的成长与自我实现，教师的专业成长才具有可能。

教师的职业认同感低是不争的现实，教师的职业压力大，社会地位低，福利待遇差，有人把教师行业形容为"鸡肋"行业。因此，有相当多的教师职业心态差，职业倦怠感强。所以，许多教师只是把教育工作当作一种谋生的职业，上班、下班，备课、上课、看作业，天天如此，年年如此，平平淡淡，终此一生。这严重阻碍了教师的专业化成长。……(教师应)树立良好的职业心态，建立正确的职业理想，把教育当作事业来追求，用教育这种职业去实现自己生命的价值。

——浙江省淳安县文昌镇中心小学　胡晓敏

2. 创新素质教育理念

有什么样的教育观就有什么样的教育实践。教师个体教育观念既可以是有组织、系统化和理论化了的观念体系,也可能是一些零散无序、彼此之间没有很大关系,有时甚至是相互矛盾的观点的简单集合。教育改革,理念先行。我国推进素质教育改革之途走得艰难,其中一个重要因素是学校与教师片面追求升学率的观念根深蒂固。虽然新课程改革推行了10年,但许多教师对新课程理念的认识还很不到位,在课程实施中更是我行我素,理念落后、方法陈旧。农村教育改革必然要破除唯分数论、唯升学率的目标定位,着眼于农村孩子全面健康的成长,为他们今后多方面的发展打下坚实的基础。因此,“反思提高”培训首要的是重构教师理念,推动教师更新理念,努力走素质教育之路。这就首先要让教师认识到素质教育的本质是以人为本的教育,它倡导在教育中每个人都得到发展;倡导在教育中使每个人都得到较为充分的全面的发展;倡导每个学生富有个性的发展。其次要把这种认识贯穿到日常的教育教学实践中去。

新课程实施以来,我们每个教师都能流利的讲述“素质教育”,“一切为了学生,为了学生的一切”是我们行动目标,但在日常的教学实际中又是如何得到体现的哪?对于我们一线的教师而言,无论是传统的还是全新的教育理念与模式,都是具体的教学行为表现出来的。为什么我们辛苦备课,认真上课,换来的却是学生上课无精打采,得不到学生的认同呢?是的,我们把太多的重心放在思考如何对教材的处理、采用哪种教学方法,怎样把PPT做得精美,而忽略了最根本的,那就是我们的学生。我们有没有了解、把握学生。如何才能把握学生呢?教师是否把学生放在心里,把学生放在心里的什么地方。高效的课堂,教师不仅要做到心中有教材,手中有教法,更重要的心中有学生。心中有学生,教师才能从学生出发,时刻关注学生,这是一堂好课的立脚点。

——浙江省余杭勾庄中学　方新霞

(二) 对教师专业知识的反思

本节将教师专业知识分为“理论性知识”与“实践性知识”两大类。教师继续教育有专门针对系统理论引领的培训内容,但与职前培训中单纯传授理论知识不同,教师在职培训中理论性知识重点在于传播前沿理论,开拓教师视野,更新教师理念,其中最为重要的是参训教师通过理论学习反思自身的教学实践,使教师的实践性知识上升到更为系统与成熟的境界,形成理论性知识与实践性知识相结合相融通的教师个体实践智慧。

美国学者欧斯特曼等(K. F. Osterman)将理论性知识分为“所倡导的理论”和“所采用的理论”两类。“所倡导的理论”(espoused theories),这种知识教师容易意识到,容易报告出来,它更容易受到外界新信息的影响而产生变化,但它并不能对教学行为产生直接的影响;"所采用的理论"(theories-in-use),这类知识在直接对教学行为产生重要影响,但却不容易被教师意识到,而且不容易受新信息的影响而产生变化,而是更多地受文化和习惯的影响。这就是说教师所倡导的理论并不必然是所采用的理论,并且往往各自成平行线。一个教师接受理论培训后认可专家所授理论知识,但在实际教学中却可能全然是另一种做法。我国学者张建伟据此认为在教学中常常存在着教师所倡导的理论与所采用的理论之间的不一致,是妨碍教师改进教学的重要因素。然而,教师本人却常常意识不到这种差别,因而很难使教学行为发生改变,这正是以知识传授为核心的传统教师培训之所以低效的重要原因。而反思就在于使教师对教学中自己的活动以及学生的表现做认真的观察和分析,并通过在教师之间的相互观察讨论,从而使教师看到这种不一致,以便在教学中采取相应的改进措施,真正使所倡导的理论应用到教学中去。反思是教学理论与教学实践之间的对话,是沟通教师"所倡导的理论"与"所采用的理论"的桥梁。①

(三)对教师专业能力的反思

教师的专业能力指的是教师教育教学能力,如教学技巧与策略、教学监控能力、教学设计与组织能力、教学研究能力等。我国教师继续教育的对象是有一定教育教学经验的中小学教师,即便是新入职教师培训,在他们教学生涯初始阶段也已积累了一点自己的教学经验。由于我国长期实行的封闭型师范教育制度,绝大多数从教者基本经过了较为严格的职前培养,获得了较为系统的理论知识。随后教师通过亲身教育教学实践和体验获得了一定的经验认识,形成了教师个体教育观念和风格。教师带着自己积累的教育教学经验和已经具备的教育教学能力来参加职后培训。培训的过程是新旧经验不断解构、重构与创造的过程。参训教师十分重视提高自身的教学设计与组织能力,希望掌握更多更有效的教学策略,增强教学研究能力。此时教师的反思既有行动中的反思,如在培训中参与研讨、进行案例分析或观摩考察的各项活动中的即时反思,更有许多行动后的反思,即以培训中所听、所见、所思、所想为引子牵动对平时教育教学活动的反思,反思的针对性与联系性较强。

如浙江省萧山宁围初中科学老师王燕谈到自己的工作状态时说:

毕业到现在,工作10年,每天忙于应付繁重的教学任务,使自己不知不觉养成了机械性的工作状态。她在参加了领雁工程培训后这样感慨:"我收获了对自己工作的反思,它促使我静下心,认真总结反省我工作中的不足。在听了专家讲座后我对科学教学预习、精讲、练习、作业四环节有了新认识。……领雁工程的培训,让我不断地学习——反思——提高,受益匪浅。在以后的工作中,我会将培训

① 张建伟.反思——改进教师教学行为的新思路.北京师范大学学报(社会科学版),1997(4):56-62.

心得用在实际教学中,更好地进行教学工作。"

通过学习与反思,有老师对自己的课堂教学组织环节提出了质疑

自己的课堂引导存在很大的不足,很少能够带领学生们产生情感上的共鸣,每回上完课总没有自己所预期的那种效果,感觉心里空落落的,很是郁闷。静下心来思考其原因,与自己不够扎实的文学功底,对课文的理解不够到位,备课安排时的不够细致,都让我在课堂问题及教学环节的处理中问题百出。尤其是语言的表达,很多时候总是不能够带领孩子们进入情境,产生情感上的共鸣。语言的贫乏,感觉自己总是在无谓的讲解,但孩子们却是一脸的茫然,毫不感兴趣。

(“中国新农村教师专业发展计划”小学语文班　瞿巧华)

有老师对课堂教学设计有了新的认识:

数学是一门严谨的科学。虽然它在学校数学里是以学生生活的实例为知识起点的,但在研究数学问题时,我们还是要把它放在整个数学的知识体系里,让学生经历科学验证的探索过程。在课堂教学的把握上,我们要做到精简课堂环节,设计合适的问题,增强数学的味道。以往我的教学,为了迎合新课改体现新理念,总是在课的组织形式上大下工夫,创设情境,设计过多的环节。结果导致创设情境只起到敲门砖的作用;环节很多,可各环节却没有层次的提高,缺乏环节目标。经历了这几天的学习后,我对自己的教学有了深刻的反思,也有了一些新的想法。

(“中国新农村教师专业发展计划”小学数学班　汤红梅)

也有老师看到了教学研究的重要性:

我觉得应该以一种“研究”的理念去看待自己的教学,在教学工作中反思、记录,在反思中学习、实践,以一种研究的态度,促使自己的课堂教学更加有效,使学生能自发地爱上数学课。

第三节　反思提高培训的途径

有学者将反思形容为“一个人内心的对话”,认为人们正是由此“获得经验、形成信念、得到感悟”,认为这种“对话”能促进知识的获得与行为的改变。[①] 教师的个体自我反思是“反思提高”培训的重点,这也正是“反思提高”培训模式主体性特征的体现。同时,教师反思的建构性特征强调培训过程中教师学习过程与外部环境的互动、学习情境与协作学习对学习意义的建构作用。学习共同体的建立有助于教师继续教育的有效开展,让学员在与他人的交往互动中发现自我、实现自我。

---

① G. L. 塔格特,A. P. 威尔逊. 提高教师反思力50策略. 赵丽译. 北京:中国轻工业出版社,2008:1.

因此，在教师学习共同体或专业团队中开展群体反思会使教师始终保持开放的好奇心、宽容的同理心和协作的信任心，这有助于教师在团队中通过建设性地批判反思形成更有效的问题决策能力和解决能力。教师个体反思与群体反思既相互独立又相互兼容。在反思提高培训中，有不同的方法和途径来促进个体反思与群体反思，以下分别述之。

一、个体反思

里根等学者认为教师叙述(包含着认知与批判成分)，如教师日志、会议报告、课堂描述、自我访谈等提供了一条能够使反思性实践得到鼓励的最佳途径。在反思提高培训环节中，我们通过学员撰写反思日记，对名师或同伴的课堂观察以及对教学案例的分析等途径提高教师自我反思能力。

(一) 反思报告

教师培训过程中总会有许多体会和感悟，如果这些体验只是在脑海中闪过，那可能就转瞬即逝，那些不乏教育哲理的思想没法保存下来。通过撰写反思报告的方法可以及时记录所思所想，让那些闪现火花的思想固化成文字。思想形成文字的过程本身就是一个反思的过程，而形成文字的反思成果可以让教师进一步反复地深入地思考。我们在教师培训过程中要求教师必须撰写学习感悟等反思报告，反思报告的内容可以是理论学习感悟、课堂观察报告、专业发展规划、读书报告等。比如《中国新农村专业发展计划》研修项目就要求参训教师撰写《我的乡村教育改革之梦》内容包括：我的奋斗计划、我的愿望及实现梦的途径、方法与措施，要求有真情实感，以情感人，联系学校和自身实际，写出特色和个性，字数不少于5000字；撰写一篇结业论文，要求以“我一年来的成长”为主题，体现“实践—理论—再实践……”的过程，包括培训期间“师德(责任感、爱心)、理念(教学思想、教学观念)、心理(教学心理、学生心理)、技术(教学技能、教研能力)、行为(教师教学行为、学生学习行为)、职业生涯规划(短期与长远的个人发展计划)”等方面的变化，围绕“新陶行知”思想，字数不少于6000字。在研修中，要求学员不论自己上公开课，还是观摩学习名师经典课堂教学，或聆听专家报告，都要进行及时反思，写心得体会。久而久之，学员便自觉地养成及时反思的习惯。有的学员在培训期间坚持每天写教育随笔，一年中积累了十多万字的学习资料。

再如领雁工程农村中小学骨干教师培训项目要求每位参训教师撰写反思感悟一篇、读书报告一篇以及制订一份专业发展规划。有的学员每天理论学习后就会将自己的心得体会记录下来，有的学员将所学理论与读书活动结合起来，在读书报告中呈现自己对教育教学的反思，有的学员把反思感悟记录在自己的博客中。

王秀玲副教授在其所做的浙江省农村教师专业素质需求调查中发现，农村教师关心的首要问题是自身的专业发展。农村教师如何规划和实现专业发展是摆在他们面前的新的问题，对专业成长的方向很难把握，对通过何种途径能获得专业发展没有明确的认识。因此，规划教师的专业发展，成为农村教师非常需要培训的内容。这是我们在农村教师培训，特别是领雁工程中着力强调的培训内容。参训教师需先进行专业发展自我诊断，从师德、教学等方面进行自我剖析，分析自身优势与长处，找出不足与存在的问题。然后从总体发展目标、专业理论学习目标、教育教学发展目标、阶段目标等几方面制定教师个人专业发展规划，这其中涉及影响或阻碍自身专业发展的因素分析及寻求帮助的途径分析。这是教师对自我发展的主体性反思。例如有一位领雁工程参训教师在撰写专业发展规划时作了这样的自我剖析：

从1994年踏上工作岗位至今，已经十五年了。遗憾地觉得自己工作的前7年，学校的氛围不够严谨，自己也不够上进，错过了最佳的专业发展期，在专业本应快速成长的关键期，没有做成什么事。虽说近几年在专业和班级管理两方面都取得了一些成绩，但又清醒地感到自己的发展进入了“高原期”，有些“高原反应”，前进的步伐受到各种各样的束缚。只有冲出“极限”、超越自我，才能迎来更大的发展空间，迎来更灿烂的明天。怎样才能冲出这一“极限”呢？我认为必须找到自身的不足，对症下药。首先，我感到在学习上对自己有所放松，以工作代替了学习，导致自己迷失了发展方向。其次，由于缺乏学习，造成工作中缺乏思考，无法创造性地开展工作，同时，学习上的欠缺，也造成了理论功底不扎实，缺乏理论积淀，使自己的教科研水平无法较好地提升到理论层面上。第三，课堂教学改革的内驱力不强，存在依靠经验过日子的局面。

（杭州市“领雁工程”初中英语骨干教师培训班　俞建军）

随后，在自我剖析的基础上，该老师确立了切实可行的一年发展目标、合理的中期发展目标，制订了富于理想的长期发展规划，也提出了达成目标的有效途径。

（二）观察学习

美国心理学家班杜拉的社会学习理论着眼于观察学习和自我调节在引发人的行为中的作用，重视人的行为和环境的相互作用。班杜拉将观察学习视为通过观察示范者的行为而习得行为的过程。教师课堂教学观察是教师成长过程中必不可少的环节。我们在教师培训中设置了实践教学、名师示范和课堂模仿等环节，在这些环节中参训教师通过观察学习提高课堂观察能力和教学模仿能力。我们的培训重点一是让学员领悟如何观察，二是让学员在观察中反思、模仿。尽管观课评课是教师平时教研活动的主要内容，但一般情况下教师的课堂观察力还是较弱，问题集中表现在找不准课堂观察的关注点、不会选用课堂观察标准和工具、课堂观察的描述分析过于主观等。

领雁工程农村中小学骨干教师培训项目安排了3～4周的实践教学。参训教师分组到杭州市中小学教师实践基地蹲点实践。在实践中，学校为每位学员安排一位实践导师，学员的任务是听课、评课、备课、磨课、上课，听课对象可以是自己的导师，该校其他老师或学员同伴。在这长达三四周的实践中，学员有许多观察学习机会，也从中收获了许多有效经验。下面一段文字是领雁学员在杭州市勇进中学实践的听课反思。

这已经是我第三次听周世囡老师的课，总感觉每次都能从她身上汲取到新鲜的血液，每次她都有不同的一面展现在我们面前，似乎不能用一种固定模式框定她教学的风格，这让听课的老师有了更为深刻的印象。

(1) 突出学生主体，倡导参与合作

经过大量的导入和知识的输入之后，教师想通过听力训练来达到知识的重现和巩固。根据常规，教师应该校对答案或让学生说出答案。而我们的周世囡老师则不急于亮出答案，事先让学生通过自己的小组成员相互讨论得出小组认为正确的答案。接着两组代表展现听力结果，再则播放第三遍录音，让学生总结出正确的答案。我想这才是真正体现学生的自主合作、共同参与、相互探究的新课程理念吧。让学生学知识不如让学生学会如何学知识，我们的教师是授渔者而不是授鱼者，更应懂得“授之以鱼不如授之以渔”的道理所在。

(2) 整体设计目标，体现灵活开放

新课程基本理念的第二点就是要求我们教师对教材做到“通读”整册或是整套教材，然后“细读”单元，最后“研读”本堂课的内容。周世囡老师在教学第8单元之后跳过第9单元和第10单元，直接教授第11单元，让听课的老师一下子摸不着头脑，觉得这样对我们的学生知识链是否有所干扰，或由于学生对前几单元的未知而影响学生此单元的学习。其实并不然，第8单元教学的其中一个目标是对事物喜爱程度的评价，而第11单元的主要语法聚焦恰是对事物喜好程度的评价教学，这就是知识与知识间的链。周世囡老师的课使学生在知识的学习过程中有了正迁移，使教师对教材有了重新的认识，这样的一堂示范课更让我们明白教师需要对教材进行整合，对教学流程进行调整处理。

(浙江富阳市万市中学英语教师　郭志平)

(三) 案例分析

案例分析是常用的教师培训方法，在教师教育中案例分析运用很广泛。就个体反思而言，我们在培训中增强教师批判性反思能力的案例分析多以教师个人的叙事性反思为主。下面一段反思文字是《中国新农村教师专业发展计划》项目中一位小学语文老师关于语文写作教学的案例分析。

开展一些活动，这在学校里是很平常的事情。有的教师喜欢在每一次活动后都要求学生写上一篇文章，但是孩子们往往不乐意，有的孩子甚至认为，总有作文在断后，宁愿不参加活动了。

学生的学习生活确实有些单调，教师利用活动进行作文训练，本来也不失为良策。关键是抓住学生心理，得投其所好，得步步引诱，得让他们心甘情愿地“上当受骗”。

案例：大好春光，打算带孩子们去放风筝，当笔者宣布这个决定的时候，教室里乐开了花，于是请孩子用十分钟时间把此时此刻的心情用文字描述下来，一同分享快乐。第二天，大家都带来了风筝，千姿百态，五颜六色，把教室装点得格外漂亮，充满了春天的气息。笔者请孩子们选择自己认为最美的风筝进行描写，要求在10分钟内完成，参加“谁笔下的风筝最美”擂台赛。到了下午，我们正准备出发。老天却下起雨来，孩子们被严重地打击了，整个教室里都是受挫的叹息、埋怨声。于是请大家记心情日记，发泄心中的失望和不满。到了第二天下午，阳光灿烂，大家兴高采烈地来到了广场上，进行一场放风筝比赛。但是，那天吹的风很不稳定，时大时小，时东时西，孩子们虽然跑得满头大汗，却没有把一只风筝送上天。许多风筝在反复折腾以后，有的断了尾巴，有的折了骨架，有的破了身体，有的风筝线互相缠绕，难分难解。回到学校以后，笔者请孩子们把这一次失败的放风筝经历写了下来，他们写得出奇的好。不但把自己放风筝时遇到的种种麻烦都写活了，而且把自己又焦急又失望又不泄气的心情写得淋漓尽致。但是这次放风筝活动，毕竟没有把风筝送上天，总归是有些遗憾的。孩子们央求能够再组织一次，于是笔者又乘机安排了一次作文训练的机会。“这样吧，如果你们实在想去，就给我写申请书，申请再组织一次放风筝活动。写清楚申请的理由是什么，还有你们心中的迫切希望。如果，大家能说服我，能打动我的铁石心肠。那么，我们就再组织一次，关键全靠你们自己了。”申请书怎么写呢？笔者趁热打铁向孩子们传授，他们学得可认真了。不一会儿，一张张言辞恳切的申请书摆了在讲台上。

一次放风筝活动，孩子们不知不觉就进行了5次写话训练，有心理描写，有申请书，有活动记叙，还有状物作文，而且完成得那么投入，那么轻松，回头一看，他们自己都觉得有些惊讶。回首这一系列的作文训练，其实都是来自一时的灵感，想不到取得了这么好的效果，给自己也带来许多启发。作文就是这么平常的事情，所以在教孩子们学作文的过程中，老师们要善于激发孩子们的写作欲望，帮助他们学会捕捉生活素材，要善于信手拈来，左右逢源，善于“润物细无声”。

教师对于自己的课堂教学实践感悟最深，在教学实践中或实践后或多或少会有一些随机性的反思。而在教师培训中，培训者要善于引导参训教师利用叙事加强反思，紧紧围绕教学主题或者问题、难题展开叙事性案例分析，帮助参训教师从案例分析中发现问题背后的原因及解决问题的方法，更好地将理论与实践联系起来。

（四）行动研究

教师开展行动研究是培养与提高教师反思能力的重要途径。我们在培训中对农村教师制订了撰写教学研究论文的培养方案，并且专门为每位农村教师配备理论导师指导论文撰写。指导农村教师撰写论文一方面提高其科学研究意识与水平，另一方面，也是更为重要的，是让农村教师开展行动研究，通过行动研究实现从专业理论学习向实践行为改进的转变。行动研究的主体是教师本人，通过对自己教育教学中实践情境、经验与问题的多层面多视角的分析探讨反思，达到改进教学、提高教学专业水平的目的。教师通过反思教育实践增强实践活动的理性自觉。例如西湖区三墩镇中心小学数学教师冯卫芳发现：

新一轮课改后，教材不再单独设立“应用题”单元，结合“数与代数”、“空间与图形”出现了“解决实际问题”。这样的变化使不少老师在教学实践中遇到了困难，产生了疑惑：解决实际问题，路在何方？

继而冯老师从教材知识脉络的本源性分析去追溯造成“解决实际问题”教学难入手，把握转化“解决实际问题”教学难的实施策略。通过注重培养学生收集处理信息的能力，重视培养学生分析数量关系的能力，解决实际问题与计算教学轻重的恰当处理，课后反馈练习的重新安排，帮助学生掌握一些解题策略来改善“解决实际问题”教学难。

再如景宁畲族自治县沙湾中学徐守东老师将教学反思与有效教学结合起来，他认为：

“教学反思”正是记载、整理、思考自己的教育教学行为的重要方式和载体之一，是提高课堂教学有效性的方法和策略之一。于是徐老师从教学准备的反思、教学过程与方法的反思和教学结果的反思的角度，探讨如何通过教学反思提高历史与社会课堂教学的有效性。

（五）模仿展示

农村教师渴望外出培训的一个原因是自己所在的学校和社会环境过于闭塞。农村学校师资力量薄弱，参训教师要学习要突破缺少可资借鉴的榜样示范。而教师反思如果仅仅停留在思想层面而不落实于行动，那效果则会大打折扣。因此给予农村教师在城市优秀学校实践教学的经历，并从模仿优秀教师开始，进而到自己展示突破，这一系列实践是将反思落实于行动的重要方法。在这一系列行动中，教师能够反观自己的行为，查找差距所在，树立改进目标，达到改进效果。

二、群体反思

（一）同伴互助

教师间的同伴互助是教师专业发展的一种方式。“同学而无友，则孤陋而寡闻”，教师继续教育需要为教师搭建相互交流、共同成长的平台。农村学校师资力量薄弱，教师进行集体反思研讨的氛围不足，教师间能够给予彼此共享的内外在资源欠缺。因此，在教师培训中，当农村教师走出自己的狭小空间而进入一个更广阔更优秀的天地时，教师间的对话层次与水平无疑会得到提高。

反思提高环节中的同伴互助主要指的是参训教师以互助方式开展反思性学习，以同伴间的对话、研讨、切磋、共享来建构群体反思文化。这集中地体现在学员同课异构活动中。“展示突破”是七环培训法中的重要一环。通过学员在实践培训中的“公开课”展示，促进学员在原有教学理念、教学模式上、教学水平、教学效果和教学风格上，实现“由蛹化蝶”的自我突破、自我超越。我们在教师培训中有不少展示课采取了同课异构的形式。

同课异构一般是指同样的教学内容，由不同的教师根据学生实际、现有的教学条件和教师自身的特点，进行不同的教学设计并授课。观课者所看到的针对同一内容而呈现不同结构、不同风格、不同教学方法和策略的课。这样一来，便于听课的老师进行对比，在反复比较与对比中，教师还能够暗暗反思自己上过这节课所经历的过程，并从中有所启示。与其他听课观摩相比，同课异构课教授的是同一类教学内容(有时甚至是完全相同的教学内容)，所以更有可比性。在教学反思的过程中，教师有着共同的话题，对问题的探讨也会更加深入。我们在培训中针对需要研究的教学内容，由两个以上的教师进行同课异构，全体学员进行同伴互助式听课。整个过程中，全体学员都参与，大家一起开展制订计划、备课、磨课、听课、说课、评课等教学研究活动。这是一种横向的学员之间的互助指导式的听课，不仅给开课教师自己，也给研修共同体中的同伴提供了自我提高自我反思的材料。

(二) 观摩研讨

集体观摩研讨是群体反思的一个重要途径。我们在教师培训中一直坚持培训项目化、活动精品化的路线，逐渐形成了在全国有较大影响的精品培训项目，打响了培训品牌。如始于 2005 年的“浙派名师”经典课堂教学艺术展的影响范围早已超出浙江，在长三角地区有广泛影响，在全国的知名度也正在提高。每次为期 10 天的展示活动，可达到数千人现场观摩的规模，积累的视频光盘成为教师提升教学能力的有效参考。“浙派名师”展示活动中的说课、评课与互动环节都不同程度地起到了启发、引导、促进教师反思的作用。展示活动中每门学科有八位教师授课，四位专家点评。教师授课后安排说课环节，这个环节实质上就是教师对自己的展示课的反思，反思自己的教学设计以及教学过程。之后，专家对展示课进行点评。点评专家以展示课教学为实例，就教师的教学基本功、教学设计思路、教材处理能力、教学方法与策略等展开评述。同时，专家评课又不拘泥于当时、当课，而是在此基础上联系当下学科教学热点问题和前沿理论深入剖析。这两个环节是在专家引领下的集体反思。之后，授课教师、点评专家与在场的所有听课教师展开互动。此时的互动是在展示课真实案例分析基础上的集体研讨。在个体反思中有群体共鸣，在群体反思中有个体思考，是群体反思与个体反思相互交融的过程。从另一个角度看，这恰如一场头脑风暴，当然风暴过后是沉思。有农村教师在观摩数学学科后说：

点评的教师提出了非常多耐人寻味以及具有深刻哲学高度的问题，使得数学的教学充满智慧和睿智，我觉得在正确的教学理念下，数学的教学才会行之有效，所以，我将用辩证的眼光常常思考这些问题及努力践行优秀的教师、特级教师们提出的宝贵的意见。

来自桐乡凤鸣同福中学朱春燕老师则对思品课以及思品课教师有了新的认识：

“对于我来说，教师这两个字，更多的很多时候只是一个称谓，一份职业。对于思品课的认识也仅仅定位于一门应试的课程，一门不太重要的课。说来惭愧，自己虽然是思品老师，但是由于一贯以来的影响，我自己也不是很重视这门课。上课也只是按部就班地进行。更多的是知识的讲解，而忽视了思品课应该发挥的德育功能。这两天的课，许多优秀老师的教学技巧让我受益匪浅，更重要的是我看到了一个好的思品老师是如何通过一堂简单的思品课起到对学生进行德育教育的过程。影响最深刻的是我们嘉兴二十一世纪外国语学校张楚云老师的课，一堂《懂你》，让很多人，不仅是台上的学生，许多听课的老师都深受感动。没有说教，而是将生活中遇到的问题展开剖析，让学生自己去认识、自己去体会。课堂中她一步一步领着我们读懂父母的心声，体会父母的爱，唤醒我们的感恩之心、理解之心。没有激昂的语言，而是如涓涓流水一般，温润我们的心。让我们的心变得柔软。也许很多时候我们太关注外在的东西，而忽视了内心。而一堂好的课可以带给我们很多感动。这两天，很多上课的老师都讲到，德育课堂就是要让学生有所感有所悟，哪怕是让学生的心有所震颤也就达到了目的。”

第四节　反思提高培训的成效

教师的专业成长离不开自我反思与自主发展的能力。美国学者里根、凯斯等认为反思性实践的作用主要有帮助教师从压抑性的、常规性的行为中解放出来；允许教师以一种深思熟虑、目的明确的方式去行动；把教师辨明为受过良好教育的人，因为它是智力活动的一个特征。“最重要的是，反思性实践是一个教师改进其教学实践、凭借自身努力成为更优秀、更熟练、更有思想的专业人员的一个工具。”①

但在我国，现实情况却不尽如人意。学者邵光华、顾泠沅对中学教师教学反思现状的调查统计结果显示，31%的教师已习惯教学反思，而69%的教师还没有习惯将反思作为日常教学工作的一部分。只有30%的教师经常进行反思，而有64%的教师不经常反思，只有遭遇问题时才进行反思，还有6%的教师很少进行反思。可见，大部分教师还没有将反思自觉纳入日常教学生活之中。② 教师培训的最终目的是促进教师专业发展，提高其教育教学水平和能力。反思提高培训的宗旨是在有限的教师培训时间内让参训教师养成反思习惯、形成反思意识、提高反思能力，从而让反思成为教师教育教学实践的一部分，对教育实践进行反思，在教育实践中反思，在反思中实践。

在农村教师专业素质提升七环培训法中，反思提高培训力求达到以下目标。

第一，解决教师职业培训中过度的整体性与趋同性问题。当前教师培训存在着教学方案整齐划一的问题，还很难做到因材施教、量体裁衣，供教师选择的菜单式培训很少，难以适应教师个体差异性和丰富多样性的需求。反思作为提升教师专业素质、促进教师自主发展的有效途径，在一定程度上，可以弥补上述缺陷。“反思提高”的主体性与建构性特征能够让参训教师成为培训的主角，让反思成为教师培训生活中的重要组成部分。反思的主体是教师个人，教师培训中忽视个体差异性的问题能得到相应的缓解。在培训中，每位参训教师都有所悟；每位老师都制定了自己的专业发展规划，设计了专业发展蓝图；每位老师都根据教学实际展开教学研究，扎扎实实地解决自身所面临的教育教学问题。

第二，引导教师扩展反思内容。目前教师的反思内容具有一定的局限性，视角单一，主要集中在教学方面，而其他方面的反思如教育观念的反思、学生问题的反思、专业发展的反思、个人成长的反思等较少被作为反思的内容，而这些对教师自身的成长和发展都十分的重要和必要。③ “反思提高”培训内容包括教师专业信念、专业知识和专业能力等各个方面，引导教师扩展反思内容，拓宽反思视角。反思绝不仅限于课堂教学，还要着眼于学校教育、家庭教育和社会教育诸多相互纠结的问题。例如有教师通过反思要求自己今后更多地走到学生中间去，了解学生的兴趣爱好、动机需要以及习惯和能力，关注学生的个体差异，琢磨学生的“内心世界”和可能的课堂反应及相应对策，做到“以学定教”。也有教师将反思目光投向乡土文化、美学视野以及教学中的生活渗透等等。

第三，提升教师反思水平。教师教学反思水平不一，有的教师只能对教学事

---

① T. G. 里根，C. W. 凯斯，J. W. 布鲁巴克. 成为反思型教师. 沈文钦译. 北京：中国轻工业出版社，2005：34.

② 邵光华，顾泠沅. 中学教师教学反思现状的调查分析与研究. 教师教育研究，2010(3)：66－70.

③ 邵光华，顾泠沅. 中学教师教学反思现状的调查分析与研究. 教师教育研究，2010(3)：66－70.

件进行简单的言语描述，有的能够套用专业术语，有的会用教育理论进行解释分析，而有的能够综合运用各种理论与实践智慧展开批判性反思。“反思提高”培训目的是要让教师从简单的经验性反思提升到深刻的批判性反思。我们的途径一是专业理论学习引领，农村教师理论水平较低，理论知识相对匮乏，没有一定的理论知识积累，要进行反思只能停留在经验型的描述。只有正确的专业理论引领，反思内涵才能得到本质的提升。[①] 二是多层次反思途径的拓展，例如通过撰写学习感悟、进行课堂观察模仿、开展教学研究等多种反思途径使得反思不断深入。

第四，改进教师专业实践。教师是专业人员，教学作为专业性实践，只有在其独特的情境下才能展现问题的真实性并加以诊断。教师课堂实践是教师专业发展最重要的生长点和最丰富的资源，也只有在课堂实践中才能判断出教师的真实状态和真实问题。因此反思提高培训不是独坐书斋或是教师个体冥想，而是让教师培训回归课堂实践，通过临床教育教学诊断提升教师实践智慧。在农村教师素质提升有效模式中，多种多样的实践安排，如实践教学、名师示范、课堂模仿、展示突破等使得教师反思能够在临床诊断中进行，真正做到在实践中反思、在反思中实践，不断增强教师问题诊断、问题解决、生成检测等诸多能力，由此发展教师个体的实践智慧，改进专业实践。

同时，在“七环培训法”中，各个环节相互依赖，缺一不可，共同支撑“农村教师专业素质提升”的培训使命。从循环作用的关系上看，在培训过程中，七个环节循环往复、互相影响、互相促进，共同作用在参训的农村教师身上，形成一股合力，促进农村教师专业素质的提升。这其中反思提高培训环节的基础与提升作用不可小觑，尤其在方法与意识层面。从互动推进的关系上看，七个环节由低到高，层层推进。随着七个环节的依次推进，对农村教师专业素质提升的要求也不断提高。反思提高培训处于农村教师专业素质提升的超越阶段，反映了农村教师反思自我、突破自我、超越自我的最高境界。教育教学工作对农村教师而言，不只是谋生的手段或是谋求外界荣誉的阶梯，而是促进与提升教师实践智慧与生命价值的理想方式。

---

① 王洁，顾泠沅. 行动教育：教师在职学习的范式革新. 上海：华东师范大学出版社，2007：3.

第十一章

农村小学体育教师专业素质提升有效培训案例研究

自从2000年9月正式开始实施基础课程改革以来，新的课程理念、新的教材、新的课程评价观等都强烈冲击着现有小学体育教师的知识体系，尤其是农村小学体育教师的知识体系。为使农村小学体育教师能真正实现自身的专业化发展，提升自己的教学水平，从而促进学生的健康全面发展。浙江省教育厅从2005年开始实施的“浙江省农村小学体育教师素质提升工程”，2008年又隆重推出“浙江省农村小学体育教师领雁工程”，在全国先走一步，同时一直摸索农村小学体育教师素质提升的有效途径和方法，研究农村小学体育教师素质提升规律，使之形成有效的培训模式，促进农村小学体育教师的专业发展，从而全面提高农村教育质量，达到城乡教育和谐发展的目的。

第一节　浙江省小学体育教师专业素质提升培训现状的审视与反思

就浙江省而言，新课程改革背景下的小学体育教师在职专业化培训还只是处于探索阶段，还没有完全成熟的经验，更没有发现那一个县市建立了完善的培训模式，距小学体育教师专业素质发展的需求还存在较大差距，工作力度和专业性仍有欠缺，必须引起相关教育部门和培训机构重视和反思。具体表现在以下几个方面：

一、培训规划和计划缺乏前瞻性

缺乏对小学体育教师在职专业化培训主体愿望与需求的调查分析，制定的培训计划也就脱离小学体育的实际又不能符合小学体育教师个人专业素质发展的需求。

二、培训时间常与教师的工作时间冲突

参与培训的小学体育教师工作量大，任务繁多，经常为了兼顾工作不得不放

弃参加培训。致使本来就是短时间的培训变得时有时无，保证不了足够的时间学习，也就得不到系统有效的专业学习和知识结构的优化，难以达到程度上的提高。

三、培训内容不符合培养自主成长型教师

大多数的培训内容只是满足短期学习，没有适用的教材，一般只是停留在培训者自备讲义对新课程理论的介绍和解释上，很少有与体育教学实际相衔接的知识技能。导致培训层次不清晰，针对性不强，难以适应体育教师专业素质提升发展的需求。

四、培训模式单一，方法手段陈旧

目前，小学体育教师的培训较为常见的方法还是培训者讲，学员听。最多增加几分钟培训者问学员答或学员问培训者答的环节，美其名曰——“互动”，缺乏真正交流的氛围和有效的指导。而体育的最主要特点是实践性，有很强的真实情景下的操作，所有脱离这一层面的培训都只是雾里看花——好“看”但“看”不清。当然也由于体育培训经费紧张难以开展有特色、有创新的培训活动，致使小学体育教师专业素质提升培训缺乏有效性、针对性和吸引力。

五、培训学员存在观念误区，反映出思考的主体性不强

参加培训的学员总认为培训就应该接收一些立刻就能效仿的“实际”案例。但其实，现成的案例应该与理论形成一种张力，才会有互补，才会有互相存在的前提。小学体育教师只求操作的情结反映出小学体育教师思考的主体性不强，把自己当做是鹦鹉学舌的人——看你怎么做我也怎么做。

六、培训师资队伍薄弱，针对性不强

承当培训任务的主要是师范院校、教育学院或是教育进修学校的教师。从理论上讲，他们拥有的课程资源可以满足培训工作的需要。但缺乏对中小学体育教育实践的系统研究，这就很难结合新课程的特点，针对教师急需解决的问题给予相应指导，难以满足小学体育教师多层次的需要。由于培训教师在理论讲授和实践操作结合的能力方面薄弱，培训技巧和效果也尚待提高，给浙江省小学体育教师在职专业化培训的顺利开展带来一定的困难。

七、激励机制不完善，后续学习劲头不足

缺乏对中小学体育教师参与培训情况的考核以及培训效果的实现程度、培训后续情况反馈等的评价工作，忽略了中小学体育教师在职专业化培训的质量控制和后续指导。

第二节　浙江省小学体育教师专业素质提升的有效培训模式

基于小学体育教师专业化的要求和浙江省小学体育教师专业素质提升培训的现状，浙江省小学体育教师专业素质提升培训不能局限于任何单一的模式，在查阅文献，专家访谈，实践培训的基础上，从"问题"、"操作"、"发展"的角度，优化整合某些培训方式，形成"以问题为中心→合作式探索→专业为引领"的培训模式。希望能为相关培训机构和部门提供适合自己区域的培训作参考。

一、问题为中心的导向阶段

传统的教师培训过多的局限"真理"的讲解和传授，即远离教师的教育情景，又缺乏真实情景下的操作。以问题为中心的培训关注的是问题，将问题融入培训过程中，在培训中边思索边探究。这种培训要求先收集问题，再确定问题，最后解决问题。培训者没有固定的讲课任务，做的是动态的协调、督促、协助工作，要求培训者在培训前必须进行更深入地研究和精心地设计，这对培训者增加了很多培训前期的工作，对培训者的创造性和探索性也提出了更高的要求。

（一）收集问题

问题是培训的起点，也是培训内容的依据。在新课程改革的过程中，每一位教师都会不可避免地遇到一系列的新困惑、新矛盾，这些困惑和矛盾产生出的问题长期得不到解决，就会导致教学的低效或无效。在培训的前期，培训组织者要积极走出去，到下面各县市区的教研部门、各小学深入调研。通过调研，知道教师们在课改教学实践中存在什么问题，该培训什么。同时也增强了一线教师们参与课改的积极性和主动性。

（二）确定问题

有了问题不等于所收集的问题一定是有价值的，所以培训者还要指导培训的学员参与问题的选择和确定。培训者把收集到的问题呈现给学员，全体学员就某个问题各抒己见，展开辩论，取得高层次上的问题共识。

（三）解决问题

问题确定以后，培训者引导培训的教师面对这些问题进行反思。反思是教师专业化发展和成为自主型教师的核心因素，不管是现在还是将来解决教学实际问题的有效手段。培训者引导教师通过事后回顾、诊断等方式，对自己的教学原本打算做什么，实际发生了什么情况等进行思索。之后，培训者和培训的教师一起分析发生这些情况的原因并提出改进的措施。

二、合作式探索的活动阶段

合作式探索的培训建立在第一阶段培训的基础之上，是三段式培训最本质最主要的活动形式。培训教师间自发结对或组织结队进入小学校进行合作性的实际切磋,共同探讨共识问题。实际上,这种合作式的培训也可以依托校本培训完成,可以随时、大量、经常进行。三段式培训如果只停留在第一阶段培训的层面,就重新回到"缺少实践探索"的培训老路上,对于共识问题提出的改进措施和方案也得不到实践的检验。只有通过走进学校的同伴合作这种群体性的研究方式,创设培训教师回到实际教学情景的机会,才能做到真正的改进体育教师在职专业化培训方式,体育教师在职专业化的发展才会有所依托。因此,体育教师专业素质提升培训必须致力于合作的学习、成长与发展,努力构建一批能够进行学习和创新的合作队伍。

(一) 优秀教师和年轻教师合作的探索

老教师有着丰富的实际教学经验,对新课改中出现的问题会有自己独到的经验见解,可以帮年轻教师更快更好的解决教学中的实际问题,让他们少走弯路、错路。年轻教师则有着强烈的创新意识,对一些新兴的运动项目和新方法表现出浓厚的兴趣,容易接受新事物新观念,可以帮老教师更快更好的更新观念。这是一种容易操作的合作形式,对年轻教师的成长和老教师的观念更新都能够起到很好的促进作用。

(二) 优势互补合作的探索

在三段式培训中组建优势互补的合作式探索是减弱失败的有效途径。将优势互补的学员组建在一起,合作的学员拥有共同的目标,彼此取长补短,实现经验互享,能更快地解决实际问题。为此,培训组织者应设计多种合作载体,将学员们组建成一个个合作团队,引导他们发挥各自的优势,弥补个人的局限与不足,合作互补,共同进步。

(三) 专家和一线教师合作的探索

这是理论和实践相互引导、摩擦、碰撞、交融的探索,也是有着深层意义的合作探索。我们都知道:理论的学习和在课堂中真正展开教学,其结果是截然不同的。培训的质量取决于能否将培训中学到的知识、方法在课堂教学中加以运用。同时,这种形式的合作探索也使专家有机会认识小学,研究小学,并根据实际情况分析其理论在实际小学教学中的可行性,增强对小学体育教学指导的话语权。

三、专业为引领的深入阶段

任何一个学科的发展都需要专业的支撑。不论是以问题为中心的培训,还是合作式探索的培训,都是实现教师在职专业化的有效途径,但都离不开学科专业的有力支撑。否则,长此以往,必然会产生疲劳、消耗,渐渐失去其本质的功能,所以专业引领培训是体育基础课程改革顺利进行的机制保障,是小学体育教师专业素质提升培训中不可缺少的阶段。细论起来,专业引领就是学习先进的专业新理论、专业新技能和专业新方法，强化理论对实践的指导，是理论与实践的沟通。

（一）以人为本为资源的专业引领

这种形式的培训主要是请一些专家或学校优秀的骨干教师做学术专题报告，教学专业咨询，教学现场指导等等。专业人员在培训中要立足于提高教师独立的教学能力与研究能力，大力提倡“平等式对话”的学术研讨。教师必须多与专家接触，聆听专家的意见，以提高自己的教学品位。专家对于专业理论知识的精专，有一定的深度，有时一些教学现象就必须通过专业的理论知识加以解释，而基于教师的知识水平有限，要借助于专家的引领，才能解开谜团。教师在不断学习和培训中，理论知识水平会逐渐提高，专业能力也会得到更好的发展。

（二）以文本为资源的专业引领

教师借助于书本或现代教育网络提高自己的专业发展水平。先是培训者要调动培训的教师学习理论的积极性，再是引导教师根据自己的条件和需要进行自主学习，最后还要对教师的自主学习进行实效考察。

第三节 浙江省中小学体育教师专业素质提升培训模式的实施与评价

一、培训过程的基本要求

培训过程是一线的小学教师了解新课程改革、提高自己专业发展能力的好机会，要求组织者和参与培训的教师都充分认识到此次培训的重要作用和意义，提高认识。应认真做好培训前的准备工作，培训组织者要积极走出去，做好培训前的问题收集、培训意愿调查等工作。参与培训的教师要配合组织者将教学中遇到的实际问题整理出来，真正做到带着问题培训。培训中求真务实，积极探索，切忌走马观花、蜻蜓点水。培训中严格遵守培训纪律，做到多学习、多请教、多思考、多合作。认真做好培训笔记和每一阶段的培训小结。

二、培训考核方式与标准

通过书面和口头的方式对下面内容进行考核：结合自己的体育教学制订电子稿的教学设计一份。结合自己的体育教学说课一堂(20 分钟左右的时间)。结合新课程的理念拍录一堂自己上课的体育教学录像带。自选题目，撰写不少于 5000 字的专题报告。

三、培训的评价和改进

利用培训教师反馈信息进行培训目标的评价与调整。先进行教师培训意愿的调查分析，再进行培训结果调查，最后进行培训后续情况调查反馈。由于这些信息直接来源于本培训的教师，所以信息的针对性强，信息源较为可靠。因而培训的目标评价更为客观。但信息反馈表的设计要尽可能使问题简单明了，降低拒答率。再就是利用这种方法进行培训目标的评价与调整需要较长的时间，常常使得反馈滞后，有时不能及时对培训目标评价和调整。所以也可根据需要组织专家和一线的优秀教师组成顾问委员会进行培训目标的评价与调整。

第四节　浙江省中小学体育教师专业素质提升培训过程中应注意的几个问题

一、培训对象

在确定培训教师的名单时，培训机构要把握两条原则：优先确定积极主动要求参加培训的一线教师和平时不太有机会轮到培训的一线教师。这两种教师对于培训的渴望都要强于其他人。一种是有着主动追求精神的教师，教师的专业发展就需要这类教师的影响、辐射和带动；另一种则需要有开阔眼界，接触新事物新思想的机会。只有这样才会使培训真正为需要的教师而设，不浪费培训名额。

二、培训方式

培训要引进参与式、行动式、对话式、诊断式等先进的培训方式，根据需要融合到三个阶段的培训中，但传统的培训方式也不能丢，如第一阶段的培训中，研究和讲授可以是同步进行的，把知识的传授和问题的探讨过程交织在一起。第三阶段培训中，系统的知识讲授，介绍新观念时，讲授式的培训具有较高的效率和优势，依然是重要的方法之一，可以使教师获得较为系统的知识体系。这样才能收到实效。

三、培训成本

在目前培训经费不充裕或不足的情况下，必须走节约型办教育之路。小学体育教师培训既要考虑培训的成本，又要考虑培训的效益。实现低成本与高效益，进行全方位人力资源的开发，这也是三段式培训组织者需要考虑的。

四、培训规模和环境

培训要有适合合作探究的活动场地，参与培训的教师不宜过多，一般应限制在 30 人之内，还要给予充分的培训时间和实践合作的学校，使得合作探究活动能深入下去。否则，大班额、短时间的培训中，培训形式容易局限于培训模式本身，特别是拘于表面形式，为培训而合作，为培训而探究，很难受收到好的效果。

总之，教师的专业素质提升是一个永恒性的话题。没有教师在专业素质上的成长，就没有在职教师的发展，于是教师在职专业素质提升培训也就显得尤为重要。浙江省小学体育教师专业素质提升的“问题”、“操作”、“发展”培训模式还有很多不尽完善的地方，许多问题还需在今后的师资培训中进行不断的研究，使该模式得到调整和改进，以发挥其最大的教育效果。同时，体育教师专业素质提升培训是一个系统、长效的工程，各培训机构和学校都应该为体育教师的在职专业化发展创造条件，使体育教师专业素质发展成为学校整体发展中最具活力的元素。

第十二章

农村小学英语教师专业素质提升有效培训成功案例

2008年，浙江省教育厅执行党的教育公平的方针政策，在经过系统调查和研究基础上，正式启动浙江省农村骨干校长、教师的培训项目，名为“领雁工程”，历时三年。杭州师范大学继续教育学院作为项目的主要承办单位，在院长童富勇教授开创的“农村教师专业素质提升有效培训“七环法”教师教育理念的指引下，设置培训教学计划和活动，五大学科（语文、数学、英语、社会和科学）的领雁班都取得了很大成效，2010年4月，在杭州师范大学继续教育学院大会堂，举行了大型教学成果汇报大会，形式多样，内容丰富，受到了省教育厅、市教育局和杭州师大学校领导的高度评价。

2008年11月，像众多农村骨干校长和教师一样，沈洁老师有幸参加了浙江省首届“领雁工程”的小学英语骨干教师培训班学习。在这为期两个月的脱产培训中，她由于学习认真、成果突出，被推举为优秀学员；由于在教学成果汇报课中表现令人折服，达到权威专家、领导和同学们的一致认可，被推举参加2009年4月举行的“浙派名师经典课堂教学大讲堂”，与京、沪、苏、浙的顶尖名师同台献艺，其课堂设计、演绎和组织能力得到了充分展示，几乎达到了教育艺术的境界，她作为农村领雁班学员的代表，令在场所有观众为之折服，某位教育权威专家更是用了“一炮打响、一鸣惊人”来形容她在课堂教学展示上的精彩课堂演绎。她成为了中国广大农村地区教师学习的好榜样。

“她从领雁班起飞”这个典型案例是对杭州师大继续教育学院农村教师素质提升有效培训工作成绩的最好诠释和证明。下面就沈洁老师的培训与成长的真实案例加以阐述与分析。

一、沈洁老师其人

她到底是谁？她是如何成长和茁壮起来的？

她就是舟山高亭中心小学的沈洁老师。1999年，也就是在参加培训的十年前，从浙江舟山师范毕业后被分配到秀山这个风景如画的小岛上，从事小学数学教师和大队辅导员的工作。但就是这样似乎与外语教学毫无关系的工作分配，对她来说，也“受益匪浅”，她对生活的热爱、对工作事业的执著，表现在她对每一份工作和生活阅历的认真汲取、总结和提炼升华上。

二、稚雁学飞翔

“三年不飞，一飞冲天，三年不鸣，一鸣惊人。”这是沈洁老师在参加浙江省首届小学英语领雁工程培训期间从专家嘴里学到的一句话。她牢牢记住这句话，以此作为起点，努力，坚持，进步。她觉得：能参加这种高规格的培训真是三生有幸！从中她不仅仅得到了教学理念和教学技能的提升，同时也是其人生中的另一种感悟和体验。

培训期间，最让她难以忘怀的就是在杭州新世纪外国语小学实践的三个星期的教学实践。在这所名副其实的、以英语为特色学校的三个星期里，她真正得到了很多，教学水平有了很大提高。

到了教学成果展示的时候了，她由于表现出色，被组里的学员推举出来与另外几组的代表参加，她们必须在有限的时间内，在某学校、某年级，就某教材上同课异构的课，国家级基础教育专家吴悦心老师光临做当场点评。

她的上课主题是 doing（干活），她从话题 hobby（嗜好）入手，通过提问 Do you like sleeping?（喜欢睡觉吗?），她巧妙地把语言教学引入寒号鸟的故事教学中去。

随着一年四季的推进，寒号鸟（hanhao bird）总是睡觉（sleeping），而维尼小熊（Winnie bear）则忙于各种劳动中，最后以寒号鸟在冬天饥饿哀嚎结尾。本来四季是并列的，她却在两个小动物四次对话的设计中，埋伏了 Winnie bear（维尼小熊）种苹果树到最后吃苹果的线索，使得教学不断滚动、环环相扣、层层递进。

在对话的设计中，她通过提供句型支架、看图选择短语、学生自己补全对话等多种形式体现了语言教学的循序渐进和层次性，做到了对学生学习的“搀、扶、放”。并教给学生“不劳则无获”的人生哲理。

上课结束了，全班同学对于这一老师和学生全身心投入、精彩演绎教学的过程和完美的结尾报以热烈掌声。吴悦心老师和班主任更是在点评时，同时说了一句：好（Perfect）！

如果说沈洁在上展示课之前她还有很多的不自信、不坚定，但通过这次教学成果展示，她真正战胜了自己，同时征服了全体在场的老师和学生。

培训结束，她当之无愧地被评为“优秀学员”。在总结时，她这样表示：“我们班刊的主题是；We are on the way!（我们在路上！）这很好地诠释了我们的心情、信心和目标。是的，稚雁学飞翔，我们在路上，我们应该以培训结束作为起点，飞得更高，更远！”

三、在"浙派名师大讲堂"登台

在获悉了沈洁老师的优秀教学事迹汇报之后，杭师大教学教育学院院长童富勇教授接受了班主任的提议，破格同意专门为浙江省农村优秀教师提供一个教学成果展示和技能提升的舞台，邀请沈洁参加2009年4月在杭州师范大学继续教育学院举行的"浙派名师经典课堂教学大讲堂"的活动，她将与京、沪、苏、浙的顶尖名师同台献艺。这是自2005年以来杭师大浙派名师各类学科经典课堂教学艺术展第一次邀请名不经正传的、来自偏远农村地区的年轻老师登台。

同意是同意了，大家的心还是悬在空中，活动组办方压力还是很大。因为课堂教学展示是一项非常复杂的工程，一节课的成功并不一定能代表下一节课的成功。沈洁仅是一名在领雁班崭露头角的年轻教师，虽然也得过些奖项，最高也只不过是市里的二等奖啊，她虽然很能思考、也能上课、说课、谈自己的教学思想和理念，但是要落实于课堂教学又是另外一个层面的问题。班主任作为这台大讲堂的英语学科主持人，虽然把能做的都做好了准备，但在介绍完她登台以后，还是不放心，静静地躲到观众席中，屏住呼吸听起了课。

她这节课的主题是"给其自由吧"(let it be free)。她首先是用非常吸引人的手影作为开场白，一开始就让同学们沉浸在那种爱护动物的气氛当中。

幻灯片里的动物们多么可爱啊，然而有一只小鸟却关在笼子里面，它不高兴，动物们猜测它为什么会不高兴呢，可能它是饿了，可能是累了，也可能很孤独。但是这些猜测对吗？鸟说："我想在外面自由自在的飞，不是想在笼子里面飞。"所以，其实真正的原因是因为这只小鸟觉得不自由，所以它不高兴，非常的伤心。

同学们应该怎么做呢？打开笼子让它飞不就好了吗！这时来了一个转折，虽然鸟在天空中自由自在地飞了，可是它还是不高兴，为什么呢？因为人类要伤害它，人们把树都砍了，它找不到家，这样同学们就在潜移默化中受到了爱护动物和保护家园的教育。她的教学主题在故事的结尾处达到了升华。同学们都领会到了，看他们都用英语说得很好了。

在说课时，她款款地谈到：主题教育并不是平白无故地说教，而是这样一点一滴渗透在课堂教学当中。英语课的主题教学就是围绕着一个主题或专题设计一些有序的活动，以提供学生运用口语、阅读、写作等能力和批判性思维学习和分享思想的机会。

点评专家王教授表示：沈老师课的特点在于她把小学英语阅读课的整体思路安排得井井有条，她是有层次、有发展地跟学生一起讨论课文主题，从而达到知识与情感的目标，课件也做得很漂亮，蓝天白云，启发学生的想象力和语言思维。

这堂课上得精彩、说得也很深刻、互动更是非常热烈、充分。她和同学们的精彩演绎获得了全场长时间雷鸣般的掌声，很多领雁班的老学员更是兴奋，他们中有些人还是自发地、自掏腰包赶来捧场，功夫不负有心人，大家都感到很幸福，农村地区骨干教师的潜力和实力在“浙派名师经典课堂”这样高规格的大讲堂里得到了展示，多么鼓舞人心啊！他们又一次和自己的偶像吴悦心、班主任还有沈洁老师拍了合影，高兴地把这个好消息带回去。

于是，沈洁又一次凭借其强大的创新精神和实力成功了。继续教育学院院长、也就是浙派名师大讲堂的总设计师童富勇教授以及班主任、也就是本台大讲堂的主持人滕云副教授深深松了口气，舒心地表示，能推出了这么一堂农村优秀教师自己创作设计而实施成功的课堂，非常高兴，充分鼓舞了在场新老省、市领雁班学员教育工作的信心和斗志，同时也是对我们培训中心担任各类农村骨干教师领雁班培训工作的成绩肯定和回报。

总结

纵观以上沈洁老师的学习与成长案例，我们可以深切体会到一位教育者对教育事业孜孜不倦地专业精神是何等重要，沈洁老师自始至终对促其成长和发展的和谐教学环境、区教研员、培训班的老师同学们以及与之合作完成教学展示任务的教学群体充满了感激。她的成功其实并非偶然，必须归功于她对钟爱的小学英语教育事业的专业精神和态度，还必须归功于她不间断的学习、积累和富有创意的思考、探索。

作为培训机构，我们就是要培养这样具有优良品质的种树，为其提供发展的平台，使其更健康地幸福成长，发挥其骨干教师应有的辐射作用，以其榜样的形象鼓舞和影响周围的老师。

我们当然也坚信：终有一天，我们的沈洁老师——这棵小树终将会长成一片郁郁葱葱的大森林！使我们教师学习共同体真正实现绿色生态环境的大建设。

主要参考文献

（一）中文类

[1] 刘晓峰. 中小学教师专业发展培训模式研究与实践. 上海师范大学硕士学位论文,2007.

[2] 唐松林. 农村中小学教师队伍建设研究. 华东师范大学博士学位论文,2004.

[3] 朱益明. 教师培训的教育学研究. 华东师范大学博士学位论文,2004.

[4] 栗洪武. 变革中的教师培训模式. 当代教师教育,2008(1)：20－24,61.

[5] 陈为全. 我国农村教师专业化发展的制约因素及实现途径. 继续教育研究,2006(6)：51－53.

[6] 翟帆. 专业成长,农村教师的现实渴望. 中国教育报,2007－01－09,(2).

[7] 黎琼锋. 贫困地区中小学教师培训体系研究. 广西师范大学硕士学位论文,2002.

[8] 倪婷婷. 农村教师培训的现状、问题与对策. 苏州大学硕士学位论文,2007.

[9] 袁小梅. 农村教师培训需求分析. 西南大学教育硕士学位论文,2008.

[10] 傅祝余. 培育反思型教师——中小学骨干教师培训目标与策略研究. 南京：南京师范大学,2005.

[11] 李海燕,郭彬. 对当前农村中小学教师培训的思考. 中国成人教育,2008(10)：86－87.

[12] 齐方. 建构反思型教师培训模式,提高培训效益和质量. 中小学教师培训,2008(6)：25－26.

[13] 潘冠海. 实践研修——骨干教师培训的有效策略. 中国成人教育,2007(8)：97－98.

[14] 严月娟. 农村教师培训现状的调查. 辽宁教育研究,2007(12)：72－74.

[15] 李瑾瑜. 论多维视野中的教师培训观. 当代教育与文化,2009(2)：69－73.

[16] 杨慧文. 变革中的教师教育范式：海峡两岸之比较研究. 华东师范大学博士学位论文,2003.

[17] 王建梁，廖英丽．高校参与农村教师培训的范例——美国密苏里州教育更新区计划述评．外国教育研究，2007，(1)：12－16.

[18] 杜静．英国教师在职教育发展研究．西南大学博士论文，2007.

[19] 李国丽．二十世纪美国农村学校教师培训浅探．外国教育研究，2007(1)：17－19.

[20] 王娟涓．NCLB 法案对美国农村学校提出的挑战．外国中小学教育，2004(5)：24－28.

[21] 陈向明．实践性知识：教师专业发展的知识基础．北京大学教育评论，2003(1)：104－112.

[22] 曲中林．实践性知识·实践性课程·实践性课堂——教师培训的一种常态．当代教育科学，2006(19)：29－31.

[23] 金振蓉．回顾历史 300 年，展望未来 100 年．光明日报，2010－02－01，(5).

[24] 夏惠贤，杨超．美国中小学教师的同伴互助及对我国教研组活动的启示．教育科学．2008(4)：90－96.

[25] 王春华．从个人到同伴互助：教育行动研究范式的转换．当代教育科学，2005(16)：49－51.

[26] 张建平．基于专业发展的中小学教师培训策略研究．曲阜师范大学硕士学位论文，2005.

[27] 周燕．从"外铄"走向"内发"：教师专业发展的范式转换．中国教师，2007(2)：54－56

[28] 徐耀强．共同愿景：引领企业前行的灯塔．中国电力企业管理，2008，(3)：60－62.

[29] 张敏．教师学习的理论与实证研究．杭州：浙江大学出版社，2008.

[30] 刘捷．专业化：挑战 21 世纪的教师．北京：教育科学出版社，2002.

[31] 童富勇．现代教育新论．杭州：浙江教育出版社，2005.

[32] 童富勇．教师继续教育新探．杭州：浙江大学出版社，2009.

[33] 童富勇、胡国枢．陶行知传．北京：教育科学出版社，1991.

[34] [美] H．舒尔曼．教师教育中的案例教学法．朱迪思，译．上海：华东师范大学出版社，2007.

[35] 周谦．学习心理学．北京：科学出版社，1992：80.

[36] [美] 约翰．杜威．我们怎样思维．经验与教育．姜文闵译．北京：人民教育出版社，1991.

[37] 教育部师范教育司．教师专业化的理论与实践(修订版)．北京：人民教育出版社，2003.

[38] 郑肇桢. 教师教育. 香港：香港中文大学出版社，1987.

[39] 邵瑞珍. 教育心理学——学与教的原理. 上海：上海教育出版社，1983.

[40] [美] 费斯勒，克里斯坦森. 教师职业生涯周期——教师专业发展指导. 董丽敏，高耀明等译. 北京：中国轻工业出版社，2005.

(二) 英文类

[1] Cynthia Reeves. Implementing the No Child Left Behind Act: Implications for Rural Schools and Districts. http://www.ncrel.org/policy/pubs/html/implicate, 2006 - 03 - 06/2009 - 03 - 06.

[2] Jimerson, Lorna. The Competitive Disadvantage: Teacher Compensation in Rural America. Rural School and Community Trust, 2003, (5): 26 - 28.

[3] Eric Larson, Alexandra Hill, Diane Hirshberg. Teacher Supply and Demand in Alaska—A 2005 Snapshot. http://www.iser.uaa.alaska.edu/ Education and Social Issues/ Hand -out April20.pdf, 2006 - 04 - 20/ 2008 - 12 - 30.

[4] J. W. George. (Open University in Scotland)) Action Research for Quality Development in Rural Education in Scotland. Journal of Research in Rural Education, Fall, 1996, 12(2): 76 - 82.

[5] S. White, J. Reid. Placing teachers? Sustaining rural schooling through place-consciousness in teacher education. Journal of Research in Rural Education. 2008, 23 (7). Retrieved [date] from http://jrre.psu.edu/articles/23 - 7.pdf.

[6] B. Green, J. Reid. Teacher Education for Rural-regional Sustainability: Changing Agendas, Challenging Futures, Chasing Chimeras? Asia-Pacific Journal of Teacher Education, 2004, 32(3).

[7] Debra Hare, James Heap, Lenaya Raack. Effective Teacher Recruitment and Retention Strategies in the Midwest: Who Is Making Use of Them. http://www.ncrel.org/ policy/pubs/html/pivol8/ june2001.htm, 2001 - 06 - 18/2006 - 05 - 06.

[8] Linda Darling-Hammond. Professional Development Schools: Schools for Developing a Profession. NY: Teachers College Press, 2005: 50.

[9] P. J. Kannapel. Standards-Based Reform and Rural School Improvement: Finding the Middle Ground. Journal of Research in Rural Education, Winter, 2000, 16(3): 202 - 208.

[10] K. Mitchem, D. Wells, J. Wells. Using Evaluation to Ensure Quality Professional Development in Rural Schools. Journal of Research in Rural

Education, 2003, 18(2): 96 - 103.

[11] T. R. Gusky. Does It Make a Difference? Evaluating Professional Development. Educational Leadership, 58(6), 45 - 51.

[12] W. Sawyer, M. Singh, C. Woodrow, T. Downes, C. Johnston, D. Whitton. Robust Hope and Teacher Education Policy. Asia-Pacific Journal of Teacher Education, 2007, 35(3): 227 - 242.

附件 1

《农村教师专业素质提升有效培训研究》的相关成果

序号	名　称	作者	著作类别	时间（期号）	刊名、社名、奖项
1	农村小学教师培训需求的调查研究	王秀玲	论文	2008－2	成人高等教育
2	我的乡村教育改造之梦	童富勇	专著	2008－09	浙江大学出版社
3	影响教师职业幸福感要素的调查与分析	童富勇 金优尤	论文	2009－6	杭州师范大学学报
4	农村教师素质提升培训的研究与实践	童富勇等	课题	2009	浙江省政府高校第六届教学成果二等奖
5	教师继续教育新探	童富勇等	专著	2009－12	浙江大学出版社
6	中小学名师专业成长的影响因素分析	童富勇 程其云	论文	2010－2	教育发展研究
7	中外小学英语口语教学评价比较及启示	滕云	论文	2010－3	课程.教材.教法

附件 2

农村教师培训需求调查问卷

浙江省农村教师培训需求调查

尊敬的老师，您好！为了加强农村教师队伍建设，推动义务教育均衡发展，我们正在进行有关农村教师专业素质提升有效培训的研究，这份问卷旨在了解浙江省农村教师的培训需求的一次调查。十分感谢您在百忙之中抽空为本研究提供您的宝贵意见。本问卷采用不记名方式，问卷结果仅供学术研究使用，不会涉及任何学校和个人的隐私。敬请您放心作答。

谢谢您的合作！

农村教师专业素质提升有效培训研究课题组

联系方式：310012 杭州市文一路 222 号 杭州师范大学继续教育学院

E-mail：hsywxl@126.com

本次问卷有两部分组成。教师基本信息部分给出了 2～6 个选项，请根据您的现实情况选择其中的选项，并把相应的字母填入左边的括号里，或在后面的横线上填上您认为合适的答案。教师问卷主体中给出培训内容、培训方式和培训师资三个方面的培训需求，每个项目均有四个等级的“选项”，“选项”表示您“符合”该项目的程度。请根据您的真实需求或喜好，选择最符合您实际的一个选项，并在选项下面的括号中打“√”。

第一部分　基本情况

(　　)您的性别

A. 男　　B. 女

(　　)您的年龄

A. 35 岁以下　　B. 35～40 岁　　C. 40～45 岁　　D. 45 岁以上

(　　)您的教龄是

A. 3～5 年　　B. 5～10 年　　C. 10～20 年　　D. 20 年以上

(　　)您的职称

A. 中(小)学高级　　B. 中(小)学一级　　C. 中(小)学二级
D. 中(小)学三级　　E. 未定职称　　F. 其他

(　　)您的最后学历
A. 中等专科　　B. 大学专科　　C. 大学本科　　D. 其他

(　　)您最后学历的专业
A. 汉语言文学　　B. 数学　　C. 思 政　　D. 音乐
E. 体育　　F. 物理　　G. 其他

(　　)毕业学校的类别
A. 师范大学〈院〉　　B. 非师范大学〈院〉　　C. 其他

(　　)您目前任教的学校
A. 农村初中　　B. 乡镇所在地初中
C. 村级小学　　D. 乡镇所在地小学

(　　)您目前任教的年级
A. 中(小)学一年级　　B. 中(小)学二年级　　C. 中(小)学三年级
D. 小学四年级　　E. 小学五年级　　F. 小学六年级

(　　)您目前任教的主要学科是(可多项选择)
A. 语文　　B. 数学　　C. 英语　　D. 科学
E. 思想品德　　F. 其他

(　　)您本学期任教的课时数是
A. 5—10 节　　B. 10—15 节　　C. 15 节以上　　D. 其他

(　　)您平时获取知识技能的主要途径是(可多项选择)
A. 专业培训　　B. 自学　　C. 教研活动
D. 教学观摩　　E. 网络学习与交流

(　　)2005—2009 年您在正式刊物上发表的论文篇数
A. 0 篇　　B. 1 篇　　C. 2 篇　　D. 3 篇及以上

(　　)2005—2009 年您获省级优秀论文篇数
A. 0 篇　　B. 1 篇　　C. 2 篇　　D. 3 篇及以上

(　　)2005—2009 年您获市或区级优秀论文篇数
A. 0 篇　　B. 1 篇　　C. 2 篇　　D. 3 篇及以上

(　　)2005—2009 年您主持或参加省级课题研究
A. 0 项　　B. 1 项　　C. 2 项　　D. 3 项及以上

(　　)2005—2009 年您主持或参加县(市)或区级课题研究
A. 0 项　　B. 1 项　　C. 2 项　　D. 3 项及以上

(　　)在本学科，您是
A. 省级学科带头人　B. 县(市)或区级学科带头人　C. 校级学科带头人

(　　)2005—2009 年您是否参加过以下培训

A. 区县级骨干培训　　B. 农村教师素质提升培训

C. 区县级学科带头人培训　　D. 区县级名师培训

E. 省级以上名师培训　　F. 其他

(　　)2005—2009 年您是否参加过以下活动

A. 省级学科年会　　B. 区县级学科教学研讨会　　C. 区县级教学观摩

D. 全国范围的教学观摩　　E. 其他

(　　)2005—2009 年间是否参加过以下各级公开课?

A. 省级　　B. 区县级　　C. 校级　　E. 其他

(　　)2005—2009 年间是否参加过各级说课评课活动?

A. 省级　　B. 区县级　　C. 校级　　E. 其他

(　　)2005—2009 年间是否有师傅引领?

A. 有　　B. 没有　　C. 其他

(　　)2005—2009 年间是否带过徒弟?

A. 是　　B. 否　　C. 其他

(　　)2005—2009 年间是否主持过教研活动?

A. 是　　B. 否　　C. 其他

(　　)2005—2009 年间是否主持过校本培训?

A. 是　　B. 否　　C. 其他

第二部分　教师培训需求

请根据您的实际情况，在表中各选项下面打“√”，表中尚未列出的项目请填写在“其他”栏。

项目		非常需要	比较需要	不太需要	完全不需要
培训内容	专业发展愿景				
	教师职业道德				
	教师人文修养				
	教师心理调适				
	现代教育理论				
	国内外教育改革动态				
	学科教学理论				
	学科教学理念的更新				

续 表

项目		非常需要	比较需要	不太需要	完全不需要
培训内容	学科教学心理学				
	课堂教学管理理论				
	教育评价理论				
	儿童学习理论				
	儿童心理发展理论				
	学科前沿知识				
	课标解读与教材分析				
	学科教学方法与技巧				
	学科教学评价				
	教学资源的开发与使用				
	优秀课例分析				
	多媒体技术的应用				
	课题申报与实施				
	教学研究论文的撰写				
	课堂教学管理策略				
	学科教学设计				
	学生心理辅导				
	学生管理与班主任工作				
其他（请具体说明）					
培训方式	种类	非常喜欢	比较喜欢	不太喜欢	很不喜欢
	专题讲座				
	案例教学				
	课例分析				
	教学论坛				
	观摩点评				

续　表

项　目		非常需要	比较需要	不太需要	完全不需要
培训方式	名师示范				
	实践训练				
	师徒结对				
	同伴交流				
	公开展示				
	反思训练				
	破冰之旅				
其他（请具体说明）					
培训者	类别	非常合适	比较合适	不太合适	很不合适
	高校教师				
	教研员				
	培训同伴				
	教育官员				
	一线教师				
	社会知名人士				
其他（请具体说明）					

附件3

农村教师培训效果跟踪调查问卷

浙江省农村教师培训效果跟踪调查问卷

尊敬的老师，您好！为了加强农村教师队伍建设，推动义务教育均衡发展，我们正在进行有关农村教师专业素质提升有效培训的研究，这份问卷旨在了解浙江省农村教师参加培训后的效果。十分感谢您在百忙之中抽空为本研究提供您的宝贵意见。本问卷采用不记名方式，问卷结果仅供学术研究使用，不会涉及任何学校和个人的隐私。敬请您放心作答。

谢谢您的合作！

农村教师专业素质提升有效培训研究课题组

联系方式：310012 杭州市文一路222号 杭州师范大学继续教育学院

一、您的基本情况（请根据您的实际情况将相应的字母填入左边的括号内）

（　　）您的性别：

A. 男　　B. 女

（　　）您的年龄：

A. 35岁以下　　B. 35—40岁　　C. 40—45岁　　D. 45岁以上

（　　）您的教龄：

A. 3—5年　　B. 6—10年　　C. 11—15年　　D. 16—20年

E. 21年以上

（　　）您的职称：

A. 中(小)学高级　　B. 中(小)学一级　　C. 中(小)学二级

D. 中(小)学三级　　E. 未定职称　　F. 其他

（　　）您的最后学历：

A. 中等专科　　B. 大学专科　　C. 大学本科　　D. 其他

（　　）您目前任教的主要学科是(可多选)：

A. 语文　　B. 数学　　C. 英语　　D. 科学

E. 品德　　F. 社会　　G. 其他

(　　)您认为自己当前的教学水平达到了何种层次：

A. 校骨干教师　B. 区骨干教师　C. 市骨干教师　D. 省骨干教师
E. 区学科带头人　F. 市学科带头人　G. 省学科带头人　H. 其他

二、培训前后的变化情况(请根据实际情况将相应的字母填入左边的括号内)

(　　)您参加培训前1年内开设过几节公开(示范)课：

A. 1—2节　B. 3—4节　C. 5—6节
D. 6节以上　G. 未开设

(　　)您培训结业后1年内开设过几节公开(示范)课：

A. 1—2节　B. 3—4节　C. 5—6节
D. 6节以上　G. 未开设

(　　)您参加培训前开设的公开(示范)课级别是(可多选)：

A. 校级　B. 县/区级　C. 市级
D. 省级　E. 国家级　F. 没有

(　　)您培训结业后开设的公开(示范)课级别是(可多选)：

A. 校级　B. 县/区级　C. 市级
D. 省级　E. 国家级　F. 没有

(　　)您参加培训前1年内指导过几位教师(徒弟)(可多选)：

A. 1个　B. 2个　C. 3个
D. 3个以上　E. 0个

(　　)您培训结业后前1年内指导过几位教师(徒弟)(可多选)：

A. 1个　B. 2个　C. 3个
D. 3个以上　E. 0个

(　　)您参加培训前1年内指导学生参加竞赛获得过何种荣誉(可多选)：

A. 校级　B. 县/区级　C. 市级
D. 省级　E. 国家级　F. 没有

(　　)您培训结业后1年内指导学生参加竞赛获得过何种荣誉(可多选)：

A. 校级　B. 县/区级　C. 市级
D. 省级　E. 国家级　F. 没有

(　　)您参加培训前参加过的教学竞赛级别是(可多选)：

A. 校级　B. 县/区级　C. 市级
D. 省级　E. 国家级　F. 没有

(　　)您培训结业后参加过的教学竞赛级别是(可多选)：

A. 校级　B. 县/区级　C. 市级

D. 省级　　E. 国家级　　F. 没有

(　　)您参加培训前教学竞赛的获奖情况是(可多选)：

A. 校级　　B. 县/区级　　C. 市级

D. 省级　　E. 国家级　　F. 没有

(　　)您培训结业后教学竞赛的获奖情况是(可多选)：

A. 校级　　B. 县/区级　　C. 市级

D. 省级　　E. 国家级　　F. 没有

(　　)您参加培训前参加过什么级别的教科研项目(可多选)：

A. 校级　　B. 县/区级　　C. 市级

D. 省级　　E. 国家级　　F. 没有

(　　)您培训结业后参加过什么级别的教科研项目(可多选)：

A. 校级　　B. 县/区级　　C. 市级

D. 省级　　E. 国家级　　F. 没有

(　　)您参加培训前3年内平均每年在公开刊物上发表过几篇论文：

A. 0　　B. 1　　C. 2　　D. 3篇以上

(　　)您培训结业后3年内平均每年在公开刊物上发表过几篇论文：

A. 0　　B. 1　　C. 2　　D. 3篇以上

(　　)您参加培训前出版或参加编写过几本著作：

A. 0　　B. 1　　C. 2　　D. 3本以上

(　　)您培训结业后出版或参加编写过几本著作：

A. 0　　B. 1　　C. 2　　D. 3本以上

(　　)您参加培训前所任的职务是：

A. 教科(研)室主任　　B. 总务主任　　C. 副校长

D. 校长　　E. 其他

(　　)您现在所任的职务是：

A. 教科(研)室主任　　B. 总务主任　　C. 副校长

D. 校长　　E. 其他

(　　)您参加培训前所在的学校属于：

A. 县城所在地初中　　B. 乡镇所在地初中　　C. 县城所在地小学

D. 乡镇所在地小学　　E. 村级小学

(　　)您目前任教的学校属于：

A. 县城所在地初中　　B. 乡镇所在地初中　　C. 县城所在地小学

D. 乡镇所在地小学　　E. 村级小学

三、对培训收获的评价（请根据您参加培训的实际情况，对各方面的收获作出中肯的评价并在表中四个选项下面打“√”，表中尚未列出的项目请填写在“其他”栏）

	项目	收获很大	收获较大	有所收获	没有收获
培训收获	专业发展愿景				
	教师职业道德				
	教师人文修养				
	教师心理调适				
	现代教育理论				
	国内外教育改革动态				
	学科教学理论				
	学科教学理念的更新				
	学科教学心理学				
	课堂教学管理理论				
	教育评价理论				
	儿童学习理论				
	儿童心理发展理论				
	学科前沿知识				
	课标解读与教材分析				
	学科教学方法与技巧				
	学科教学评价				
	教学资源的开发与使用				
	优秀课例分析				
	多媒体技术的应用				
	课题申报与实施				
	教学研究论文的撰写				
	课堂教学管理策略				
	学科教学设计				
	学生心理辅导				
其他请具体说明	学生管理与班主任工作				

再次感谢您的耐心回答和大力支持！

后　　记

我1986年从杭州大学研究生毕业后，就开始着手撰写《陶行知传》，1991年，在陶行知先生100周年诞辰之际，我与胡国枢先生合撰的国内首部《陶行知传》正式出版，国务委员、陶行知的大弟子张劲夫还专门为该书题词。陶行知是伟大的人民教育家，一生致力于农村教育改造。研究陶行知就必研究中国农村、研究中国农村教育、研究中国农村教师的培养和培训。因此，也可以说从那时开始，我就开始农村教育改革的理论研究和和实践探索。

2006年，我获得一个非常难得的机遇：杭州师范大学毕业生、阿里巴巴总裁马云愿出资100万，免费培训全国各地的农村教师。"给农村教师一个提升机会，带来农村孩子一片发展未来"，这是马云先生多年的心愿。马先生希望通过教师，特别是通过对农村教师的专业培训来提高农村教育质量，为建设新农村培养大批人才。为了实现陶行知先生当年改造中国农村教育的夙愿，为了给农村教师圆一个梦想，我欣然接受了这个任务，并把她命名为"新陶行知"培训项目。我亲自负责培训方案的设计，内容包括培训目标、培训内容、培训方法、招生条件与办法、预期成果、学员承诺等。2006年7月15日，"新陶行知"项目在杭州悄然启动。该项目首批培训的100名农村小学教师分别来自浙江、四川、安徽、河南、陕西、辽宁、云南、甘肃、江西、江苏等十几个省，并且大部分来自老、少、边、穷地区。这批学员的吃、住、行、培训等活动全部免费。"给我一个乡村教育改革的梦想，还你个实现梦想的机会。""新陶行知"项目的顺利实施和圆满成功，给我以巨大的鼓舞。

2008年，浙江省教育厅启动了以培养农村中小学骨干教师为目的"领雁工程"，从政府局面开始对农村3万多名中小学教师进行为期2个月的脱产培训，所有经费都由省政府负责。这对农村教师来说是个千载难逢的好机会，怎么能把政府的钱花好，使培训能真正起到作用，真正提升农村教师的专业素质，使其真正成为农村教育改革与发展的"领头雁"。为此，我领衔申报了全国教育科学规划重点课题《农村教师专业素质提升有效培训研究》。从2008年申报立项，到2010年结题，历时三年，在不断的实践与反思中，我在国内率先提出了"七环培训法"的培训模式，并把"七环培训法"贯彻到农村教师培训、特别是浙江省"领雁工程"的培训中。三年来，我和我的团队，课题组成员，在培训中研究，研究中培训。在理论和实践中，付出了聪明才智和辛勤汗水。同时，本课题能够按计划实施和顺利完成研究任务，离不开为本课题付出心血、提供帮助和支持的各位领导、专家和老师们。

感谢中央教科所有关领导对本课题研究意义的充分肯定和高度重视，将本课题确立为全国教育规划重点课题，提高了课题的层次，鼓舞了我们的信心。感谢袁振国教授、曾天山教授、陈如平教授、方展画教授、卢正芝教授在开题报告中提出宝贵的指导意见，给予殷切的期望，坚定了我们面对困难不退缩的决心。

感谢浙江省教育厅对农村教师培训的高度重视，专款专项在全省范围实施农村中小学骨干教师、校长“领雁工程”培训，为我们深入研究本课题提供了一个千载难逢的大好时机。“领雁工程”为本课题提供了一个研训结合的平台，确保课题研究既能站在理论前沿，又能落在实处。

感谢浙江省教育厅何杏仁副厅长对本课题成果在省“领雁工程”中的应用及推广的大力支持、感谢励如孟处长的具体帮助。正是因为有教育行政部门的支持和肯定，使农村教师素质提升有效培训研究的成果得以普遍的使用，并取得好的成效。

在这里，我还要特别感谢继续教育学院的同事们。叶哲铭副院长积极参与了本课题的研究，并不遗余力地将本研究成果付诸于实践。姚丽娟副院长为了课题研究提供了后勤保障，在此一并表示感谢。

本书按我提出的“七环培训法”理论的结构和顺序，由课题组成员分头撰写。

各章完成后，由我对每一章提出具体的书面修改意见，再进行认真修改，最后由我统稿、定稿。课题组成员、课题秘书焦建英博士为本书出版做了大量前期工作，比别人付出更多的劳动，在此特别表示感谢。各章的执笔人分别是：绪论，童富勇；第一章，焦建英；第二章，滕云；第三章，王秀玲；第四章，孙永珍；第五章，林永伟；第六章，岳刚德；第七章，任为新；第八章，来文；第九章，江平；第十章，唐琼一；第十一章，朱无忧；第十二章，滕云。

本书吸收了国内外专家关于农村教师素质提升理论和实践研究成果，除在书中一一注明外，在此一并表示感谢。愿本书的出版将促进农村教师培训质量的提高及农村教师队伍整体素质的提升。

童富勇

2011 年 5 月于行知斋